메질 많이 해야 황금으로 빛난다.

메질 많이 해야 황금으로 빛난다.

중요무형문화재 제77호 방짜유기장 이봉주 회고록

나눔사

메질 많이 해야 황금으로 빛난다.

－중요무형문화재 제77호 방짜유기장 이봉주 회고록－

1판 4쇄 | 2024년 11월 26일
초판발행 | 2011년 9월 9일

글쓴이 | 이봉주
만든이 | 이나경
사　진 | 전흥수
본문디자인 | 김희진
표지디자인 | 김신형
교　정 | 이지나

펴낸곳 | 나눔사

　　　출판등록 | 1988년 2월 16일/등록번호 제2-489
　　　주 소 | 서울 은평구 은평터널로7가길 20 303(신사동,삼익빌라)
　　　전 화 | 02-359-3429
　　　팩 스 | 02-355-3429
　　　이메일 | nanumsa@hanmail.net

값 20,000원

ISBN 978-89-7027-071-5-03810

책의 출간을 축하하며

『메질 많이 해야 황금으로 빛난다』를 읽고 축하의 글을 쓰게 된 것을 우선 한없이 기쁘게 생각한다. 이봉주 선생님은 저의 장인(고 탁창여선생)을 따라 방짜유기업에 종사하고 후에 중요무형문화재가 되신 분이다. 이런 개인적인 인연 때문에 이봉주 선생님의 이야기가 얼마나 값진 것인가를 나는 잘 알고 있다. 이봉주 선생님은 우리의 혼돈스러운 역사 속에서 80여년을 살아오셨다. 장인정신의 귀감이 되는 이봉주선생의 증언은 다음 세대와 역사에 기록할만한 가치가 충분히 있다고 믿는다.

민족분단의 아픔을 직접 경험하면서 한 가지 일에 몰두하였다. "절망은 사람을 늙게 하고, 희망은 사람을 젊게 한다."라는 말이 있다 생사를 넘나드는 절망적인 상황 속에서도 희망을 가지고 생존한 그의 모습이 고스란히 담겨있다. 80년이라는 긴 세월을 이렇게 정밀하게 기록에 남긴다는 것은 쉬운 일이 아니다. 곳곳에 삶에 대한 지혜가 남아 있고, 그의 삶에 대한 기록은 다음 세대를 위한 역사적인 기록으로 가치가 있다.

뿌리 깊은 나무가 바람에 흔들리지 않고 험난한 세월을 견딜 수 있는 이유는 묵묵히 지켜온 세월과 고뇌의 시간들을 잘 이겨냈기 때문이다. '정성을 다하면 무슨 일이든 안 되는 일이 없다' 똑같은 사람이 똑같은 일자리에서 똑같은 시간을 일하더라도 정성과 열정을 가지고 일하면 결과가 다르다. 돈만 벌면 된다는 의식으로는 지금의 이봉주가 탄생할 수 없었을 것이다. 역사를 이어가는 장인정신과 그의 섬기는 신앙의 모습이 책 속에 기록되어 있다.

『메질 많이 해야 황금으로 빛난다』속에 장인의 혼이 담긴 집념과 노력이 기록되어 있다. 우리의 소중한 문화의 맥으로 승화되어서 이어가고 기록될 것이다. 잊혀져가는 것을 홀로 이어가면서 예술의 경지에 도달한 작품을 만드는 일은 여간 어려운 일이 아닐 수 없다.

많은 분들이 이 책을 통해서 소중한 삶의 의미와 장인정신을 그리고 한 우물을 파는 삶의 열매를 알게 되었으면 좋겠다. 무엇보다도 이봉주 선생님의 삶에는 신앙이라는 뿌리가 깊게 자리하고 있다는 것을 우리는 잊지 말아야겠다. 많은 분들이 이 책을 읽고 삶의 지혜를 얻기를 기도하며 책의 출판을 진심으로 축하드린다.

송자(전 연세대학교 총장)

'메질 많이 해야 황금으로 빛난다' 출간을 축하합니다

1983년 6월 1일은 나의 스승이신 고(故) 이학응(李鶴應) 선생님이 중요무형문화재 입사장 보유자로 인정되신 날이다. 또한 이 날은 내가 본 회고록의 저자인 이봉주 선생님을 처음 뵌 날이기도 하다. 이 날 나란히 국가지정 기능 보유자로 인정되신 두 분이 계셨기에 나는 우리 공예에 대한 소중한 가르침을 전수받을 수 있었고 이에 늘 감사하는 마음을 갖고 있다.

공예에 입문하고 40여 년 동안 참으로 많은 일들이 있었지만 이봉주 선생님과의 만남은 나에게 특별한 의미를 갖는다. 나는 선생님으로부터 조선의 대표적인 금공 기법의 하나인 유기 공예에 대한 지식뿐만 아니라 학교교육에서는 도저히 배울 수 없는 전통공예의 깊은 의미, 장인의 세계 그리고 생활의 교훈 등을 배울 수 있었다. 선생님은 전통공예가로서 논리를 내세우기 보다는 체험적으로 터득한 기술에 대하여 자연스레 품어온 철학을 말씀해 주셨고 그것을 늘 행동으로 보이셨다.

본 회고록은 한민족의 분단과 애환 속에서 80여년을 살아오신 선생님의 삶을 생생하게 보여주고 있다. 혈육에 대한 그리움, 효의 자세, 진실한 신앙, 불굴의 도전정신과 장인정신 등 가슴을 울리는 감동과 지혜가 여기에 담겨져 있다. 이뿐만 아니라 공예사적으로 볼 때 금속기술과 재료, 유기와 유기장, 유기제품의 생산과 실태 등이 본 회고록에는 세세하게 기록되어 있어 실증자료로써 학술적 가치도 크다.

달군 쇠를 두드리질(단조)하여 만드는 방짜유기는 반드시 구리와 주석만을 합금(구리 78%와 주석 22%)한 상질의 놋쇠로 만들어져야 한다. 정확한 소재와 장인의 손기술이 만들어낸 제품을 예부터 '방짜'라 칭하여 온 것은 가장 좋은 쇠에 대한 보증이었다. 방짜제작기술의 특징인 손메 자국이 드러나는 유기는 식문화를 대변하는 민족의 그릇으로, 선조들의 마음을 머금은 조선의 소리인 징과 종으로 우리 곁에 남아 있다.

이 회고록을 읽으면서 나는 이봉주 선생님이야말로 '참 방짜'와 같은 가치를 몸과 정신 속에 지니신 민족의 문화재라는 생각을 다시금 하게 되었다. "물건을 통해서 사람을 보지 않는다면 그 물건도 충분히 보았다고는 할 수 없을 것이다. 만들어진 물건에 대한 경이(驚異)는 만든 사람에 대한 경이가 아니어서는 안 된다." 야나기 무네요시(柳宗悅)가 그의 저서『조선의 예술』에서 한 말이다. 이처럼 본 회고록은 이봉주 선생님의 삶과 마주하게 함으로써 공예의 참의미와 정신을 일깨워 준다.

선생님은 대한민국 유기장의 자존심을 걸고 세계 최대의 징 제작에 성공하였고, 10Kg이상은 불가능할 것으로 여겨져 온 좌종(座鍾)의 한계도 끈질긴 장인정신으로 극복하셨다. 이런 사실은 유기장으로서 이봉주 선생님에 대한 경이를 표하기에 충분하다.

중요무형문화재 보유자로서 공예인의 귀감이 되어주신 이봉주 선생님께 진심으로 감사드리며 회고록의 출간을 축하하는 마음으로 이 글을 맺는다.

홍정실(중요무형문화재 제78호 입사장 보유자)

메질 많이 해야 황금으로 빛난다.

서문 책을 내면서 •10

1부 회고 •13

메질 많이 해야 황금으로 빛난다.

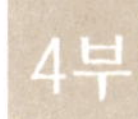

메질 많이 해야 황금으로 빛난다.

1948년도 겨울 고향을 떠나서 지금까지 고향에 가 보지도 못하고 평생을 타향에서 살았습니다. 이제 저의 나이로 봐서 언제 이 세상을 떠나게 될지 모르는 상황에서 제가 살아온 내력을 대략이나마 기록하여 후대가 참고했으면 하는 마음에서 이 책을 썼습니다.

제가 1948년 겨울 고향집을 떠나온 때부터 지금까지 어머니와 동생들을 보고 싶은 제 마음을 모두 글로 표현할 수 없는 것이 아쉽고 안타깝습니다.

우리 어머님은 1903년 1월 11일 태어나신 분입니다. 저는 오랫동안 제 생일은 그냥 지나가도 어머니 생신날에는 어머님과 연세가 비슷한 노인들을 초대해서 음식을 대접했습니다. 이렇게 매년 어머니 생신 축하연을 하고 어머니의 70세 생신에는 칠순잔치를 하고 어머니의 80세 생신에는 팔순잔치도 했습니다. 이렇게라도 해서 어머니를 향한 효도를 대신하고 제 그리움을 달래보려고 했습니다만 그리움과 안타까움은 더욱 깊어졌습니다.

이러다가 미국에 살고 있는 제 육촌동생(이봉철)이 우리 고향에 다녀와서 우리 어머니께서 1983년 7월 4일 세상을 떠나셨다는 사실을 전해주었습니다. 어머님께서 돌아가셨다는 것을 알고 나서는 매년 7월 4일 우리 온 가족이 모여서 추도예배를 드리고 있습니다. 그리고 제가 월남하기 전에 이미 돌아가셨던 아버지의 기일은 12월 21일이므로 이날도 우리 온가족이 모여 해마다 추도예배를 드리고 있습니다.

제가 월남할 때 작별하시면서 어머님께서 '너는 부디 몸조심하고 여러 동생들을 돌봐야 한다!'고 신신당부하셨습니다. 저는 늘 이 말씀을 잊지 않고 살았습니다. 어머니 당부대로 제 몸조심은 잘 해 왔지만 어머님의 또 다른 당부를 지키지 못했습니다. 어머님께서 그토록 간절하게 '어린 동생들을 돌보라'고 하셨는데 형으로서 동생들을 돌보고 싶어도 돌볼 수 없는 한스러운 시절을 살아 왔습니다.

메질 많이 해야 황금으로 빛난다.

　이 책은 특별히 제 동생들, 제 동생들의 자녀인 제 조카들, 저의 자녀들과 저의 손자들을 비롯한 제 후손들과 저의 친척 후대들에게 남기려고 썼습니다. 저는 1981년부터 2011년 현재까지 옛날을 회고하고 틈틈이 기록해 왔습니다. 이 책은 그 기록들을 정리한 제 회고록이며 제 인생의 중요한 몇 가지 기록들을 함께 엮은 책입니다.

　이 책이 나오는데 여러분의 도움을 받았습니다. 먼저 출판사에 감사를 드리며 이 책의 원고 구성과 정리에 도움을 준 이나경 편집장에게 고마움을 전합니다. 이 책의 제목을 결정하는데 제 외손자 김신형이 결정적인 제안을 해주었습니다. 또 신형은 이 책의 표지를 디자인하기도 했습니다. 전흥수 교수가 사진을 촬영하여 주었고 저의 네 자녀들이 이 책이 발간될 수 있게 힘을 모아 주었습니다. 특히 둘째딸 희경은 출판계약업무와 원고의 교정을 도와주었고, 둘째아들 형만은 제가 잊고 있었던 저의 삶의 편린들까지 상기시켜주고 저를 응원해주었습니다. 그간 말로 표현하지 않았지만 큰아들 형근이 저와 같은 길을 걷고 있어 늘 든든하고 고마웠습니다. 이번에도 이 책의 발간에 가족들이 즐겁게 힘을 모을 수 있게 역할을 한 큰딸 보경에게도 고맙다는 말을 전합니다. 이 책이 나오기까지 저의 건강을 보살피고 돌봐준 아내에게도 고마움을 전합니다. 저를 대신해서 편집자와 연락을 주고받고 자료들과 문서들을 챙겨준 정옥경에게도 고마움을 전합니다. 사진 촬영에 협조해준 대구 방짜유기박물관측과 방짜유기전시장의 여러 동료들에게도 고마움을 전합니다. 그리고 이 책의 발간을 축하해서 귀한 글을 써 준 송자 총장과 홍정실 교수에게도 감사를 드립니다. 여기 일일이 열거하지 않았지만 이 책이 나오기까지 그리고 제가 이제까지 살아오는데 도움과 은혜를 베풀어준 여러분에게 감사의 말씀을 드립니다. 그리고 이 책을 통해 처음 만나게 되는 독자에게도 반가운 인사를 드립니다.

2011년 8월　　　　　　　　　　　　　　　　　이봉주

메질 많이 해야 황금으로 빛난다.

1부　회고

01

어린 시절

고집쟁이 어린 시절

나는 어릴 때부터 고집쟁이였다. 나는 오른쪽 장딴지에 흉터가 있다. 이 흉터는 동전만한 크기로 마치 뜸을 뜬 자국과 같다. 이 흉터는 내가 아주 어릴 때 생긴 것인데 다쳐서 생긴 것이 아니라 순전히 내 고집 때문에 생긴 것이라고 숙모님께서 말씀해주셨다.

내가 어릴 때 어머니께서 조알을 말리려고 멍석에 펼쳐 널어놓으면 나는 그 멍석 위에 올라가 노는 것을 좋아했다. 조알 위에서 놀다 보니 종단지(:장딴지의 경상도 방언) 흠집에 조알이 박히곤 했고 조알이 박히면 나는 아파서 울었다. 내가 울면 어머니가 달려오셔서 내 종단지 흠집에 박힌 조알을 빼주셨다. 나는 일부러 종단지 흠집에 조알을 쑤

메질 많이 해야 황금으로 빛난다.

셔 넣고 아파서 울기도 했다. 이렇게 나는 종단지 흠집에 조알을 박아 넣고 아파서 울고 어머니는 달려와서 조알을 빼내어 주는 것을 반복했다. 어머니는 내가 조알을 널어놓은 멍석 위에서 놀지 못하게 하려고 멍석을 밖에 내다 널어놓았지만 나는 밖에 옮겨 놓은 멍석 위로 달려가 놀았다. 그러다 보니 또 장딴지 흠집에 조알이 박히고 나는 아파서 울고 어머니는 달려와서 조알을 빼내는 일을 반복했다. 이런 일이 반복되어서 상처가 덧나서 흉터가 아직도 남아 있는 것이라고 외숙모님(고 최창정 권사)이 나에게 이야기를 해주셨다. 나는 이처럼 어린 시절부터 고집쟁이였다. 그래서 나는 어릴 때 어머니 속을 상하게 했는데 나중에 생각해보니 어머니의 사랑을 받길 원해서 그렇게 했던 것 같다.

어머니께서는 항상 나보다 형을 더 좋아하셨다. 어머니는 자주 '나는 큰 아하고 살 거야'라고 말씀하셨다. 나는 어머니가 이런 말씀을 할 때마다 형이 부러웠다. 형은 어머니 말씀을 잘 따랐지만 나는 형과 반대로 고집이 셌다. 나는 어릴 때부터 내 뜻이 아니면 다른 사람의 뜻을 따르지 않았다.

내가 어릴 때 살던 우리집은 안채는 토담에 짚을 얹은 집이었고 앞채는 목조건물에 시멘트기와를 덮은 집이었다. 집 방바닥은 갈대로

메질 많이 해야 황금으로 빛난다.

만든 갈자리를 항상 사용하였는데 이 자리에는 빈대가 들끓었다. 당시에는 우리 집뿐만 아니라 어느 집이든 빈대가 많았다. 빈대약은 효력이 없었고 갖은 방법을 써도 집 안의 빈대를 없앨 수 없었다. 그래서 어머니는 특단의 조치를 취했는데 이 조치는 빈대를 굶겨 죽게 하는 것이었다. 어머니는 모든 식구들에게 방을 비우게 하고 여름철 두 달 가량을 밖에서 잠을 자게 했다.

식구 모두가 어머니의 지시에 따라 밖에서 잠을 잤다. 그런데 나는 다른 사람과 달리 빈대가 물지 않았다. 그래서 어머니 말씀에 따르지 않고 내 고집대로 방에서 잤다.

"너 때문에 빈대가 없어지지 않아."

"엄마, 나는 빈대가 물지 않는다니까요."

"빈대가 물지는 않아도 사람의 비듬과 머리카락 모두가 빈대의 먹이야."

어머니가 내게 이렇게 설명을 해 주셨지만 나는 계속 방 안에서 자곤 했다. 어머니 말씀처럼 내가 방 안에서 안 잤더라면 집 안의 빈대를 모두 없앨 수도 있었을 텐데 그때는 왜 고집을 부렸는지 후회가 된다.

몇 살 때인지 기억이 나지 않는데 내가 '말라리아'에 걸려서 죽을 뻔한 적도 있다고 친척 어른들이 말씀해주셨다. 아련한 기억인데 나는

메질 많이 해야 황금으로 빛난다.

자다가 어머니의 기도소리를 듣고 잠에서 깼다. 어머니께서 내 머리 맡에서 잠든 나의 손을 꼭 쥐고 기도를 하고 계셨다. 어머니께서 뭐라고 기도를 하나 가만히 들어 보았는데 분명히 '사랑하는 우리 아들 살려 주세요' 라고 하셨다. 나는 이때 어머니가 나를 사랑한다는 것을 알았다. 내가 눈을 뜨자 어머니는 '아이고, 하나님 감사합니다!' 하고 나를 꼭 끌어안으셨다.

나는 이것들 말고는 어머니를 속상하게 하거나 나쁜 짓을 한 기억은 없다. 나는 어려서부터 내가 옳지 않다고 여긴 일은 하지 않았다. 나만 아니라 우리 형제자매들은 모두 나쁜 짓을 하지 않고 자랐다고 친척 어른들이 말씀해주셨다.

나는 동네 아이들과 함께 물가에서 헤엄도 치고 물고기도 잡고 목욕도 하면서 컸다. 이렇게 고집스럽고 씩씩하게 자란 나는 형이 초등학교에 입학하게 되자 형과 함께 초등학교에 입학했다. 형은 열 살이었고 나는 일곱 살이었다.

내가 입학한 학교는 덕언공립심상소학교이다. 소학교는 오늘날로 말하면 초등학교이다. 이때는 소학교가 4년제 소학교와 6년제 소학교가 있었는데 이 학교는 6년제 소학교였다. 나는 우리 형과 같은 반

메질 많이 해야 황금으로 빛난다.

에서 공부를 했다. 나는 성적이 좋지 않았지만 형은 공부를 잘 했다.

내가 초등학교에 다닐 때는 태평양전쟁 중이라서 모든 물자가 매우 부족했다. 학교 수업 시간에도 각종 물건들을 만드는 법을 가르쳤다. 나이가 어린 나도 직접 조리(:짚·골풀·죽순껍질 등으로 엮은, 바닥이 평평하고, 엄지와 검지 발가락 사이에 끈을 단 신발로 일본식 짚신이다)를 만들어 신고 다녔다.

이건 네 송아지다

초등학교 시절 가장 기억에 남는 일은 내 송아지가 생긴 일이다. 초등학교 4학년 때 아버지께서 송아지를 끌고 집에 오셔서 나를 부르셨다.

"이건 네 송아지다, 잘 키우거라."

아버지는 송아지 줄을 내게 쥐어주셨다. 나는 아버지께서 9남매 중에서 나를 뽑아 송아지를 맡기신 것이 무척 자랑스러웠다. 나는 아버지가 일러주는 대로 송아지를 키웠다. 아침에 학교에 가기 전에는 송아지를 끌어다가 집 뒷동산 아카시아 나무에 매어 놓았고 학교가 끝나서 집에 오면 송아지에게 풀을 먹였고 저녁에는 외양간으로 데려다 놓았다.

하루는 학교가 끝나고 학교 친구들과 놀다가 늦게 집에 돌아오는데

메질 많이 해야 황금으로 빛난다.

송아지 울음소리가 났다. 놀라서 쳐다보니 해가 저문 저녁인데도 송아지는 아침에 내가 학교에 갈 때 매어 놓은 채로 그대로 있었다. 나는 뛰어가 송아지 고삐를 풀자 송아지는 냅다 뛰어갔고 그 바람에 나는 고삐를 놓쳤다. '아버지가 아시면 야단을 치실 텐데…….' 송아지가 어디 도망을 갈까봐 걱정이 되어 뒤를 쫓아 뛰었다. 송아지는 풀밭으로 뛰어가서 급히 풀을 뜯어 먹었다. 어찌나 빨리 급하게 풀을 먹어치우던지 순식간에 근처 풀들이 모두 없어졌다. 송아지는 이내 자리를 옮겨 또 풀을 먹어치웠다. 먹는 속도가 너무 빨라서 놀랐고 빨리 먹다가 체할까봐 걱정이 되었다. 나는 송아지에게 다가가 고삐를 잡아 당겨서 천천히 먹으라고 했다. 하지만 송아지는 필사적으로 풀을 뜯어 먹었다. 얼마나 배가 고팠으면 이럴까? 내가 일찍 올 걸……. 송아지에게 미안하다가 왜 송아지는 나만 돌봐야 하지? 하는 마음도 들었다.

이윽고 풀을 양껏 배불리 뜯어먹은 송아지가 내게 걸어왔다. 이미 날은 어두워 깜깜했다. 송아지를 끌고 집에 들어서자 형이 나에게 야단을 쳤다.

"이제까지 뭐 했냐? 해 지기 전에 송아지는 외양간에 넣어놓으라고 했지?"

나는 야단치는 소리에는 대꾸도 하지 않고 이렇게 반문했다.

"송아지 밥은 왜 나만 줘야 하는 건데?"

메질 많이 해야 황금으로 빛난다.

형은 내 말을 듣고 어이없다는 듯 내게 물었다.

"뭐? 그건 네 송아지잖아?"

나는 이 말에 대꾸도 안 하고 화풀이 하듯 송아지를 거칠게 외양간에 몰아넣었다. 외양간에 고삐를 묶는데 송아지가 하루 종일 굶은 것을 생각하니 눈물이 나왔다.

나는 다음날부터 학교가 끝나면 곧장 집으로 돌아와 송아지 풀을 먹였다. 하교 길, 마을 어귀에 들어서면 송아지가 나를 보고 반갑다고 '음메' 하고 소리쳤다. 송아지는 종일 내가 학교에서 돌아오길 기다리고 있었던 것 같았다. 나는 책보(:책을 싼 보자기, 오늘날의 책가방에 해당된다)도 집에 가져다 두지 않고 곧장 송아지에게 달려갔다. 송아지는 풀을 잘 뜯어 먹었다. 송아지가 풀을 뜯어 먹던 소리가 아직도 귀에 선하다. 내가 커서 알고 보니 소는 매우 까다롭게 풀을 골라먹는 식성이 있었다. 그러나 내 송아지는 배가 고팠다가 하루에 한 번 풀을 먹을 수 밖에 없으니까 가려 먹을 새도 없이 닥치는 대로 풀을 뜯어 먹었다. 송아지는 하루 한 끼씩 먹었지만 성장이 빨랐고 무척 영리했다. 나는 지금 젊은이들이 애완견에게 이름을 지어주듯 송아지에게 이름도 지어주었다.

"황순이!"

내가 이 송아지 이름을 부를 때마다 동네 아이들은 소도 이름이 있

메질 많이 해야 황금으로 빛난다.

냐고 나를 놀리곤 했다. 동네 아이들이 놀리든 말든 개의치 않고 나는 송아지 이름을 부르며 함께 놀았다. 나는 친구들보다 이 소가 더 좋았다. 이 송아지가 자라 중간 소가 되었을 때 풀을 먹이고 집에 돌아올 때면 잔등에 올라타곤 했다. 처음에 이 소는 나를 등에 안태우려고 버티기도 했고 나를 등에서 떨어트리려고 꾀를 쓰기도 했다.

나는 이 소를 가지고 1만 2천 평이 넘는 논과 밭의 일을 했고 달구지도 끌었다. 이 소는 해마다 송아지를 낳았는데 우리집 경제에 큰 도움이 되었다. 나중에 나는 이 소가 낳은 송아지를 팔고 받은 돈을 여비로 해서 월남을 했다. 이 이야기는 나중에 월남 이야기를 쓸 때 하겠다.

일본어를 쓰지 않았다고 난생 처음 매를 맞다

나는 부모님과 학교 선생님들에게도 매 한 번 맞지 않고 자랐다. 공부를 잘 하지는 못 했지만 말썽을 부리지는 않았다. 나는 어려서부터 옳지 않다고 여긴 짓은 한 번도 하지 않았다. 그런데 딱 한 번 담임선생에게 따귀를 맞은 일이 있었다.

내가 초등학교 고학년이 되었을 무렵에는 학교는 물론 집에서도 우

메질 많이 해야 황금으로 빛난다.

리말을 쓰지 못하게 하고 일본말만 쓰도록 강요받았다. 그 전에는 학교에서는 일본어를 쓰지만 집이나 동네에서는 우리말을 써도 혼나지는 않았다.

어느 날 담임선생(=이름이 구로다)이 학급 친구들 15명의 이름을 부르고 교탁 앞으로 나오게 했다. 이 15명의 이름에는 나도 포함되어 있었다. 영문을 몰라 어리둥절해서 교탁 앞으로 나가 섰더니 구로다 선생이 기분 나쁜 웃음을 지으면서 소리쳤다.

"조선말 같은 건 쓰지 말라고 했는데 니들은 선생인 내 말이 말 같지 않냐, 응?"

왜 이름을 호명했는지 이유를 알게 된 우리는 고개를 숙였다. 구로다 선생은 씩씩거리면서 내게 다가와 내 고개를 치켜들고 물었다.

"조선말을 쓰면 혼난다고 했는데 왜 쓴 거지, 응?"

나는 재빠르게 대답을 했다.

"조선말을 쓰지 않았습니다."

"짝!"

소리와 동시에 내 뺨에서 불꽃이 일었다. 구로다 선생이 내 뺨을 때린 것이다.

"뭐 쓰지 않았다고 ? 내가 병신인 줄 알아?"

구로다 선생이 또 내 뺨을 갈겼다.

"너는 조선말을 썼다, 동네에서도 썼고 네 집에서도 썼다, 아냐?"

메질 많이 해야 황금으로 빛난다.

난생 처음 얻어맞은 매로 당황해서 대답을 못하고 있는데 구로다는 으르렁거리면서 물었다.

"왜 대답을 안 하지?"

또 내 뺨을 갈길 기세였다.

얼얼해진 뺨을 한 손으로 가린 채 또 한 손으로 책상을 가리키면서 말했다.

"이 책상은 '쯔꾸에'라는 것은 알겠는데 우리집에 있는 밥상은 일본말로 무엇인지 몰라서 그냥 조선말을 썼습니다."

이렇게 변명했다.

"병신, 그건 젱이다."

구로다 선생은 나와 함께 불려 나온 급우들의 뺨을 차례로 갈겼다.

그 수업 시간이 끝나고 쉬는 시간 우리는 알게 되었다. 1학년에 조 **라는 녀석이 있었는데 구로다 선생이 이 애한테 사탕을 사 주면서 조선말을 쓰는 애들 이름을 알려주면 사탕을 더 준다고 꼬셨다고 했다. 그래서 이 녀석이 조선어를 쓴 모두의 이름을 일러바친 것이다.

내 인생 처음 맞은 따귀, 회초리로 맞은 것도 아니고 손으로 뺨을 갈겨 맞은 일은 내내 억울하고 분했다. 학교에서 우리말을 쓴 것도 아니고 우리집과 동네에서 쓴 우리말 때문에 뺨을 얻어맞다니 기가 막

메질 많이 해야 황금으로 빛난다.

히고 서러웠다. 어떤 시대이든 어떤 이유로든 어린이들을 때리는 짓은 하지 않아야 한다. 이 일 때문에 나는 4남매를 낳아 키우면서 큰소리를 지르거나 매를 때린 일은 한 번도 없었다.

큰아버지 내외분과 사촌동생들이다. 나는 어릴 적 사진이 한 장도 없다.
이렇게 부모님과 찍은 사진 한 장이라도 있다면 부모님이 그리울 때
쳐다볼 수 있었을 텐데……

메질 많이 해야 황금으로 빛난다.

02

청소년 시절

열네 살 취직을 하려고 처음 집을 떠나다

초등학교를 졸업했지만 중학교에는 입학하지 못했다. 지금 우리나라처럼 중학교가 의무교육이 아니라서 중학교에 다니려면 돈이 많이 들었다. 이때 우리집은 나를 중학교에 보낼 돈이 없었다. 함께 초등학교를 졸업한 형도 중학교에 가지 못했다. 나는 집안일과 농사일을 도왔다.

초등학교를 졸업한 이듬해 내가 열네 살 때인데 동네 친구와 함께 산에 가서 나무를 하고 집으로 돌아오고 있었다. 이 친구 이름은 박해봉이고 나보다 두 살 많았지만 옛날 고향 마을에서는 두세 살 차이는 모두 친구로 지냈으니 이글에서는 해봉이라고 쓰겠다. 갑자기 해봉이

메질 많이 해야 황금으로 빛난다.

나에게 물었다.

"너 취직할래?"

해봉도 나처럼 초등학교를 졸업했지만 중학교에 가지 못 했다. 자주 함께 땔감 나무를 하러 산에도 가고 일도 함께 하는 사이였다. 갑작스럽게 해봉이 취직을 할래? 하고 물으니 나는 놀라서 얼른 대답을 못 하고 머뭇거리고 있었다. 해봉이 또 물었다.

"너희 집에서 내년에는 너 중학교 보내준대?"

해봉의 물음에 답을 할 수가 없었다. 우리 집안 형편이 좋아지면 부모님은 나보다 먼저 형을 중학교에 보낼 것은 뻔했다. 무엇이든 우리 집에서는 형이 먼저였다. 게다가 나는 공부를 잘 하지 못했지만 형은 성적이 좋았다. 그러므로 집에서는 형을 나보다 먼저 중학교에 보낼 것이다. 이런 생각 때문에 대답을 머뭇거리고 있는데 해봉은 등에 메었던 지게를 벗어 받쳐 놓고 본격적으로 나를 설득했다.

"이렇게 나무나 하면서 촌에 박혀 살다가 죽고 싶니? 도시로 가자!"

"도시? 도시 어디?"

"양시"

아버지와 어른들이 하는 이야기들을 들었기 때문에 나는 양시라는 곳을 알고 있었다. 양시는 남시에서 약40-50리(: 10리가 4Km이니 40-50리이면 대략 16Km-20Km 거리이다) 떨어져 있는 곳인데 알루미늄 회사 등 군수품공장들이 많이 있는 곳이었다.

메질 많이 해야 황금으로 빛난다.

"우리 매부가 양시에 오기만 하면 취직 시켜준다고 했어"

양시에 취직을 시켜줄 매부가 있다니 해봉이 부러웠다.

"나도 가면 취직이 될까?"

"그럼 단박에 되지. 거기 공장에서는 일손이 딸려서 난리래, 나랑 갈래?"

나는 가겠다고 대답을 했다.

"좋아, 그럼 내일 아침 출발하는 거다, 나는 준비 다 해 놓았어, 너는 너희집에서 허락 받아, 알지? 허락도 안 받았는데 데려갔다가 괜히 우리집만 욕먹으면 안 되니까."

나는 부모님께 허락을 받을 수 있을지 걱정이 되었지만 자신 있게 대답했다.

"내가 도시에 나가서 돈 번다고 하면 우리 부모님도 좋아하실 거야."

"좋아, 그럼 내일 아침에 보자."

"좋아."

나는 지게 작대기를 해봉이 앞에 대고 결의를 보였다. 해봉도 내 지게 작대기 위에 자기 작대기를 걸어 놓으면서 맹세를 했다.

"도시에 가서 돈도 벌고 출세를 하자!"

취직을 한다는 생각에 몸이 구름 위를 나는 것 같았다. 지게에 가득 나뭇짐을 지고도 빠르게 산을 내려왔다. 한겨울 가장 추운 때인 소한

메질 많이 해야 황금으로 빛난다.

무렵인데도 겉저고리에서 더운 김이 나왔다. 집에 도착해서 지게를 내려놓자 어머니가 놀라 내게 물었다

"너 무슨 좋은 일 있니?"

하지만 나는 어머니의 물음에 대답을 할 수 없었다. 진짜 걱정은 이 때부터 시작 되었다. 해봉이 앞에서는 허락을 받을 수 있다고 자신 있게 말했지만 정말 어머니와 아버지가 허락을 하실지 걱정이 되었다. 내가 당장 없으면 소 풀은 누가 먹이고 땔 나무는 누가 하고 지금이야 겨울이니 농사일은 없지만 이것저것 내가 하고 있는 일이 많았다. 어머니는 내 동생들 때문에 하루 세 끼 밥하는 일만으로도 벅찼다. 어머니에게 말씀드리면 허락하지 않을 것이 뻔했다. 아버지는 어떨까? 아버지는 허락할 수도 있을 것이다. 아버지는 인근 동네 누구보다 깨인 분이라고 사람들이 평가했다. 내가 도시에 나가 취직을 하고 돈을 벌고 출세를 하는 것을 원하실 것이다. 아버지에게만 말씀을 드려 허락을 받을까? 이런저런 생각을 하다 밤을 꼬박 새우고 말았다. 아침 밥상에 가족들이 둘러 앉아 있을 때까지 말 한마디 꺼내지 못했다.

"너 얼굴이 왜 그러니? 어디 아프니?"

밤새 걱정을 하느라고 밤을 꼬박 새운 내 얼굴을 보고 어머니가 걱정스레 물었다. 나를 걱정하는 어머니의 물음에 그만 울음을 터뜨릴 뻔 했다.

"아뇨, 아프긴요……."

메질 많이 해야 황금으로 빛난다.

아침에 출발하자는 해봉의 말이 자꾸 귀를 때려 밥을 먹는 둥 마는 둥 하고 있는데 해봉이 방 안으로 들어왔다. 해봉은 이미 니꾸사꾸(: 백 팩. back pack을 일본어로 니꾸사꾸라고 한다)를 매고 있었다. 아침 밥상에 둘러앉아 있던 우리 가족 모두가 무슨 일인가 싶어서 해봉을 올려보았다.

"기차 놓치겠어, 어서 가자!"

해봉이 나를 보고 재촉을 하자 가족 모두가 이번에는 일제히 나를 쳐다보았다. 내가 당황해서 얼굴이 시뻘개져 있는데 아버지가 내게 물으셨다.

"어딜 간다는 말이냐?"

나는 어머니와 아버지에게 어제의 일을 이야기했다.

"이 추운데 집을 떠나 양시에 가겠다고?"

어머니가 걱정스레 물었다. 나는 일부러 큰 목소리로 자신 있게 대답했다.

"춥지 않아요, 그곳 공장은 이곳보다 따뜻하대요."

나는 어릴 적부터 고집이 센 편이었다. 부모님도 양시에 가려는 나를 말릴 수 없다는 것을 알고 비상금으로 가지고 있던 돈을 내어 놓으셨다. 부모님께서 주신 돈은 꽤 많았는데 양시에 갔다가 올 수 있는 왕복 차비였다.

"이렇게 많이는 필요 없어요, 월급 타면 집에 보낼게요."

메질 많이 해야 황금으로 빛난다.

나는 어머니와 아버지가 주신 돈을 절반만 갖고 나머지는 어머니에게 돌려드렸다.

"아니다, 애야, 돌아올 차비는 있어야 하는 거야, 네가 취직이 되더라도 집에 돌아올 차비는 주고 싶어."

어머니는 자존심이 강하고 고집이 센 나를 배려해서 조심스럽게 말씀하셨지만 어린 자식이 먼 길을 간다니 속으로는 많이 걱정을 하셨을 것이다. 내가 부모님과 이러고 있는 사이 해봉은 계속 나에게 겁을 주었다.

"빨리 가자, 기차 놓친다 말이야, 나 혼자 간다!"

잘 다녀오라는 가족들을 뒤에 두고 해봉과 정주역을 향해 뛰었다. 정주역에 도착해서 간신히 남시에 가는 기차를 탈 수 있었다. 기차 좌석에 앉고서야 가쁜 숨을 몰아 쉴 수 있었다. 양시는 남시역에서 기차를 갈아타고 가는 곳이다. 그런데 남시역에 도착해서 양시 행 기차 시각을 알아보니 세 시간 후에 양시로 가는 기차가 있었다. 꼬박 세 시간을 기다렸다가 기차를 타야 할 형편이었다. 한시라도 빨리 양시에 가서 취직을 하고 싶었던 우리에게 그 세 시간은 너무나 길고 답답한 시간이었다. 역사 안에 게시해 놓은 지도를 보니 양시는 손가락 한마디도 안되는 가까운 거리였다. 세 시간씩이나 기다렸다가 기차를 타고 가는 것보다 걸어가는 것이 차비도 아낄 수 있고 시간도 아낄 수 있을 것 같았다.

메질 많이 해야 황금으로 빛난다.

"걸어서 갈까?"

누구 입에서 먼저 나온 말인지 기억이 안 나는데 우리 둘은 남시 역사를 나와 양시 방향으로 냅다 뛰었다. 뛰어가면 곧 양시에 도착할 것만 같았다. 뛰다 숨이 차면 걷고 또 뛰고 걷고 하다 보니 배가 고팠다. 돈이 있었고 음식을 파는 곳이 있어도 우리는 음식을 어떻게 사 먹는지 몰랐다. 시골 촌에서 부모와 친지 등 아는 사람들이 주는 음식만 먹고 자라온 까닭에 음식을 사 먹는다는 것이 낯설고 어려운 일이었다.

가도 가도 양시는 보이지도 않았다. 양시는 공장들이 가득 들어차 있다는데 아무리 앞을 봐도 겨울바람만 횡횡 부는 벌판이었다. 때는 겨울 중 가장 추운 소한 무렵이었다. 배가 고프니 더 추웠다. 어머니가 입고 가라고 내어 주시던 겨울 덧저고리를 입고 오지 않은 것이 후회가 되었다. 남시역에서 세 시간을 기다려서라도 양시행 기차를 탈 것을……. 음식 가게들이 보이던 곳에서 뭘 사 먹을 것을…….지난 모든 것이 후회가 되었다. 걸어가자는 내 말에 반대하지 않았던 해봉도 원망스러웠다.

길가 양지 바른 쪽에 흙구덩이들이 있었다. 겨울에는 흙을 파서 쓰는 일이 많아서 이런 흙구덩이들이 많았다. 흙구덩이에 둘이 들어가 앉아 있으면 양지쪽이니 햇볕을 받아 따뜻할 것이라는 생각이 들었다. 그래서 해봉에게 말했다.

"여기서 좀 쉬었다 가자."

메질 많이 해야 황금으로 빛난다.

내가 먼저 흙구덩이에 들어가 해봉을 불렀다.

"들어와 봐, 아주 따뜻해."

"너 미쳤어?"

해봉이 놀라서 내 팔을 잡아 흙구덩이에서 끌어냈다.

"꿈지럭거릴 시간 없어, 누나가 기다린단 말이야, 매형도 기다리고."

"너무 춥고 배고파서 그래 , 조금만 쉬었다 가자, 응?"

"안돼, 빨리 가야 돼. 늦어서 취직을 못하면 네가 책임질래?"

늦게 가면 취직을 못 한다는 말에 나는 아무 말도 할 수 없었다. 해봉이 앞서 걸어갔다. 나도 해봉을 쫓아 걷기 시작했다.

지금 돌이켜서 그때 일을 생각해 보니 내 말대로 했더라면 얼어서 죽었을 것이다. 배가 고픈 상태에서 따뜻한 구덩이에 누웠으면 잠이 들었을 것이고 잠이 들었으면 곧 해가 지고 날은 더 추워지니 얼어 죽었을 것이다. 이때는 겨울 중에서도 가장 추운 소한 무렵이었으니…….

나는 늘 해봉에게 감사하다. 이때 해봉이 나를 말리지 않았다면 나는 얼어 죽었을 것이다. 또 내가 어릴 때부터 몸이 건강하였으니 이때의 위기를 넘길 수 있었다. 몸이 약했더라면 먼 길을 걸을 수도 없고 죽거나 쓰러졌을 것이다. 늘 나를 건강하게 낳아 건강하게 키워주신 부모님께 감사드린다.

쉬었다가 가는 것은 포기했지만 배가 고픈 것은 어쩔 수 없었다. 가을걷이가 끝난 겨울 들판에는 주워 먹을 나락 한 톨도 없었다. '물 한

메질 많이 해야 황금으로 빛난다.

모금이라도 마실 수 있다면……. 미리 어머니에게 양시에 간다고 말씀을 드렸으면 어머니는 주먹밥을 싸 주셨을 텐데……. 아까 상점거리에서 뭐라도 사 먹을 것을…….' 이런 후회 속에서도 발걸음을 멈출수 없었다. 벌써 해가 뉘엿뉘엿 서산을 넘어가고 있었다. 해는 진지오래되고 사위가 캄캄해지니 지금 가고 있는 방향이 맞긴 맞는 것인가 하는 의심도 들었다. 완전히 어두워서 캄캄한데 높은 능선에 오르려니 정말 힘이 들었다. 하루종일 아무 것도 못 먹은 데다 밤이 되자더 추워졌다. 앞은 아무것도 안 보이고 능선은 가팔라서 숨이 찼다. 금방이라도 죽을 것 같았다. 그런데 갑자기 빛이 보였다. 능선 너머에서 밝은 빛이 보였다. 드디어 능선 정상에 올라온 것이었다. 큰 벌판에 셀 수 없이 많은 전기불이 휘황찬란하게 빛을 뽐내고 있었다. 벌판이 어마어마하게 큰 크리스마스트리 같았다.

"크리스마스트리 같아, 와우 이렇게 큰 트리는 처음 봐, 저 전구 빛들 좀 봐. 별빛 같다, 그지?"

내가 처음 보는 광경에 놀라서 계속 감탄을 하고 있는데 해봉은 마치 자기가 전에도 여기를 와 봤다는 식으로 말했다.

"저기가 양시야. 양시 군수품공장들이지."

캄캄한 밤중에 간신히 해봉의 매부집을 찾아갔다. 나는 해봉과 함께 집에 들어가지 못 하고 문 밖에서 기다리기로 했다. 해봉이 먼저 집

메질 많이 해야 황금으로 빛난다.

안에서 들어가서 자기 누나에게 말하고 나를 데리러 나오기로 했다.
그런데 한참을 기다려도 집 안에 들어간 해봉이 나를 데리러 나오지
않았다. '혹시 나랑 함께 와서 혼나고 있는 것은 아닐까? 아닐거야,
이곳 양시는 공장 일손이 딸린다고 했는데……. 왜 안 나오는 거지?
무슨 일이 있는 걸까?' 먼저 집 안에 들어간 해봉은 감감무소식이었
다. 나는 초조하고 걱정이 되었다. 하루 종일 굶고 힘들게 와서 겨우
해봉의 누나 집에까지 왔는데 집 안에 들어가지도 못 하고 얼어 죽을
것 같았다. 해봉이 들어간 집 안에서 무슨 소리라도 나나 싶어 집 안
쪽으로 귀를 기울이고 있었다. 그런데 누군가 큰 소리를 질렀다.

"거기 누구요?"

큰 소리에 놀라서 도망도 못가고 벌벌 떨고 있는데 어떤 어른이 내
게 다가와서 다그쳤다.

"누군데 남의 집 안을 기웃거려?"

나는 자초지종을 이야기 했다. 그 어른이 해봉의 매부였다. 그분은
퇴근을 하고 집에 오는데 누가 자기 집 안을 기웃거리자 도둑인줄 알
고 소리를 질렀다고 했다. 내 자초지종을 들은 해봉의 매부는 놀라 나
를 데리고 집 안으로 들어갔다. 그때까지도 해봉은 자기 누나에게 나
랑 함께 왔다는 말을 하지 못하고 있었다. 모두가 가난한 시절이니 밥
을 축낼 객식구 한 사람도 큰 부담이 되는 시절이었다. 그렇다고 해도
춥고 배고픈 내가 집 밖에서 기다리다가 얼어 죽을 수도 있다는 것을

메질 많이 해야 황금으로 빛난다.

생각하지도 못한 해봉은 철부지였다. 하긴 철이 없기는 나도 마찬가지였다. 먼저 집 안에 들어간 사람이 안 나오면 이름이라도 불러볼 수도 있었을텐데 참으로 순진했다. 매형이 좀 더 늦게 퇴근을 해서 집에 왔더라면 나는 어떻게 되었을까?

그 집에서 밥을 얻어먹고 잠을 자고 이튿날 아침 해봉의 매형과 함께 알루미늄공장에 갔다. 취업담당 일본인이 나와 해봉을 위 아래로 훑어보았다. 취업담당관이 나를 보고 난처한 표정을 지었다. '키가 너무 작아서, 작아서…….'라는 말을 연거푸 하더니 아쉬운 듯 취직을 시킬 수 없다고 했다. 나는 나이는 어렸지만 자존심이 무척 강했다. 더 사정을 해 보지도 않고 그만 취업담당관 앞에서 물러났다. 나보다 조금 더 키가 컸던 해봉은 취직이 되어 그 공장에 남게 되었다. 해봉과는 이때 헤어져서 지금까지 만난 적이 없다. 나는 열네 살 나이에 취직을 하겠다고 집을 떠났지만 이렇게 실패하고 집으로 돌아왔다.

진학의 꿈을 안고 만주 신경으로 갔지만

양시에 가서 취직을 못하고 집에 돌아온 나는 다시 부모님을 도와 농사일을 했다. 농사일 말고 달리 할 일이 없었다. 중학교에 갈 수도 없고 취직도 할 수 없으니 농사일을 할 수 밖에 없었다. 하지만 나는

메질 많이 해야 황금으로 빛난다.

어릴 때부터 농사는 희망이 없는 일이라고 생각했다. 희망도 없는 농사일을 하면서 평생을 살아야 한다고 생각하면 나도 모르게 한숨이 나왔다. 어머니와 아버지도 이런 나를 가만 두어서는 안되겠다고 여기신 것 같았다. 그 즈음에 우리집 형편이 조금 좋아졌는지 내가 열여섯이 되었을 즈음 아버지는 나를 상급학교에 진학시키려고 했다.

우리 동네에는 만주신경공업대학 대학생이 있었다. 이름은 전보연이라는 분이었는데 방학이면 고향집에 오곤 했다. 아버지는 나를 신경공업학교에 입학시키려고 이 대학생에게 과외공부를 시켰다. 나는 이 대학생 선생에게 한 달 반 정도 입시 과외지도를 받았다. 나는 초등학교 때와 달리 공부에 흥미를 가지고 아주 열심히 했다. 나를 지도해주던 선생도 합격은 충분하다고 했다.

신경공업학교 입학시험이 다가오자 아버지는 나를 데리고 신경으로 갔다. 신경은 만주에 있는 도시인데 우리 고향에서 멀지 않은 곳에 있었지만 그래도 국경을 넘어가야 하는 외국이다. 나로서는 생애 최초로 하는 외국여행이었다. 정주역에서 신경으로 가는 급행기차를 타고 가면서 나는 신기해서 연신 차창 밖의 세상을 구경했다. 지금도 그때 차창 밖으로 보던 풍경을 잊을 수가 없다. 신경으로 가는 철도변에는 까마귀가 많았다. 전신주와 송전탑에는 까마귀 둥지가 많이 매달려 있었

메질 많이 해야 황금으로 빛난다.

고 둥지 주위에는 까마귀가 빽빽하게 붙어 있었다. 까마귀가 하도 많
아서 나는 전신주 한 개와 송전탑 한 개에는 몇 개의 둥지가 있나 세
어보았다. 한 개의 전신주와 송전탑에는 열다섯 개에서 스무 개 정도
의 까마귀 둥지가 있었다. 기차가 달리는 철로 양쪽 들판에도 까마귀
가 가득했다. 우리 고향에서는 좀처럼 볼 수 없는 모습이었다. 왜 이
렇게 까마귀가 많은 거지? 하고 혼자 궁금해 하고 있는데 아버지가 승
객과 나누는 이야기를 들었다. 중국에서는 어린 아이가 죽으면 시신을
묻지 않고 들판에 버려서 까마귀가 먹게 한다고 했다. 이렇게 신경은
내게 까마귀와 함께 연상되는 이국(異國)의 도시었다. 기차가 역에 설
때마다 큰 보따리를 둘러 맨 중국인들을 많이 볼 수 있었다. 중국인들
은 어디를 가든 자기 이불을 싸서 챙겨 자기고 다닌다고 아버지가 설
명해주셨다.

 신의주를 지나 압록강을 건너는데 헌병들이 기차 안에 나타났다. 헌
병들은 기차표를 검사하고 승객들을 괴롭혔다. 아버지도 이 헌병들에
게 기차표를 빼앗겼다. 기차표를 빼앗긴 아버지는 당황했고 일본말을
잘하지 못해서 곤경에 처했다. 나는 학교에서 일본 글자를 배웠고 일
본말만 쓰게 했으므로 아버지보다는 일본어를 잘 할 수 있었다. 내가
항의를 해서 헌병들에게 아버지의 기차표를 돌려받았다.

메질 많이 해야 황금으로 빛난다.

신경역에 내리니 역 앞에 역마차가 줄줄이 서 있었는데 신기했다. 신경에는 모든 교통수단과 물자운반을 역마차가 담당한다고 아버지가 설명해줬다. 우리도 다른 사람들처럼 역마차를 잡아타고 과외 선생이 사는 신경 하숙집에 찾아갔다. 역마차를 타고 달려가다 보니 신경은 이름 그대로 신경(新京) 신도시였다. 도로가 널찍널찍 했고 큰 건물들도 많았다.

아버지는 나를 하숙집에 남겨 두고 즉시 귀향했다. 입학시험을 치러 온 고향친구들과 같이 전보연 과외선생의 지도를 받으며 신경 공업학교 입학시험을 준비했다.

드디어 입학시험 날이다. 시험지를 받고 전체를 훑어보니 모두 내가 아는 문제였다. 나는 빠르게 답안을 작성했다. 드디어 내가 신경 공업학교에 진학하는구나! 평생 농사꾼으로 살 줄 알았는데……. 답안을 모두 작성하고 기분이 좋았다. 열심히 공부해서 돈을 벌어서 어머니 아버지에게 효도해야지 하고 결심했다. 이런 저런 생각을 하다가 내가 쓴 시험 답안을 보니 내가 쓴 답이 모두가 틀린 것 같았다. 그래서 나는 답을 모두 지우고 다시 답안을 작성해서 제출했다. 그런데 답안지를 내고 나니 처음 내가 썼던 답안이 맞는 것이고 나중에 고쳐 쓴 답이 모두 틀렸다는 생각이 들었다. 선생님도 처음 쓴 답이 맞는 답이라고 누누이 말해주었는데……. 시험이 끝나고 하숙집에 돌아오니 고향

메질 많이 해야 황금으로 빛난다.

친구들과 하숙집 수험생들이 과외 선생님과 답안지를 맞추고 있었다. 평소 시험공부를 할 때 내 실력을 알고 있던 전보연 선생이 나를 보고 소리쳤다.

"얼른 와, 우리 공업학교 학생."

과외 선생님은 내가 당연히 합격을 할 것으로 믿고 나를 이렇게 불러준 것이다.

나는 아무 말도 안 하고 하숙집 내 방에 들어가 혼자 가슴을 쳤다.

'어떻게 그 순간에 그런 착각을 할 수 있었지? 원래 처음 쓴 답이 맞는 답이었는데……. 선생님도 늘 처음 쓴 답이 맞는 답이라고 귀에 못이 박히게 일러 주었는데 어째서 그 순간에 그런 착각이 든 건지……. 어머니께 죄송하고 나를 믿어 준 아버지에게 면목이 없어서 어쩌지?'

어떻게 그 순간에 그런 착각을 할 수 있었는지 지금까지도 알 수 없다. 이런게 운명인가 보다. 그 순간 그런 착각이 없었더라면 지금 내 형편은 많이 달라져 있을 것이다. 분명한 것은 방짜 유기장 이봉주 중요무형문화재 77호는 없었을 것이다. 그 순간의 착각을 운명으로 밖에는 달리 설명할 도리가 없다.

하숙집 수험생들과 고향 친구들은 모두 초조하게 합격 발표를 기다

메질 많이 해야 황금으로 빛난다.

리고 있었지만 나는 신경 시내를 구경하러 다녔다. 발표를 기다릴 것
도 없이 내가 쓴 답안은 모두 틀린 것이므로 낙방은 틀림없었다. 이왕
이렇게 된 거 이 기회에 신경 구경이나 실컷 하자 하는 마음이었다.

합격자 발표가 났다. 나는 당연히 불합격이었고 고향 친구 네 명도
모두 낙방을 했다. 나를 아끼고 믿어 주던 과외선생이 내게 권했다.
"우리 대학에서 급사로 일하면서 다시 한 번 시험을 쳐 봐, 너는 너
무 아쉽다, 다시 한 번 더 시험을 치루면 반드시 합격할 거야."
나는 이 권유를 받고 밤새도록 궁리를 하였다. 대학 급사 월급으로
는 하루에 두 끼만 수수밥을 먹어도 하숙비도 안 된다. 부족한 하숙비
와 생활비는 집에서 조달해야 하는데 우리집안 형편으로서는 큰돈이
다. 그렇지 않아도 농촌에서 부모님이 고생하시는데 나 혼자 막대한
돈을 없애가면서 신경에 머물면서 다시 시험공부를 하는 것은 부담이
되었다. 그래서 나는 전선생의 이 권유를 받아들일 수가 없었다. 나중
에 생각해 보니 이때가 내가 철이 드는 시기였던 것 같다. 입학시험을
치루기 위해 와서 약 스무날 정도를 머물렀던 신경을 떠나 고향집으로
돌아갈 결심을 하였다. 집으로 돌아가기 전 신경 곳곳을 돌아보면서
뭐든 배워가자고 결심했다. 다음날부터 본격적으로 신경을 견학했다.
하숙집에서는 점심밥은 주지 않았으므로 신경 시내를 견학하다가 노
점에서 말고기 편육을 사먹기도 하였고 전병(: 옥수수 부침의 일종인데 넓

적하고 크다)에 파를 말아 먹는 요리를 사 먹기도 했다. 한번은 기장 찰떡을 사 먹었는데 아주 맛이 좋았다, 지금도 이 맛을 잊을 수 없다. 신경 시내 곳곳을 견학하듯 구경하다가 배가 고파 견딜 수 없을 때에만 노점에서 파는 싼 음식을 사 먹었다. 왜냐면 나는 부모님이 힘들게 일을 해서 벌어주신 돈을 낭비할 수 없었기 때문이다. 신경시내를 구경하면서 즐거웠다. 왜냐면 간단한 중국말이라도 할 수 있게 되니 중국인과 대화하면 말도 통했고 중국말을 조금씩 더 알아가는 일도 즐거웠다. 하지만 나는 이만하면 신경 견학은 모두 했으니 그만 집으로 돌아가자는 마음이 들었다. 신경에서 하루를 지내는 돈이 내겐 큰 돈이었다. 집으로 돌아가자는 결심이 서자 나는 전보연 선생에게도 의논하지 않고 혼자 결단을 내렸다. 늦은 밤이었지만 결단을 하자마자 하숙집을 나와 바로 쌍마차를 잡아탔다.

"역으로 가 주세요, 빨리요, 열시 정주행 급행열차를 타야 해요."

나는 전 보다 한결 더 익숙해진 중국어로 마부에게 지시했다. 마부는 급히 말을 몰아 신경역에 나를 데려다 주었다. 나를 신경역에 내려주고 돌아가던 말발굽 소리처럼 신경 공업학교 진학을 꿈꾸었던 내 심장의 고동 소리도 점차 작아지다가 사라졌다.

나는 집에 도착해서 어머니께 10원권 지폐 한 장을 돌려 드렸다. 이 돈은 아버지가 나를 신경 하숙집에 맡겨 두고 돌아가실 때 주신 용돈

메질 많이 해야 황금으로 빛난다.

인데 그간 쓰고 남은 돈이었다. 나는 돈이 아까워서 잘 쓰지도 못하고 신경에서 정주의 집에 도착할 때까지 아무것도 사 먹지도 않고 왔다.

"더 공부하면 내년에는 합격할 수 있다는데 왜 돌아온 거야?"

어머니는 나의 귀향을 안타까워 하셨고 아버지는 학업을 단념하려는 나를 엄하게 꾸짖었다. 하지만 나는 더 공부할 마음이 생기기 않았다.

"공부는 제 길이 아니에요."

나는 부모님께 더 공부할 마음이 없다는 것을 분명히 밝혔다. 어릴 적부터 내 고집을 잘 알고 계시는 부모님께서는 내게 더 공부를 하라고 하지 않으셨다. 그러나 나는 공부가 내 길이 아니라는 것을 알았어도 어떤 것이 내 길인지 몰랐다. 단지 집에서 농사일을 한다는 것은 암담하고 희망이 없다는 것만 느끼고 있었다.

청훈대회 수기신호부분에서 1등을 하다

소학교(초등학교)를 졸업하고 상급학교에 진학하지 못했거나 군수품 공장에라도 취직을 안 한 사람들은 '의무적'으로 군사훈련을 받아야 했다. 이 훈련 이름이 청년군사훈련(이하 청훈)이었는데 나도 청훈대상자였다. 나는 훈련을 시켜준다고 하니 뭔가 새로운 것을 배울 수 있다는 기대에 흥분이 되었다.

메질 많이 해야 황금으로 빛난다.

청훈 과정은 4년이었지만 학교와는 달리 학과 수업도 없이 실제 군사 훈련만 했다. 일본은 전쟁(=태평양전쟁) 중이었으므로 이제 막 초등학교를 졸업한 어린아이들도 철저하게 훈련을 시켰다. 어린 아이들이지만 당장은 아니더라도 훈련을 시켜 놓으면 자연히 나이가 들면 군사가 될 수 있으므로 훈련을 시킨 것이다. 이 청훈과정은 사격, 애도숙섬 상륙 작전, 군사 신호 훈련 등 여러 훈련 프로그램이 있었는데 실제 군사 행동을 방불케 하는 훈련도 있었다. 이 훈련에는 '데바다신고'라는 훈련이 있었다. 나는 이 '데바다신고'라는 것이 재미있어서 열심히 훈련을 받았다. '데바다신고'는 일본말인데 한자로 쓰면 수기신호(手旗信號)이다. '수기신고' 훈련은 손에 든 깃발로 서로 약속된 신호를 주고받는 훈련이다. 지금은 전화도 있고 다른 통신 수단도 많이 있지만 그때는 군함과 군함이 통신하려면 말소리는 들리지 않으니 서로 약속된 신호를 교환했다. 청훈의 4년차 과정에는 우수 훈련생들을 모아서 개최하는 청훈대회가 있었다. 나는 평안북도 정주군 청훈대회에서 '데바다신고' 부분에서 1등을 했다. 나는 일본군 대좌로부터 1등 상장과 함께 부상을 받았다. 사람들은 1등 부상품이 무엇일까 궁금해서 내 주위에 모여들었다. 내가 부상품 상장의 포장을 뜯었을 때 내 주위에 모여든 사람들이 탄성을 터뜨렸다.

"지까따비!"

사람들은 내 지까다비를 만져보려고 손을 내밀었다. 지까다비(じか-

메질 많이 해야 황금으로 빛난다.

たび [地下足袋·直足袋]는 농구화처럼 발목이 높이 올라오는 신발로 작업을 할 때 신는 일종의 안전화이다. 당시는 모든 사람들이 이 작업화를 신고 싶어 했다. 지까다비는 그만큼 귀한 것이었다. 그러나 나는 이 지까다비를 신고 농사일을 하고 싶지는 않았다. 나는 어렸을 때부터 농사일은 희망이 없다고 생각했다. 특히 우리집처럼 소작(: 농토를 갖지 못한 농민이 일정한 소작료를 지급하며 다른 사람의 농지를 빌려 농사를 짓는 일)을 하는 경우는 더욱 그랬다.

첫 직장 문례광산, 첫 업무는 불 때기

열일곱 살 때 내 생애 최초로 취직을 하였다. 우리나라는 일본의 식민지였고 일본은 전쟁을 하고 있었는데 장병 연령이 된 남자들은 전쟁터로 끌려갔다. 장병 연령보다 나이가 많은 남자들은 징용으로 끌어갔고 장병 나이가 안 된 어린 남자들은 정신대로 끌고 갔다. 나는 열일곱 살이니 군대에 끌려 갈 나이는 아니었지만 정신대에 끌려갈 연령이었다. 정신대로 끌려가지 않으려면 취직을 해야 했다.

고안면 독장동에는 주식회사 문례광산이 운영하는 아연광산(이하 문례광산, 혹은 광산)이 있었다. 이 광산에는 아버지와 친하게 지내는 이ㅌㅅ 씨가 노무과장으로 근무하고 있었다. 이ㅌㅅ 씨는 일본 헌병 출신

메질 많이 해야 황금으로 빛난다.

인데 우리 마을과 인근 동네에서 세도가 대단했다. 이트ㅅ 씨 덕분에 나는 광산에 취직을 할 수 있었고 이 때문에 정신대로 끌려가지 않았다. 나는 정신대로 끌려가지 않아서가 아니라 취직을 하게 되니 기뻤다.우리 고향 마을은 홍수가 자주 나서 농사일은 고생만 되고 희망은 없다고 여기고 있었다. 월급을 받아서 어려운 집안 경제를 도울 수 있다니 마음이 뿌듯했다. 첫날 나는 부푼 기대를 안고 광산에 출근했다. 광산은 꽤 큰 규모였고 소장과 과장들은 거의 대부분 일본인이고 직원 중에는 경상도 출신이 많았다.

첫 직장인 광산에서 내게 맡겨진 첫 업무는 '불 때기'였다. 불 때기란 광산 직원 숙소 아궁이에 불을 때는 일이다. 당시에는 아궁이에 불을 때서 방을 따뜻하게 했다. 아궁이에 불을 때는 일이야 어려서부터 늘 집에서 해 왔던 일이었다. 직장에서 내게 주어진 첫 업무는 내겐 너무 쉬웠다. 이렇게 쉬운 일을 하고도 돈을 벌 수 있구나 싶어 싱거운 웃음까지 나왔다.

저녁 무렵이 되어 불 때기를 하러 직원 관사에 갔다. 그런데 관사에는 땔감 장작은 모두 마르지 않은 생나무뿐이고 불쏘시개 거리도 없었다. 장작은 물론 관사 주변의 모든 것이 꽁꽁 얼어붙어 있었다. 아궁이에 장작불을 때기는커녕 불쏘시개도 없어서 불을 지필 수조차 없었

메질 많이 해야 황금으로 빛난다.

다. 속수무책이라서 어쩔 수 없이 아궁이에 불을 때지 못하고 숙소로
돌아왔다. 잠을 자면서도 내내 마음이 불편했다.

　이튿날 광산 사무실에 들어섰는데 사무실 안 모든 직원들이 나를 외
면했다. 분위기가 싸늘했지만 나는 영문을 모른 채 청소를 하려고 걸
레를 집어 들었다. 사무실 청소도 내 업무 중 하나였다.
　"전기과장님이 너 오래."
　사환이 나를 전기 과장 방 안으로 밀어 넣었다.
　쫙!
　내가 전기과장의 방 안으로 들어서자마자 내 뺨에서 쫙 소리가 났다.
　"무책임한 문딩이 새끼, 니 모두 얼어 죽일라고 하나?"
　나는 당황해서 내 뺨을 어루만졌고 어이가 없어서 전기 과장을 노려
봤다. 전기과장이 왜 나를 때리는지 이유는 알 수 있었지만 이런 모욕
은 참을 수 없었다. 이제까지 부모님에게도 매 한 대 안 맞고 컸는데
상욕을 먹고 뺨을 얻어맞다니……. 경상도 사투리를 모두 알아들을 수
는 없었지만 문딩이 새끼라는 말은 욕 중에서 최고의 상욕이라고 알고
있었다. 나는 항변을 했다.
　"생나무 장작에 불쏘시개도 없는데 어떻게 불을 땝니까? 과장님이
한 번 해 보세요."
　나는 전기과장에게 대들었고 전기 과장은 내게 한 번 더 문딩이 새

메질 많이 해야 황금으로 빛난다.

끼라고 욕을 했다.

"과장님도 못하면서 왜 나를 때려요?"

나는 얻어맞은 뺨을 한 손으로 감싸고 전기과장을 노려보았다. 일본말을 쓰지 않았다고 초등학교 때 구로다 선생에게 맞아보고 처음 맞는 매였다. 전기과장은 그렇게 서 있는 나를 아랑곳 하지 않고 스트레칭을 했다.

나는 분하고 억울해서 이ㅌㅅ 과장에게 달려가 자초지종을 이야기했다. 이ㅌㅅ 씨는 내게 어떻게 하든 잘 해 보라고 나를 달랬다. 도저히 불을 땔 수 없는 형편이라서 불을 때지 못 한 것인데 인정사정없이 나를 때리고 욕을 하는 곳에서는 일을 할 수 없으니 회사를 그만 두겠다고 말씀드렸다. 이ㅌㅅ 씨가 나를 달래고 말렸지만 나는 내 짐을 챙기러 숙소에 왔다. 도저히 억울하게 매를 맞으면서까지 사람들에게 굽실거리고 싶지 않았다.

숙소에 돌아와 짐을 싸려고 하니 여러가지 생각이 들었다. 취직을 해서 이틀도 안되어 포기하고 돌아가면 부모님께서 다시는 취직을 하라고 허락해 주시지 않을 것이다. 그리고 아버님과 친하게 지내는 이ㅌㅅ 씨가 도와주어서 취직을 한 건데 내가 그만 두면 아버지의 체면을 구기는 일이 될 것이라는 데까지 생각이 미쳤다. 겨우 이틀도 안

메질 많이 해야 황금으로 빛난다.

되어 집으로 돌아가면 동생들에게도 형으로서 체면이 서지 않는 일이
었다.

　이런 저런 생각을 하다가 추워서 나는 방바닥에 펼쳐 놓은 요 아래
로 손을 집어넣었다. 요 아래는 따뜻할 것이라고 여겼는데 차가웠다.
이미 아침 나절이 지났기 때문에 전날 밤에 불을 땐 구들의 온기가 사
라져서 방바닥이 차가울 때였다. 게다가 지금은 한겨울 가장 추울 때
였다. 그제야 직원 숙소 냉골에서 잠은 잔 직원 분들이 지난밤에 얼마
나 추웠을까 하는 생각이 들었다. 냉골에서 잠을 잔 사무실 직원들이
얼어 죽지 않은 것만도 다행이었다. 특히 광산은 깊은 산 속에 있어서
영하 20도도 넘게 추운 곳이었다. 낮에 사람이 없는 광산 관사 숙소는
무척 썰렁한 곳이었다. 아궁이에 불을 때도 웃풍이 불고 방 안의 물이
얼어붙을 정도로 춥다. 내가 불을 땔 수 없는 사정이라면 사무실에 연
락하여 달리 조치했어야 했는데……

　부끄러운 마음에 뺨이 화끈거렸다. 물론 이유를 말하지 않고 무조건
나를 때린 전기 과장도 잘못이었다. 하지만 내가 내 책임을 다 했더라
면 그런 일은 없었을 것이다. 전기과장이 스트레칭을 한 것은 나를 무
시해서가 아니고 간밤에 추워서 움츠렸던 몸과 사지를 펴려고 했던 것
이었다. 가정과 사회는 다르다. 가정에서는 내가 잘못을 해도 이해를
받지만 사회는 그렇지 않다. 사회에서는 내 책임을 다 하지 못하면 책

메질 많이 해야 황금으로 빛난다.

임을 져야 한다. 융통성을 발휘해서 책임을 다 하고 위기에 대처해 나
가야 한다. 나는 벌떡 일어나 직원 관사로 뛰어갔다.

나는 관사 숙소에 와서 아궁이에 불을 땔 계획을 세웠다. 마르지 않
고 얼어붙어 있는 장작더미는 포기하기로 했다. 산 속에 있는 관사이
므로 관사 주위에는 솔잎과 낙엽은 물론이고 죽은 나뭇가지가 많이 있
었다. 이것들을 주워다가 저녁에 불을 땔 준비를 단단히 해 놓았다.
저녁이 되기 전에 나는 관사 숙소 아궁이에 불을 지피기 시작했다. 관
사 숙소 아궁이는 다섯 개 정도였다. 한 아궁이에 불을 붙이고 불이
붙어 활활 타 오르면 다음 아궁이에 불을 붙이고 활활 타 오르면 다음
아궁이에 불을 지피는 식으로 해서 모든 아궁이에 불을 땠다. 이렇게
한 다음에 나는 이 아궁이에서 저 아궁이로 급히 다니면서 모두 불을
땠다. 전날 때지 못한 몫까지 충분하게 불을 땠다. 불을 때고 숙소 아
랫목에 손을 대 보았더니 뜨끈뜨끈했다. 흐뭇해서 내 마음도 뜨거워졌
다. 다음날 아침, 사무실에 가니 직원 모두가 따뜻하게 대해주었다.

며칠 불 때기와 청소를 하다가 업무가 바뀌었다. 광산 막내에서 한
단계 지위가 올라 간 것이다. 막내 업무인 불 때기 다음에 내게 맡겨
진 일은 우편물 담당이었다. 매일 정주읍에 있는 우체국에 가서 우편
물을 보내고 광산에 오는 우편물을 찾아오는 일이었다. 광산에는 식량
과 광물을 운반하는 트럭이 두 대 있었는데, 도요타와 닛산 트럭이었

메질 많이 해야 황금으로 빛난다.

다. 지금은 휘발유나 경유를 연료로 사용하지만 도요타 트럭은 카바이트 연료를 사용하고 닛산 트럭은 목탄 연료를 사용하였다. 그 중 도요타 트럭 운전기사 아저씨가 나에게 잘 해 줬다. 이 도요타 아저씨는 나랑 시간이 맞거나 시간이 조금 안 맞아도 기다렸다가 나를 트럭에 태워 주었다. 트럭을 타고 읍내 우체국에 가거나 돌아오는 날은 보너스를 탄 것처럼 즐거웠다. 그러나 대개는 걸어서 먼 길을 오갔다. 광산에서 정주읍 우체국 까지 약 20리(: 10리가 4Km 이니 8Km 거리)였다.

한 번은 고안면 면소에 서류를 전달해주고 정주읍 우체국에 가서 우편물을 받아 와야 하는 일이 있었다. 광산에서 정주읍까지 20리이고 정주읍에서 고안면 면소까지 20리 거리이다. 이곳을 다녀오려면 광산 –정주읍–고안면–광산이 되니까 왕복하면 약 80리(약 32Km) 길이었다. 나는 어떻게 하면 덜 걷고 빨리 다녀올 수 있을까 생각한 끝에 독장산을 넘기로 결심하였다. 독장산만 넘으면 바로 고안면 면소가 있었다. 그러나 독장산을 넘어가다 보니 산은 울창하고 경사가 급했다. 사람이 다니지 않는 산이니 길도 없었다. 그리고 독장산에는 온갖 들짐승과 맹수가 있다는데 짐승에게 잡혀 먹힐 것 같아서 조마조마했다. 간신히 독장산을 넘어 고안면 면소까지는 갔지만 다시 산을 넘어 돌아올 엄두가 나지 않았다. 그래서 평소 내가 다니던 큰 길을 걸어서 광산으로 돌아왔다. 이날따라 광산촌을 오가는 트럭도 만나지 못하고 꼬

메질 많이 해야 황금으로 빛난다.

박 40리 길을 걸어서 캄캄해져서야 광산에 도착했다.

광산 사무실 앞에 오니 사무실 일본인 여직원이 뛰어와 내 짐을 받아주었다. 내가 늦게 와서 여직원이 퇴근을 하지 못하고 있었다고 여기고 사과를 했다.

"늦어서 죄송합니다, 오늘은 고안면 면소에도 다녀와야 해서요."

여직원은 웃으면서 나를 사무실 안으로 데리고 들어갔다.

"어서 들어가세요, 춥지요?"

사무실 사람들은 모두 퇴근을 했고 난로 위에는 주전자의 물이 끓고 있었다. 여직원은 주전자의 물을 따라 내게 차를 타 주었다. 여직원은 일부러 나를 기다리고 있었던 것 같았다. 그 뒤에도 여직원은 내가 우체국에서 돌아오기를 기다렸다가 내가 사무실 근처에 오면 사무실 밖으로 뛰어 나와 내 우편물 가방을 받아 주었다.

광산에는 근무하는 직원이 수백 명이고 여러 과장이 있었다. 노무과, 선광과, 전기과와 공작과 등이 있고 실험실도 있었다. 사무실에는 각 과를 담당하는 과장과 급사가 있고 일본인 여직원이 있었다. 이 광산은 광석을 캐는 것만 하는게 아니라 선광도 했으므로 선광시설도 있었다. 선광이란 즉 광석을 빻아서 순 아연 성분만 선별하는 것이다. 선광과에는 전체 사무실 급사 말고 별도의 급사가 따로 있었다. 선광

메질 많이 해야 황금으로 빛난다.

과 사무실에는 일본인이 여러 명 있었는데 모두 얼굴색이 환자처럼 창
백했고 소화 불량을 겪고 있다고 했다. 급사 아이가 주전자 물에 싸이
나 같은 극약을 섞어서 그렇다는 말들이 있었지만 확인된 사실은 아니
다. 나는 윗사람이 아랫사람에게 잘 못보이면 그럴 수도 있겠구나 하
는 생각이 들었다.

나는 선광과 급사를 통해 싸이나를 구해서 고향의 발산에서 산비둘
기와 꿩을 잡기도 했다. 한번은 수꿩 큰 것을 잡았는데 그만 독수리가
물고 도망가서 발산북단 끝에 가서 주워 온 일도 있었다. 물론 독수리
가 이미 꿩을 뜯어 먹은 후였지만 나는 내가 기껏 잡은 것을 독수리에
게 빼앗기고 싶지 않았다.

나는 우편물 담당이었으므로 소장과 과장들은 물론이고 모든 직원
과 종업원들의 이름을 외울 수 있었다. 지금은 그 사람들의 이름을 모
두 잊어버렸지만 몇몇 사람은 지금도 또렷하게 기억할 수 있다. 광산
소장은 독신이었고 **과장은 부인이 젊었으나 자식이 없었다.

어느 날 저녁 사무실 직원들이 모두 퇴근한 후 급사와 함께 사무실
청소를 했다. 이 급사는 독장동 사람인데 나랑 나이도 비슷해서 서로
의 일을 도우며 친하게 지냈다. 이날도 이 친구와 함께 청소를 끝내고

메질 많이 해야 황금으로 빛난다.

서둘러 전깃불을 끄고 사무실 문을 잠갔다. 그런데 과장실에 불이 그 때까지 켜져 있었다. 과장실에 들어가 전깃불을 끄려는데 느낌이 이상 해서 금고문을 잡아 보았다. 그런데 잠겨 있어야 할 금고문이 스르르 열렸다. 이 금고에는 이 광산의 모든 재산이 들어 있었다. 현금과 수 표는 물론이고 광산의 중요한 서류들도 모두 보관되어 있는 육중한 금 고인데 문을 내가 당기자 가볍게 열렸으니 놀랠 수밖에 없었다. 나는 금고 안의 내용물에는 손을 대지 않은 채 금고문을 잠갔다. 몇 번이나 제대로 잠기었는지 확인을 하고 즉시 과장 댁에 연락을 하였다.

그때 과장은 출장 중이었고 과장 댁에는 과장 부인만 있었다.

다음날 사무실에 출근을 하니 어제 저녁 함께 청소를 했던 급사가 나를 불렀다.

"어제 괜히 과장실 문을 열어본 것 같아."

급사는 걱정스러운 표정으로 과장이 나를 부른다고 했다. 친구가 걱 정스럽게 말을 하니 나도 괜히 좋은 일 하고 뺨 맞는 것 아닌가 하는 마음이 들었다. 하지만 나는 내가 잘못한 일이 없으니 겁 낼 이유가 없다는 마음으로 과장실로 갔다. 내가 과장실에 들어가니 과장은 금고 안의 내용물을 확인한 듯 금고의 문을 잠그고 있었다. 내가 과장님 부 르셨습니까? 하고 과장을 부르자 과장은 내게 돌아서며 웃었다.

"왜 금고문을 열어본 거지?"

메질 많이 해야 황금으로 빛난다.

나를 의심하는 것 같아서 기분이 안 좋았다.

"불이 켜져 있어서 혹시나 하고 확인을 했습니다."

나는 바른 일을 하고도 의심을 받는 것 같아서 화가 났지만 공손하게 대답했다.

"평소에도 그렇게 하는가?"

과장은 또 물었다.

나는 더 기분이 나빴지만 간신히 화를 참고 또박또박 대답을 했다.

"예, 청소를 끝내고 문을 잠글 때면 모든 방들을 확인합니다."

과장이 내게 다가왔다. 나는 잘못한 것은 없었지만 겁이 나서 뒤로 물러섰다. 과장이 덥석 내 손을 잡았다.

"자네 덕분에 큰 화를 면했어, 자네가 발견하지 않았더라면 도둑맞을 뻔 했어."

그 후 과장 부부는 나를 자기 집에 초대하여 음식도 대접하고 늘 친절하게 대해 주었다.

광산에는 별명이 삼태기라는 일본인 직원이 있었다. 이 직원은 일본 본사에서 손님이 오면 접대하는 일을 했다. 이 분은 손님이 올 때면 나에게 접대할 음식이나 회식용 닭을 사오라고 했다. 닭을 사오라고 할 때면 나는 고향 우리집에 가서 하룻밤을 자고 집에 있는 토종닭을 값을 쳐서 사 오곤 했다. 나는 1년 반 정도 광산에서 근무했는데 하숙

메질 많이 해야 황금으로 빛난다.

생활을 했다. 하숙집 주인은 당시 야스다(安田)라고 불리는 경상도 사람이었다. 나는 경상도 사람 세 명과 함께 방 하나를 썼다. 하숙집 밥은 쌀이 20% 옥수수 40% 조 40% 정도를 섞은 잡곡밥이었다. 하숙집 주인 야스다 내외는 자식이 없었다. 어느 날 밤 비명 소리에 놀라 잠을 깼다. 내가 비명소리가 나는 주인 방으로 가려는데 함께 방을 쓰는 경상도 사람들이 말렸다. 하숙집 주인이 자기 아내를 다듬이질 하는 방망이로 사정없이 온몸과 머리를 때렸다. 가만히 소리를 들어보니 하숙집 아내는 남편이 그렇게 때리는데도 아무 대항도 하지 않고 매만 맞고 있었다. 나는 저러다 저 주인이 아내를 때려죽이는 것이 아닐까 걱정이 되어 겁이 났다. 나중에 알고 보니 하숙집 주인 아내는 남편이 밤에 일 나간 사이 남편 친구와 화투놀이도 하고 남편 친구와 불륜관계를 맺었다고 했다.

광산에 근무할 때 생각나는 사람이 또 있다. 광산 관사에는 땔감 장작을 패는 사람이 있었다. 장작을 패는 사람은 벙어리이고 팔이 한 쪽밖에 없는 사람이었다. 이 사람은 한쪽 팔로도 장작을 무척 잘 팼다, 그래서 이분 별명은 '장작패기 명수'였다.

또 기억나는 사람이 있는데 이름은 '칠성'이다. 이 칠성 아저씨(내게는 삼촌뻘에 해당하는 나이의 아저씨이므로 아저씨라고 부르겠다)는 물을 길어 관사마다 날라 주는 일을 했다. 칠성이 아저씨는 노무과장 이토ㅅ 씨와

메질 많이 해야 황금으로 빛난다.

함께 같은 동네에서 자랐다. 칠성이 아저씨는 독장이에서만 40여년 이상 살았던 촌사람이었지만 이ㅌㅅ 씨는 독장이 밖에서도 살았고 일본 헌병 출신으로 광산 노무과장으로 근무하고 있었다. 당시 이ㅌㅅ 씨는 일본인들도 꼼짝 못할 정도로 힘이 있는 사람 즉 세도가였다. 물지게꾼 칠성이 아저씨는 자기가 이ㅌㅅ 씨와 한 동네에서 자란 친구 사이라고 사람들에게 뽐내곤 했다. 그러던 어느 날 칠성이 아저씨는 물지게를 지고 가다 이ㅌㅅ 씨를 발견하자 반가워서 그에게 뛰어갔다.

"어이, ㅌㅅ이! 나 칠성이야."

칠성이 아저씨는 반가운 나머지 물지게의 물이 바닥에 쏟아지는 줄 도 모르고 뛰어갔다.

"이 미친놈의 새끼 어디서 개수작이야? 병신인줄만 알았더니 미치 기까지 했네!"

이ㅌㅅ 씨는 이런 욕을 하면서 칠성이 아저씨를 확 밀쳤다. 칠성이 아저씨는 물지게를 진 채로 길 아래로 넘어졌고 이ㅌㅅ 씨는 물지게에 서 튄 물방울을 옷에서 털어냈다. 지금은 고인이 된 이ㅌㅅ 씨의 그때 의 표정과 칠성아저씨의 그 낭패스럽고 서운한 표정을 나는 지금도 잊 을 수 없다. 나는 '출세했다고 저렇게 하면 안 된다'고 생각했다.

내가 광산에 취직을 해서 일을 하는 동안 세계2차대전은 점점 치열 해졌다. 일제의 징병제도와 징용제도가 더 강화되어 농촌의 청장년들

메질 많이 해야 황금으로 빛난다.

이 모두 끌려가던 때였다. 징용이나 징병에 끌려가기만 하면 '죽는다' 는 전제가 되어 있던 때였다. 다행히 문례광산에 취업이 되면 징용과 정신대에 끌려가는 것이 면제되었다. 고향 마을의 김몽성 셋째 외삼촌, 이정직 삼촌, 노이근과 김주봉 등도 징용을 면제 받기 위해 광산에 취업을 하였다. 물론 이 사람들이 취직이 된 것은 노무과장 이ㅌㅅ 씨의 영향이 컸지만 나도 1년 반 정도 광산에 근무하면서 신임을 얻었기 때문에 가능한 일이었다.

메질 많이 해야 황금으로 빛난다.

03

기독교 신앙과 우리 집안

나의 결혼과 기독교 신앙

1944년은 일제의 만행이 최고조에 달한 때였다. 스무 살과 스물한 살의 남자들은 모두 군대에 끌려갔고 스물한 살이 넘은 남자들은 징용에 끌려갔다. 징병이 되어 군대에 가면 간지 며칠도 안되어 죽어서 유골로 돌아오던 때였다. 아들들은 전쟁터에 끌려가 주검이 되었고, 어린 아들과 딸들은 정신대라는 이름으로 끌려가 유린되던 때였다. 결혼을 하지 않은, 열아홉 살과 스무 살 여자들은 정신대로 차출되고 군대 위안부로도 끌려갔다. 딸이 있는 집에서는 서둘러 혼인을 시켰다.

김태옥 장로 댁에도 아직 결혼을 시키지 않은 열아홉 살의 막내딸이 있었다. 이 처녀는 이름이 김ㅇㅊ이고 교회에서 반주자로 봉사하고 있

메질 많이 해야 황금으로 빛난다.

었다. 김태옥 장로 댁도 막내딸을 시집보내려고 백방으로 사윗감을 찾았다. 당시 농촌에는 청년이 드물었고 있다 하더라도 아무에게나 보내 버릴 수는 없었다.

나보다 다섯 살 위였던 나의 누나(이름은 이봉덕)는 김도태 선생의 집안에 시집을 가 살고 있었다. 김도태 선생은 교육자로 3·1 운동 때 만세 시위에 참가하였다가 옥고를 치렀고 8·15 광복 후, 조선 지리 학회 회장, 서울 시사(市史) 편찬 위원, 서울여자상업학교의 교장을 지낸 분이다. 이분은《세종대왕전기》와《남강이승훈전》도 쓴 훌륭한 분이다. 김도태 선생은 김태옥 장로와 친구사이였다. 김도태 선생이 김태옥 장로에게 나를 막내 사윗감으로 추천했다. 김태옥 장로는 김도태 선생 집안의 며느리인 나의 누나를 잘 알고 있었다. 누나는 시댁 김도태 선생 집안과 동네 인근에서 칭찬을 받는 며느리였다. 김태옥 장로는 김도태 선생과 친구였으므로 김도태 선생 댁에 자주 왔기 때문에 친구 집의 며느리(즉 우리 누나 이봉덕)를 많이 보았다. 모두가 김도태 선생 집안에 며느리 이봉덕은 가정교육도 잘 받았고, 신앙생활도 잘하는 착한 며느리라는 주위의 평가도 잘 알고 있었다. 자기 대에서 신앙생활을 시작하는 사람들은 많았지만 부모의 대(代)도 신앙생활을 열심히 하는 사람들은 아직 드문 때였다. 그런데 우리 부모님은 물론이고 우리 외가와 친가 친척들 모두가 교회에 다니는 집안이라는 것이 김태옥

메질 많이 해야 황금으로 빛난다.

장로에게는 중요했다. 게다가 사위로 추천을 받은 내가 여느 청년과는
달리 진중하고 열심히 교회 생활을 하는 젊은이라는 것이 마음에 들었
다. 그래서 김태옥 장로 댁에서는 우리 집안과의 결혼을 서둘렀다. 김
태옥 장로 댁과는 비교도 안되게 많이 기우는 우리집의 가난한 살림은
조금도 문제 삼지 않았다. 오직 우리 집안의 신앙심과 나의 신앙심과
근면함을 높이 평가하고 딸을 시집보내기로 한 것이다.

　1944년, 광산에서 근무를 하고 있던 어느 날 집에서 전갈이 왔다.
　"광산을 관두고 집에 와서 장가를 들라."
　나는 갑작스레 혼인을 하라는 말에 당황스럽기도 하고 걱정도 되었
다. 나는 아직 열여덟 살이므로 군대에 끌려갈 나이는 아니었다. '광산
에서 일을 하면 가계에도 도움이 되는데……' 하는 마음도 들었지만
나는 아버지의 말씀에 따라 광산을 그만 두고 집에 돌아왔다.
　"김태옥 장로 댁에 가서 인사를 드려라, 그 댁이 네 처가이다."
　김태옥 장로 댁은 우리집에서 약 삼십 리 떨어진 곳에 있었다. 나는
이른 아침밥을 먹고 처가댁으로 향했다. 걸어서 30리(:약 12Km) 길을
갔으므로 늦은 오후에야 처가에 도착했다. 처가에서는 새신랑이 오니
격식을 차려 대접을 하려고 온갖 음식을 장만했다. 그런데 나는 새벽
에 아침 한 끼를 먹고 먼 길을 걸어 왔으므로 몹시 배가 고팠다. 우선
요깃거리를 주고 나중에 온갖 음식을 주었어도 좋았을 텐데……. 처음

메질 많이 해야 황금으로 빛난다.

처가에 갔을 때 몹시 배가 고팠던 기억 밖에는 결혼식과 관련해서 특별히 기억나는 것은 없다. 이렇게 나는 열여덟 살에 결혼을 했다. 아내는 나보다 한살이 많았다. 앞서 말한 대로 아내 집안은 우리집 보다 부유하고 좋은 집안이었다. 이 결혼은 나와 우리 부모가 진실한 기독교인이었기 때문에 가능한 일이었다. 내가 늘 하는 말 중에 '내가 나 된 것은 모두 예수님을 믿은 덕분'이라는 말을 하는데 이 결혼 역시도 예수님을 믿은 것 때문에 이루어진 일이다.

부모의 결혼 생활과 기독교 신앙

우리 집안과 기독교 신앙은 떼려야 뗄 수 없는 관계이다. 나는 열심히 신앙생활을 했기 때문에 아내와 결혼할 수 있었고 우리 부모님은 신앙 덕분에 이혼의 위기를 넘기고 가정을 지킬 수 있었다. 이제부터 우리 집안의 기독교 신앙의 역사를 이야기 하려고 한다. 이 이야기가 우리 집안 역사의 시작이다.

아버지(이름 이정현)는 할아버지(이경원)와 할머니(손 씨) 사이에서 삼형제 중 둘째로 태어났고 장성하여 우리 어머니(전학실)와 결혼하였다. 아버지는 결혼을 하면서 본가 (주소가 평안북도 정주군 고안면 어호동이다)에서 약 12Km 떨어진 정주군 덕언면 침향동 발산부락에 분가하여 살았다.

메질 많이 해야 황금으로 빛난다.

이곳에 할아버지의 땅과 집이 있었는데 아버지는 결혼을 하면서 이것들을 받아 분가해서 살았다. 아버지는 결혼을 하고 분가를 해서 부모와 떨어져 살면서 부모의 간섭을 받지 않으면서 술과 도박에 빠졌다. 이미 내 위의 누나와 형이 태어난 후이므로 자녀들도 있었지만 아버지는 음주와 도박에 빠져 살림도 돌보지 않으니 어머니와 심한 불화를 겪었다. 어머니는 아버지의 방탕을 말리고 어떻게든 함께 살아보자 노력했지만 술과 노름에 빠진 남편을 어찌 해 볼 수가 없어서 이혼을 결심했다. 어머니는 시부모에게 이혼 허락을 받으려고 어린 아기를 업고 우리 집에서 삼십 리(약 12KM) 떨어진 고안면의 큰 댁에 사시는 시부모님에게 가고 있었다. 추운 겨울 아기를 업고 걸어가고 있는데 친정 남동생을 만났다.

"누나, 추운데 아기랑 어디를 가는 길이야?"

이렇게 묻는 남동생의 물음에 어머니는 펑펑 울며 사정 이야기를 했다. 외삼촌은 의연교회의 부흥회에 가던 중인데 누이를 달래어 교회 부흥회에 데려갔다.

"시댁이 아니라 교회에 가자, 교회에 가면 매형도 술과 노름을 끊고 누나 집도 구원을 받을 거야."

그날 함께 부흥회에 참여했던 어머니와 외삼촌은 우리집으로 와서 아버지를 전도했다. 외삼촌은 헤어지면 아기들은 어떻게 하냐? 교회에 나가면 술도 끊고 도박도 끊을 수 있다, 가정이 우선 편안해지고

메질 많이 해야 황금으로 빛난다.

이 집이 구원 받아 행복해질 수 있다고 간곡하게 권유를 했다. 아버지는 매우 절망스러운 상황이었는데 교회에 가면 구원 받고 복 받는다는 말에 희망을 가졌다. 그래서 아버지는 어머니와 함께 교회에 나가기 시작했다.

나중에 어머니가 내게 위와 같은 이야기를 해주셨는데 아버지가 교회에 나가면서 우리 집안에 평화가 왔다고 했다. '예수를 믿으라, 그리하면 너와 네 가정이 구원을 얻는다.'는 말씀이 우리 집안에도 이뤄졌다. 우리 어머니와 아버지가 신앙생활을 시작하고 나서 우리 집 안은 큰 아버지와 삼촌들 그리고 일가친척 모두가 기독교인이 되었다. 이것이 우리 집안이 기독교 신앙의 가정이 된 역사이다. 이처럼 신앙이 해체 위기에 있던 우리 집안을 변화시켰고 일가 모두가 지금까지 신앙생활을 하면서 복을 받고 살게 한 원동력이 되었다.

아버지는 매우 진취적인 사람이었다. 아버지는 분가를 하면서 받은 재산을 모두 팔아 평안남도 용강에 가서 개간 사업을 시작했다. 아버지의 친구가 개간사업을 해서 재미를 본 것에 자극을 받아 아버지도 개간을 시작한 것이다. 그러나 아버지가 개간 사업을 시작한 그 해 심한 가뭄이 들었다. 개간지에 저수지를 파는 등 갖은 노력을 다 했지만 고생만 하고 실패했다. 아버지는 빚만 잔뜩 지게 되었고 우리 가족은

메질 많이 해야 황금으로 빛난다.

고생을 하게 되었다.

부모님이 내가 태어나기도 전부터 교회에 다녔으므로 나도 자연히 아기 때부터 교회에 나갔다. 나는 소학교(초등학교) 입학하기 전에 의연 교회 주일학교에 다녔는데 이때 사귄 친구들을 지금도 잊을 수 없다. 이 친구들 이름은 윤윤구, 김순전, 덕용, 덕성과 김성의이다. 윤윤구 는 1949년도에 서울 영락교회에서 결혼식을 했는데 이때 나는 신랑 들러리를 섰다. 하지만 이 친구는 6·25 전쟁 중 행방불명되었다. 김 순전은 김창신 장로의 장남인데 부산에서 신학교를 졸업했으나 젊은 나이에 병으로 떠났다. 덕용, 덕성과 김성의는 주일학교 때부터 지금 까지 사귀고 있는 평생 친구이다.

학교를 졸업한 나는 주일학교 교사와 성가대원으로 열심히 봉사하 였다. 해방 후 교회를 개축할 때는 우리집 소달구지를 끌고 가서 교회 건축을 적극적으로 도왔다. 겨울철 농한기에는 정주읍 교회에서 개최 되던 동기성경학교에 다니면서 공부를 하였다. 동기성경학교(冬期聖經 學校)는 겨울철 농한기에 평동노회가 정주읍 교회에서 해마다 개최하 는 성경학교였다. 이 성경학교는 1년에 한 학기 수업을 했고 한 학기 수업일수는 40일이었다. 3학기를 모두 마치고 졸업을 하면 전도사 자 격이나 평양 신학교에 입학할 수 있는 자격이 주어졌다. 나도 이 성경 학교의 3학기 수업을 모두를 마치고 동기성경학교를 졸업했다. 정주

메질 많이 해야 황금으로 빛난다.

읍은 우리 집에서 약 6km 떨어진 먼 곳에 있었지만 나는 매일 이 길을 걸어가서 수업을 듣고 돌아오곤 했다. 이 동기성경학교에서는 이태양 목사, 김경섭 교장과 문명록 목사님 등이 가르쳐주었는데 지금도 이 스승님들을 잊을 수 없다.

특히 일제하에도 성탄축하예배와 새벽송을 부르러 다녔다. 일제 말기에는 새벽송을 못하게 억압했지만 그래도 이에 대항해서 열심히 다녔다. 한 번은 귀를 내 놓은 채 새벽송을 돌아서 귀가 동상이 걸려 많이 붓고 진물이 흐른 적도 있었다.

나는 청년시절에도 교회생활을 열심히 하였다. 정주읍의 부호교회와 오산교회 등은 모두 우리집에서 4-6km 떨어져 있는 먼 곳이었지만 부흥회가 있으면 낮엔 일하고 밤에 쫓아 다니곤 했다.

또한 평소에도 6일은 열심히 일하다가 아무리 바빠도 주일이면 교회에 갔다. 비가 오나 눈이 오나 한 번도 빠지지 않고 주일에는 교회에 갔다. 특히 어린이주일에는 모두 돌모루산에 가서 예배를 드리고 소풍을 즐기곤 했다. 이때가 내 인생에서 가장 즐거운 때였다. 다시는 돌아오지 못할 그리운 시절이다.

나와 결혼을 한 아내는 몹시 고생을 했다. 아내는 부잣집 막내딸로

메질 많이 해야 황금으로 빛난다.

귀하게 자라 정신대에 끌려가지 않으려고 시집을 온 것이 가난한 우리집이었다. 우리집은 어머니와 아버지 그리고 내 아래로 동생들이 여섯이나 되었으니 이런 대식구들에게 밥을 해 먹이고 치우고 빨래를 하는 것만도 아내에게는 벅찬 일이었다. 일을 하지 않고 곱게 자란 아내는 농사일과 가사에 서툴러서 더 고생했다.

우리는 결혼한 이듬해 딸을 낳았지만 병으로 잃고 말았다. 가난하지 않았더라면 죽지 않을 수도 있었다. 당시는 한 겨울 방 안에 놓아둔 물이 꽁꽁 얼어붙을 만큼 추운 때였는데 아기는 폐렴에 걸렸다. 돈이 없어서 아픈 아기를 병원에도 한 번 못 데려가 보고 떠나보냈다.

메질 많이 해야 황금으로 빛난다.

해방 전 1940년 경 외사촌누나 결혼식 사진이다.
맨 뒷줄 오른쪽에서 세 번째 사람이 나의 외할아버님이다.
나는 1948년 잠시 남한에 가서 돈 벌어가지고 고향집에 돌아갈 계획으로
월남을 했기 때문에 결혼사진을 비롯해서 월남 이전의 사진이 한 장도 없다.

메질 많이 해야 황금으로 빛난다.

04
월 남 전

내가 맞은 해방

나는 우리나라가 일제로부터 해방된 날을 잊을 수가 없다. 1945년 8월 15일, 이날 나는 어머니와 함께 마당에서 기장을 털고 있었는데 이웃집의 노인이 찾아왔다. 이분은 우리 모자에게 이렇게 물었다.

"뭐 해? 해방이 되었다는데……."

노인이 우리에게 우리나라가 해방이 되었다고 알려주는데 실감이 나지 않았다. 한여름이라서 노인은 손에 참외를 들고 잡숫고 있었는데 다른 집에도 해방 소식을 알려 주겠다면서 급히 떠났다. 나는 이 노인이 말한 '해방'이라는 말을 잘 못 들었다고 생각했다. 해방이라는 말은 성경책에만 있는 사건이지 우리나라가 해방될 것이라고는 상상도 못했다. 일본이 전쟁에서 지고 항복을 했다니 믿을 수가 없었다. 일제는

메질 많이 해야 황금으로 빛난다.

그간 엄청나게 우리를 세뇌시켰다. 일본은 이천육백 여 년 전 부터 천신에게서 보호를 받는 신국이므로 모든 전쟁에서 반드시 이긴다고 학교에서 가르쳤다. 일본의 필승에 대한 신념은 대단하였다. 나는 초등학교와 청훈에서 이렇게 배웠고 이렇게 세뇌를 당했다. '일본은 작은 나라지만 일러전쟁과 청일전쟁에서 대국인 러시아와 청나라를 이길 수 있었던 것은 신국(神國)이기 때문이고 일본의 천황은 사람이 아니라 신이므로 신이 다스리는 나라가 모든 전쟁에서 이기는 것은 당연하다'라는 것이다. 비록 식민지 우리나라 사람들이 징병이 되어 전쟁터에 나가 주검이 되어 돌아왔다는 말을 들었어도 잠시의 전세라고 여겼지 일제로부터 우리나라가 해방될 것이라고는 생각하지 못했다. 그래서 이웃 노인이 와서 일본이 망해서 우리나라가 해방이 되었다는 말을 했을 때 믿을 수가 없었다. 알아보니 히로시마와 나가사키에 원자폭탄이 떨어졌고 이 때문에 엄청나게 큰 피해가 일자 일본 천황이 항복을 선언한 것이다. 그 덕분에 우리나라도 일제로부터 해방이 되었다. 나는 후에 '집집마다 태극기를 내걸고 태극기를 들고 나가 감격의 만세를 불렀다'는 기록을 책에서 본 적이 있다. 하지만 이런 현상은, 도시에서라면 몰라도 내가 살던 농촌에서는 없던 일이었다. 왜냐면 일제 때는 워낙 감시가 심했기 때문에 집안에 태극기를 보관하고 있을 수도 없었고 태극기 자체가 매우 귀했다. 이렇게 태극기가 귀한 때였으므로 집에 걸 태극기도 없었고 들고 나가 흔들며 만세를 부를 태극기도 없었

메질 많이 해야 황금으로 빛난다.

다. 일반인들은 태극기를 본 일도 없었고 해방은 갑작스럽게 일어난 사건이었다. 나는 그저 멍멍 놀랍기만 했다. 일본이 항복했다는 소리는 멸망 직전에 희망의 소리였고 꿈과 같은 구원의 소식이었다. 당시 청장년은 출두 명령이 떨어지면 전장에 나아가 파리처럼 죽는 것이 현실이었다. 이런 현실 속에서 무엇을 어떻게 해서 목숨을 보존할 수 있을지 막막한 때였다. 당장 우리집만 해도 나보다 세 살 위였던 우리 형은 일본군으로 징병되어 갈 처지의 2기생이었는데 해방이 되니 징병되지 않아서 목숨을 부지할 수 있었다. 2차 대전이 조금만 더 연장되었더라도 형은 전쟁터에 끌려가 죽음을 당했을 것이다.

해방의 감격과 기쁨은 바람직하지 않은 방향으로도 흘러갔다. 해방 전 학교와 관공서 등 모든 기관에서는 일본인들이 세력을 잡고 있었고 농촌에도 농사를 짓는 일본인들이 많았다. 해방이 되고 나서 농사를 짓던 일본인들은 미움을 덜 받았지만 관공서 등에 근무했던 일본인들은 우리나라 사람들에게 심한 앙갚음을 받았다. 해방 다음날인 8월 16일 동발산의 한 청년이 일본인 하야시의 집에 가서 하야시를 마구 구타하였다. 하야시는 농사를 짓던 일본인으로 우리 아버지에게 농사기술도 배우고 의논도 하며 서로 돕던 분이었다. 나도 목격하였지만 일본인을 구타하거나 일본인의 물건을 뺏어도 일본인들은 한마디 항의도 못 하였다. 해방 후 어느 날 나는 길을 가다가 우리나라 사람들에

메질 많이 해야 황금으로 빛난다.

게 학대를 받으면서 노역을 하고 있는 일본인 무리를 보았다. 그 일본인 무리 중에는 문례광산의 소장과 과장도 있었다. 일본인들은 삽과 곡괭이를 들고 도로 보수 작업을 하고 있었다. 나는 광산 소장과 과장들과 눈이 마주쳤지만 인사도 하지 못하였다. 일본인들이 과거에 나의 상사였고 나에게 잘 해 주었던 분들이라서 다가가서 인사도 하고 도와주고 싶기도 했지만 이미 인심이 180도 달라진 때였다. 자칫 잘못 하다가는 내가 도움도 못 주고 나와 그분들 모두 피해만 볼 수도 있는 상황이었다. 일제는 악랄했지만 그 일본인들은 나에게 도움을 주던 분들인데 어려울 때 도와주지 못했던 것이 늘 마음에 걸렸다. 그들은 그 후 어떻게 되었을까? 물론 살아서 일본에 돌아간 분들도 있으리라. 그 분들의 일본 주소라도 알아두었더라면 찾아가서 만나볼 수 있을 텐데 ……. 그러나 이미 세월이 많이 흐른 뒤라서 이런 나의 바람도 한 낱 꿈에 불과하니 안타깝다.

일제가 정신 교육과 훈련을 시켜서 나와 같은 평민들은 우리말은 쓰지 않고 일본어만 사용했다. 놋그릇도 바치고 신사참배도 하고 일제가 하라는 대로 갖은 충성을 했다. 일본은 신국이며 천황은 살아있는 신이라고 세뇌를 하였기 때문에 나같은 사람들은 반항하지 않았다. 정말 내게는 뜻밖의 해방이었다. 해방이 되고 나서 선우훈 장로님이 우리 의연교회에 오셔서 간증을 하셨는데 나는 이분의 간증을 통해서 많은

메질 많이 해야 황금으로 빛난다.

진실을 알게 되었다. 해방이 그냥 우리나라에 주어진 것이 아니라 많은 애국자들이 항거해서 귀한 값을 치루고 얻은 것이라는 것도 알았다. 또 그간 내가 모르고 있었던 일본인들의 포악성을 알고 충격도 받았다. 특히 선우훈 장로님도 백오인 사건(주1)에 연루되어서 투옥되어 심한 고문을 받았다고 했다. 장로님의 애국심에 고개가 숙여졌다. 우리나라에 애국자와 사상가들이 많이 있었고 그분들이 우리나라의 해방을 위해 많이 항거했다는 것도 알게 되었다. 해방은 그냥 거저 주어진 것이 아니었구나 하고 느꼈다.

주1 : 백오인 사건

105인 사건 [百五人事件]

요약
1911년 일본총독부가 민족해방운동을 탄압하기 위하여 다수의 신민회원을 체포하여 고문한 사건.

본문
1910년 평북 선천(宣川)에서 안중근의 사촌인 안명근(安明根)이 데라우치 마사타케[寺内正毅] 총독을 암살하려다가 실패한 사건이 있었는데 일본 경찰은 이것을 구실삼아 신민회원과 평안도 일대의 그리스도교 신자 등을 중심으로 한 민족주의자들을 억압할 계획을 세웠고, 안명근 사건을 신민회원 등이 배후에서 조종한 것처럼 조작하여, 유동열(柳東說) · 윤치호(尹致昊) · 양기탁(梁起鐸) · 이승훈(李昇薰) · 이동휘(李東輝) 등 6백여 명을 검거하였다.

그러나 신민회원이나 그리스도교 신자들은 총독암살 음모를 꾸민 사실이 없으므로 그 사실을 부인하자, 일본 경찰은 거짓 자백을 받기 위해, 당시의 총독부 경무총감 아카시[明石元二郎]의 지시로 이들에게 가장 악독한 고문을 자행했는데, 그 결과로 6백 명 중에서 대표적인 인물 105명을 기소하였다. 1심(審)에서 유죄선고를 받은 105명은 불복상고를 제기하여, 2심에서 99명은 무죄 석방되고 윤치호 · 양기탁 · 안태국(安泰國) · 이승훈 · 임치정 · 옥관빈 등 6명만이 주모자로 몰려 4년의 징역선고를 받고 복역하였다.

일본총독 데라우치 마사타케를 암살하기 위한 안명근의 계획은 뮈텔 주교가 조선총독부에 제보로 발각된 것으로 알려졌는데 이는 〈뮈텔 주교 일기〉에 당시 상황이 자세하게 기록되어 있다. 천주교 신자였던 안명근은 그를 찾아온 빌렘신부에게 고해성사를 하면서 그의 암살계획을 털어놓게 되는데 이를 들은 빌렘신부는 당시 주교인 뮈텔신부에게 보고하였고 뮈텔신부가 총독부 아카시에게 이 사실을 알리게 되면서 사건의 발단이 된다.
[출처] 네이버 백과사전

메질 많이 해야 황금으로 빛난다.

원두막 사건으로 아버지가 세상을 떠나다

　해방의 감격과 기쁨도 오래 가지 못하였다. 해방이 되자 민청이 조직되고 각 정당과 여성동맹 등 여러가지 조직이 생겼는데 일제 때보다 고충이 컸다. 당시 여러가지 복잡한 이야기는 생략하고 아버지의 죽음과 관련이 있는 '원두막 사건'만 이야기하겠다. 원두막은 동네 들판 한 가운데 높이 솟아 있으므로 외부 사람이 마을에 들어오는 것도 볼 수 있고 다른 사람들이 원두막에 다가 오는 것을 금방 알 수 있는 곳이다. 아버지를 비롯해서 마을 어르신 몇 분이 마을 원두막에서 거사를 의논하고 결의했다. 그래서 이 사건 이름이 '원두막 사건'이다. 이 원두막 사건이 무엇인지 알려면 먼저 1945년에 있었던 양곡수매사건과 1946년에 시행된 토지 및 농지 개혁에 따른 현물세 제도에 대해 알아야 한다.

　해방이 되던 해인 1945년 말, 당시 집권층은 농촌의 양곡(벼)을 사 갔다. 우리 고향 마을에도 소련 트럭이 와서 양곡(벼)을 실어가지고 가져갔다. 나중에 알고 보니 이 양곡들은 소련군이 소련으로 가져갔다고 했다. 집권층은 이때 많은 돈을 주고 양곡을 사 갔는데 양곡을 사기 위해서 정부는 새 화폐를 많이 찍었다. 이 새 화폐는 붉은색이 난다고 해서 붉은 화폐 혹은 인민 화폐라고 불렸다. 그런데 많은 돈을 받고

메질 많이 해야 황금으로 빛난다.

양곡을 판 농민들은 양곡 대신 받은 화폐가 양곡 가치의 1/10도 안되는 현실을 알고 속은 것을 알았다. 집권층은 일부러 새 화폐를 많이 찍은 후 돈을 많이 주는 것처럼 해서 양곡을 거의 헐값에 빼앗아 간 것이다. 양곡 대신 농민들이 받은 화폐는 가치가 전혀 없는 '종이쪽지'에 불과했다. 새 화폐를 받고 양곡을 빼앗긴 농민들은 먹을 것이 없어 굶주렸다.

　해방 이듬해인 1946년에는 토지와 농지개혁이 있었다. 이 개혁은 개인이 토지를 소유할 수 있는 상한선을 5정보로 제한했다. 5정보 이상의 토지를 소유한 지주의 땅은 모두 빼앗아 농민에게 무상분배했다. 농민은 무상분배 받은 농지에서 농사를 지어 수확량의 25%를 국가(당시 인민위원회)에 바치는 제도이다. 이전에는 소작의 경우 수확량의 50%를 지주에게 바쳐야 했는데 25%만 국가에 바치라고 했다. 이 25% 현물세 제도를 알리고 찬양하는 노래가 불렸다. '2할 5부 현물세!' 라는 가사의 노래가 지금도 생각난다. 수확량의 25%만 국가에 바치라는 현물세 제도는 농민의 환영을 받았다. 그러나 제도상의 수치만 25%일뿐 실제 수치는 이보다 훨씬 더 높아서 소작제도 때보다 더 어렵게 되었다. 게다가 해방이 되고 난 이듬해부터 이어진 흉년으로 농민은 극심한 식량난을 겪었다. 나는 이런 문제점들을 아버지 곁에서 자연히 알게 되었다. 왜냐면 아버지는 이태전씨와 김창신 장로님과 함

메질 많이 해야 황금으로 빛난다.

께 이 문제에 항거하는 거사를 계획했기 때문이다. 이 세 분 중에서 아버지가 제일 연장자이고 사람들로부터 가장 많은 신임을 받는 분이 었으므로 책임자였다. 나는 이 거사의 이러저러한 것들을 연락하는 심부름도 많이 했고 벼루에 먹을 갈아드리면서 이 거사에 대해 잘 알게 되었다.

거사일은 광복 1주년이 되는 1946년 8월 15일이었다. 일제 때보다 더 잔혹한 현물세 정책의 문제점을 제기하고 이에 항거하는 의미에서 이날을 거사일로 잡았다. 거사에 참여하기로 한 인원은 우리 덕이면만 해도 청장년 80명 이상이었다. 밤이면 우리집에 모여서 태극기를 제작하여 깊이 숨겨 놓았다. 거사에 쓸 태극기(: 손 태극기)를 제작할 천은 신동건씨가 제공했다. 이 거사는 당시 목숨을 내어놓고 하는 것이었다.

거사 하루 전날인 1946년 8월 14일, 나는 여느 때와 다름없이 벌판에서 소에게 풀을 먹이고 꼴을 베어 지게에 지고 집으로 오고 있었다. 그런데 트럭 한 대가 우리집 앞에 서 있었다. 지금까지 우리집 앞은 물론이고 우리 동네 안에 트럭이 들어온 일은 없었다. 놀라서 급히 집으로 가 보니 이미 아버지는 체포되어 간 후였다. 오산학교 출신 ㅂㅁㅎ이 거사 조직의 서기였는데 당시 경찰에 매수되어 거사에 참여할 사람들의 명단을 넘겨주었다고 했다. 이 사실을 경찰소(지금의 경찰지구대) 소

메질 많이 해야 황금으로 빛난다.

사(:심부름 등을 하는 맨 아래 직급으로 오늘날로 말하면 아르바이트생 정도이다)로 일하고 있던 김주성이 우리에게 알려주었다. 이 김주성 덕분에 더 큰 화를 모면할 수 있었다. 김주성은 나의 초등학교 후배이다. 나중에 알게 된 일인데 나도 주재소에 끌려 갈 뻔 했다. 순사들이 우리 동네에 와서 '이봉인'이라는 사람을 찾으니 동네 애들이 우리 동네에는 이봉인은 없고 이봉님이란 사람이 있다고 대답을 했다. 이봉님이라는 이름 때문에 사촌형님(이름이 이봉린이다)이 붙잡혀 가서 고생을 했다. 사실 이봉인이라는 이름은 내 이름 이봉빈이라는 한자를 이봉인으로 잘못 읽어서 생긴 오해였다. 내 이름은 원래 이봉빈이다. 사촌형 이봉린은 이거사에는 참여하지 않았다. 하지만 거사 참여자 명단에는 내 이름이 적혀 있었을 것이다. 왜냐면 나는 아버지 옆에서 거사를 돕고 연락을 하고 각종 심부름을 했기 때문이다. 이봉빈이라는 내 이름이 이봉주라는 이름으로 바뀐 것은 6·25 전쟁 중이었다. 내가 새 신분증을 만들면서 일부러 내 이름을 이봉주로 바꿔 신고를 했다. 이 일은 나중에 또 말하겠다. 이렇게 거사에 참여하려고 했던 모든 분들이 잡혀가서 고문을 당하면서 조사를 받다가 일주일 혹은 열흘 후에 풀려 나왔다. 그러나 주동자였던 우리 아버지와 이태전, 이태삼, 김창신 장로님은 사십여 일을 고문을 받다가 풀려 나왔다. 아버지는 평소 심장병이 있었는데 이일로 투옥되어 많은 고문을 당했으므로 병이 악화되었다. 집에서 치료를 하였지만 차도가 없이 병은 악화되어 갔다.

메질 많이 해야 황금으로 빛난다.

지금도 이날을 잊을 수가 없다, 1946년 12월 21일. 나는 그해 겨울에도 정주읍 교회에서 개최되는 동기성경학교에 참여했다. 이 성경학교 동기들과 송별회를 하기 위하여 전날 교회에서 자고 이날 아침 일찍 집으로 돌아오고 있었다. 그런데 방촌 앞길에서 모안리에 사는 매부(김건행)를 만났다. 매형은 나에게 아버지의 부고를 전하려고 정주읍으로 오고 있었다고 했다.

"아버님이 돌아가셨네!"

아버지의 심장병이 악화되고 있었지만 이렇게 아버지가 돌아가실 줄은 꿈에도 생각 못했다. 집에 돌아오니 집 안은 아버지 장례를 준비하느라 여념이 없었다.

아버지 장례 날은 전날 밤 눈이 많이 와서 눈이 엄청 쌓였다. 집에서 아버지의 묘지까지 가는 길은 만장을 든 사람들로 가득 찼다. 아버지는 토지개혁과 현물세에 반대하는 항거를 계획했다가 붙잡혀 가서 고문 후유증으로 돌아가신 것이므로 장례식에 참여하는 것은 정치적으로 위험한 일이었다. 장례식에 참여한다는 것 자체가 대단한 용기를 갖지 않고는 불가능한 일이었다. 하지만 집에서부터 묘지까지 아버지의 죽음을 슬퍼하는 사람들로 가득 찼다. 나는 아버지 장례식 때에는 눈물 한 방울 나오지 않았다. 하지만 시간이 흐를수록 아버지에 대한 그리움이 진해지고 아버지를 회고하는 시간들이 많아졌다.

메질 많이 해야 황금으로 빛난다.

그리운 아버지

아버지 이정현은 평안북도 정주군 고안면 어호동에서 이경원(나의 할아버지)과 손씨(나의 할머니) 사이에서 둘째 아들로 태어났다. 장성한 후 전학실(나의 어머니)과 결혼을 했고 결혼을 하면서 분가하여 평안북도 정주군 덕언면 침향동 발산부락에 있던 할아버지의 땅을 분배받아서 농사를 지었다. 아버지는 분가를 해서 부모의 간섭과 보호가 없는 생활을 하면서 술과 노름에 빠졌다. 이 때문에 어머니가 아버지와 헤어질 결심을 하고 시댁에 이혼 허락을 받으러 가던 중 우리 외삼촌이 전도를 하여 어머니와 아버지가 교회에 다니게 되면서 아버지가 새 삶을 살게 되었다는 것은 앞서 말했다.

아버지는 진취적이고 모험을 두려워하지 않는 사람이었다. 아버지는 친구(: 이대현)가 평안남도 용강에 나가서 한 개간사업이 성공한 것에 자극을 받아서 농지 일부를 팔아 개간사업에 착수하였다. 아버지가 개간 사업을 하던 때는 몹시 심한 가뭄이 들었다. 아버지는 고향 마을 일꾼들을 동원하여 저수지를 파는 등 갖은 노력을 하며 개간을 성공시키려고 했다. 우리 어머니께서도 어린 동생들을 등에 업고 농사일도 하며 9남매를 먹여 살리기 위해 옥수수 죽을 쒀서 주는 등 굶주리면서 아버지를 도왔다. 나도 어린 시절이지만 이때 고생했던 기억이 아직도 눈에 선하다. 그러나 개간사업은 실패했고 우리집은 빚만 지게 되었다.

메질 많이 해야 황금으로 빛난다.

모든 노력이 실패로 돌아가서 아버지는 개간 사업의 실패로 얻게 된 빚을 갚느라고 여러 가지 시도를 하였다.

우리 가족이 살던 덕언면 침향동 발산부락(나의 고향마을)은 수리시설이 안되어 있어서 농사를 지으려면 몹시 고생을 하였다. 우리집은 논이 세켄(: 서쪽에 있는)벌에 네 말 지기(: 1천2백 평), 침항에 세 말 지기와 골개논(: [북한어]좁은 골짜기에 푼 논)이 세 말 지기 있었다. 세켄 벌 네 말 지기 논은 우리 소유 논으로 자작농을 한 것인데 가뭄이 들면 물 기계로 물을 퍼 올려야 했다. 사람이 물 기계 위에 올라서서 계속 걸으면 기계가 돌아가 물을 퍼 올렸다. 이 기계로 일(1)탁이 물을 60cm정도 높이로 퍼 올리면 이(2)탁이 또 60cm 퍼서 올리고 삼(3)탁이 다시 60cm 정도 퍼 올려야 간신히 논에 물을 댈 수 있었다. 이렇게 릴레이로 물 기계 3대가 교대로 물을 푸니 6명의 인력이 필요하다. 물을 퍼 올리는 일은 너무나 힘이 드는 일이므로 물을 퍼 올리는 일꾼들은 밥을 많이 먹어야 했다. 모심기 때만 아니고 김을 맬 때도 비가 안 오면 이렇게 물을 퍼야 했다. 모를 기르고 논을 갈고 물을 퍼 올려서 써레질을 하고 모를 심는다. 제초기로 십(+)자로 밀고 또 사람이 손으로 김을 두 번 맨다. 피사리를 하고 논에 물이 마르면 수시로 물을 퍼야 했다.

이렇게 갖은 고생을 하여 농사를 짓는데 홍수로 논이 물에 잠기면

메질 많이 해야 황금으로 빛난다.

그 허탈감은 이루 말할 수 없다. 논이 물에 잠기면 품삯과 비료값도 건지지 못한다. '왜 이런 곳에서 살아야 하나, 왜 이런 고생을 해마다 반복해야 하나?' 하는 회의가 물밀듯 밀려왔다. 우리 아버지는 이런 역경 속에서도 비교적 앞선 생각을 가지고 실천하였다. 아버지는 위와 같은 한계를 극복하기 위해 논농사 보다는 밭농사에 치중하였다. 발산의 밭에는 조와 옥수수 등을 심었고 골 밭에는 목화와 고구마를 심었다. 집 앞 밭에는 토란, 참외와 수박 등을 심었는데 이 채전([菜田]: 채소밭)에서 돈을 벌었다. 벼농사는 망해도 밭에서 수확한 채소, 참외 수박과 토란을 내다 팔아서 현금을 만들었다.

특히 아버지가 농사를 지어 수확한 토란은 최고였다. 당시 정주역 근처에 일본인들이 많이 살고 있었는데 아버지는 자전거에 토란을 싣고 저울을 가지고 이곳에 가서 팔았다. 아버지의 토란은 정주에 살고 있던 일본인 주부들 사이에서 인기를 끌었다. 아버지의 토란농사 기술은 따라 잡을 사람이 없었다. 토란은 수확 철인 가을 성수기보다는 잘 저장하였다가 겨울과 봄에 내다 팔면 '금값'이라고 할 만큼 고가였다. 당시에는 일본인 농업지도원들이 우리나라 사람들에게 일본의 선진 농업 기술을 알려주었다. 그러나 이 농업지도원들조차도 우리 아버지에게서 토란 농사법과 저장법을 배워갔다. 아버지는 토란을 팔아서 현금을 모아서 땅을 사곤 했다. 나는 초등학교를 졸업하고 나서 잠시 신

메질 많이 해야 황금으로 빛난다.

경에 입학시험을 치르러 가고 광산에서 근무하던 때를 제외하고는 늘 아버지를 도와 일을 했다. 그래서 비교적 상세하게 아버지의 일을 알았다. 여기서 잠시 우리 아버지가 내게 가르쳐준 토란 농사 방법을 적는다.

토란 농사는 흙에 수분이 많은 곳이어야 한다. 밭을 갈고 고랑을 처음에는 높지 않게 하고 토란대가 성장함에 따라 북을 돋아 준다. 즉, 뿌리가 자라고 토란(: 알)이 지면 고랑을 쳐서 토란대를 중심하여 흙으로 높여주니 고랑은 깊어지고 둑은 높아진다. 비료는 깻묵이나 쌀겨 등을 섞어서 많이 주어야 한다. 토란에 비료 일(1)의 비율로 주면 토란 수확은 그 몇 배가 된다. 그러니 비료는 아끼지 않고 주어야 한다.

아버지는 가을이 오면 토란대를 동네 사람들에게 나눠주기도 했다. 나는 평생 이곳저곳에서 살아보았지만 우리 아버지가 생산하는 토란만큼 탐스럽고 풍성한 토란 밭을 본 적이 없다.

아버지는 진취적이셨다. 또 성공한 사람에게 배우고 배운 것을 주위 사람에게 가르쳐주기를 좋아했다. 계 집사(계호연 목사의 동생)라는 분은 당시 우리 고장에서 가장 먼저 양봉을 해서 돈을 모은 분이었다. 아버지는 이분에게 양봉기술을 배워 양봉을 시작했다. 아버지는 단순히 꿀을 생산하는 것에만 만족하지 않았다. 벌은 꿀을 많이 생산하면 증식을 못하고 증식을 하려면 꿀을 적게 생산해야 한다. 꿀을 좋은 시세로 팔려면 꿀을 많이 생산해야 한다. 그래서 아버지가 생각해 낸 사업은 꿀 생산이 아니라 벌통을 증식해서 벌통을 분양하는 것이었다. 당시에

메질 많이 해야 황금으로 빛난다.

는 매우 선구적인 사업이었다. 의사였던 이처수 씨, 외가댁 친척, 김창신 장로, 노성근과 윤용봉 씨 등 비교적 선각자들이 앞 다투어 아버지에게 벌통 분양을 요청했다.

벌통 분양 사업은 매우 인기가 있었고 꿀을 판매하는 것보다 더 수익이 나는 사업이었다. 아버지는 벌통을 다른 사람에게 분양하면 자전거를 타고 가서 양봉 기술을 지도하여 주었다. 꿀농사는 아카시아꽃이 필 때부터 시작인데 아카시아꽃이 만개할 때는 논에 모심기를 할 때이다. 비가 오면 꿀농사는 허탕이고 비가 오면 농사일에는 호기이다. 우리집은 꿀농사를 하므로 비가 오지 않아야 유리했다. 온 식구가 꿀은 실컷 먹을 수 있었다. 채밀을 하고 채밀 통을 물로 씻어야 하는데 통을 냉수에 씻으면 여러 사람이 시원하게 꿀물을 마실 수 있었다. 그래서 우리집은 동네에서 인기가 최고였다. 아카시아꽃이 끝나면 밤꽃을 찾아 벌통을 옮긴다. 벌통을 운반할 때면 저녁에 벌이 벌집으로 모두 들어간 후 출입문을 철망으로 막고 못질을 한다. 새벽에 달구지에 벌통을 싣고 독장이로 간다. 독장이에는 밤나무가 많았다. 밤꽃은 냄새가 나서 꿀맛은 떨어지나 약용으로는 좋다. 밤꽃이 끝나면 싸리꽃과 메밀꽃이 피는 시기에 맞춰 벌통들을 이동시켰다. 한번은 내가 벌통을 옮기다가 벌들을 모두 날려버릴 뻔 했다. 벌통을 달구지에 가득 싣고 독장동으로 가는데 달구지가 엎어져 버렸다. 귀한 벌통이 박살났으면 어쩌나 싶어서 살펴보니 다행히 벌통은 박살나지 않아서 벌들은 무사

메질 많이 해야 황금으로 빛난다.

했다. 달구지를 끌고 가던 소가 자갈이 있는 길을 피해서 길 가장자리로 가다가 달구지가 뒤엎어져 버린 것이다. 그곳은 정주읍 조금 못 미친 곳으로 사람들의 발길이 뜸한 곳이었다. 벌통이 박살나지 않아 벌은 도망은 가지 않았지만 시간이 흐르면서 햇빛이 뜨거워지니 벌통들을 수습하기가 어려웠다. 이 글을 읽는 사람들에게 말하고 싶다. 사람이 살다보면 예기치 못한 일이 생긴다는 것도 염두에 두고 살아야 한다. 이때 걱정하고 낙심한다고 해결이 되지 않는다. 절대 자포자기는 금물이다. 꼭 명심할 것은 모든 재난도 운명이니 현재 위치에서 어떻게 처신해야 하나 하고 최선의 방법과 최선의 조치를 강구하여 계속 조치하여야 한다. 나는 어린 나이였지만 해결책을 강구한 후 잘 조치하여 성공적으로 달구지를 바로 세우고 벌통을 다시 싣는데 성공했다. 이 모든 것은 아버지께서 살아 생전 평소 내게 보여준 용기와 지혜 덕분이었다.

우리집은 농사는 망해도 양봉 분양을 함으로써 목돈이 들어오고 사교에서도 유리했다. 유지급들과 교장 등 친해지고 싶은 사람들에게 선물도 하고 귀한 손님들에게 접대도 하니 인기가 있었다. 지금은 약이 많으나 그 당시만 해도 약은 귀했고 꿀은 약용으로 이용되었다. 그러나 꿀을 잘못 알고 먹은 탓에 사람이 죽은 일도 있었다. ㅂㅇㄹ 씨의 형이 개고기와 술을 많이 마시고 와서 주풍이 일어났는데 자초지종을

메질 많이 해야 황금으로 빛난다.

말하지 않고 우리집에 와서 꿀을 사다가 마시게 했다가 즉사한 일도 있었다. 꿀에 개고기 삶은 것을 넣어 보면 삶은 고기가 생고기처럼 변한다. 개고기와 꿀은 상극이라는 것을 알아야 한다.

양봉 덕분에 우리 집안 식구들은 굶주림을 면할 수 있었다. 해방이 되고 침수로 인하여 3년 내내 흉년이 들었다. 어렵게 농사를 지어 현물세를 바치고 나면 우리 열세 식구가 먹을 식량이 절대 부족했다. 나는 꿀을 소달구지에 싣고 마르메(처갓집 동네)에 가서 꿀 한 그릇을 쌀 대두 한 말과 교환하여 왔다. 물론 처가댁 가족과 처가 동네 분들이 우리집 어려운 사정을 보고 도와준 것이지만 꿀이 귀하고 값진 것이기 때문에 가능한 일이었다. 그 당시 쌀 80kg 네 가마니 정도가 있으면, 우리 집안 형편에서는, 삶의 희망이 되었다. 모든 것은 아버지가 선구적으로 양봉 사업을 도입하고 성공시킨 덕분이었다. 나는 아버지가 양봉을 하는 것을 보고 배웠으므로 우리집 양봉일은 웬만한 것은 모두 했다. 벌의 성격알기, 벌 분가시키기, 양봉관리와 수봉 제거 등 양봉일은 내가 잘 해냈다. 내가 고향을 떠난 후에는 누가 그 양봉을 맡아하고 있는지 지금도 걱정이 된다.

토끼 분양 사업도 우리 고장에서 우리 아버지가 가장 먼저 했다. 당시는 전쟁 중이므로 모든 것이 귀했다. 토끼는 한 달에 한 번 새끼를

메질 많이 해야 황금으로 빛난다.

일곱 마리에서 열 마리를 낳고 성장도 빠르다. 물이 묻지 않은 먹이만 주면 잘 자라고 병도 없다. 그러므로 토끼 분양은 농촌에서 부업으로 할 만한 사업이었다. 토끼를 잡아먹고 가죽을 벗긴 후 백분을 가죽 기름기 있는 곳에 두껍게 발라서 아랫목에 하루 묵혔다가 기름 껍데기를 벗겨 내고 비눗물로 씻어 내어 털토시와 귀덮개들을 만들어 사용하기도 하였다. 양계는 농번기에는 닭 우리에 가둬 두고 겨울에는 방치하여 나락 흩어진 것을 주워 먹게 했다. 토종닭은 대개 이틀에 한 개씩 알을 낳았는데 우리집에서 기르던 레곤은 매일 한 개씩 알을 낳았다.

농촌에서 대부분 농사일에만 매달리고 부업을 하지 않을 때 아버지는 선구적으로 여러가지 부업을 시도해서 춘하추동 사계절 우리집은 일을 할 수 있었으므로 돈을 모을 수 있었다. 소를 먹이니까 하루도 놀 수 없었고 채전(: 채소밭)에서 수확한 채소들을 내다 판 돈을 모아서 후에 동쪽 마을에 있는 일천이백평의 밭을 사서 토란 농사를 더 지었다.

한 번은 동쪽 발산부락 일본인촌 앞밭에서 일을 하다가 아버지가 다른 사람과 하는 대화를 들을 수 있었다.
"아들 정말 잘 두었어, 일을 아주 잘 하네."
동리 사람이 나를 칭찬하자 아버지가 대답했다.
"둘째(: 나를 가리킨다)가 신경 학교에 다니지 않고 집에 돌아온 것이

메질 많이 해야 황금으로 빛난다.

다행이야, 안심도 되고……."

　아버지는 평소 나에게 별 칭찬을 해 주시지 않았다. 그렇지만 나는 아버지가 이웃사람에게 이런 말을 하는 것을 듣고 기분이 좋았다. 아버지가 나를 믿고 있다는 것을 알자 더욱 열심히 아버지 일을 도왔다.

　아버지께서 돌아가시고 나는 아버지 대신 가장 노릇을 해야 했다. 어머니도 내게 많은 것들을 의지했다. 형은 초등학교를 졸업하고 나서 영변의 병원에 취직을 해서 일을 하다가 집으로 돌아왔으므로 농사일이 서툴렀다. 형은 나처럼 강단 있는 체력도 아니었고 일이 서툴러서 내가 모든 일을 앞장서서 할 수 밖에 없었다. 아버님 살아 생전에는 내가 아버지를 도와 일을 하고 아버지가 지도해주시는 대로 하기만 하면 되었는데……. 더 이상 의지하고 가르침을 받을 사람이 없었다. 그래서 내겐 아버지의 빈자리가 더욱 커져갔다. 시간이 흐를수록 세상에서 아버지 없는 사람이 가장 불쌍한 사람으로 여겨졌다. 눈이 오면 날이 밝기 전에 아버지 산소에 가서 산소의 눈을 쓸고 산소에서 집으로 오는 길도 쓸었다. 고향을 떠나 육십여 년이 흘렀지만 지금도 눈이 오면 아버님 산소의 눈은 누가 치우고 있는지 걱정이 된다. 아버지의 묘소는 양지 바른 곳이 아니다. 아버지 묘소 앞에는 소나무가 있고 뒤에는 낙엽송들이 꽉 차 있어서 겨울에는 항상 언다. 내가 고향을 떠나온 지 사십오 년 만에 동생(이봉철)이 미국의 육촌동생을 통해 내게 보내

메질 많이 해야 황금으로 빛난다.

온 편지를 읽고서 안심이 되었다. 편지에 보니 고향에 있는 동생들이 그동안 아버님의 묘소뿐만 아니라 선대들의 묘소를 잘 돌보았다고 했다. 편지를 읽고 마음이 편안해지면서 동시에 내 책임을 다 하지 못한 것 때문에 동생들에게 미안하고 면목도 없었다. 언제나 통일이 되어 아버님 산소에 가서 인사를 하고 예전처럼 눈을 쓸어드릴 수 있을까 싶다. 63년 전 고향 집을 떠날 때 누가 이런 세상을 살 것이라고 상상이나 했을까? 이 모든 것이 하나님의 뜻으로 믿고 위안을 받을 수밖에……. 하루 빨리 정치적인 것이 해결되어서 고향에 가고 싶다. 나이가 들수록 왜 이렇게 더 가고 싶은지…….

메질 많이 해야 황금으로 빛난다.

내가 넘은 삼팔선

송아지를 팔아 여비를 마련하다

이북에서는 일제로부터 해방이 되고 나서 평민들도 자의가 아니고 강제에 의하여 정치에 휘말릴 수밖에 없었다. 우리 동네 발산부락에는 약 100 가구 정도가 살고 있었는데 한 집 빼고는 모두 조선민주당이었다. 그런데도 1% 뿐인 노동당이 주도하는 대로 따르지 않으면 안 되었다. 나는 이런 정치적인 상황과 강제가 싫었다. 내가 학교 다닐 때 방학이면 가서 귀여움을 받고 놀던 외할아버지 댁도 숙청을 당했다. 외가는 토지개혁 때문에 땅을 모두 노동당에게 빼앗기고 고향 마을에서도 쫓겨났다. 특히 아버지께서 앞서 말한 원두막사건으로 작고하신 후 나는 고향에 마음을 붙이고 살 수 없었다. 우리집은 일명 반동 집안이고 기독교인 가정이었다. 당연히 일거수일투족을 감시받는 요시

메질 많이 해야 황금으로 빛난다.

찰 대상이었다. 나는 동생들이 많으므로 우리집에서 나 하나 없어도 우리집이 더 못살거나 더 잘 살거나 변화가 없을 것 같았다. 당시 돌아가는 정황은 고향에서 열심히 일해 봤자 별 희망이 없을 것 같았다. 나 혼자라도 이남에 가서 우리 집안의 후일을 기약하는 것이 현명한 일이라는 판단이 섰다. 그래서 고향집을 떠나 이남으로 가기로 결심했다. 그때가 아버님이 돌아가신 이듬해 1947년이었다.

"네가 떠나면 이 많은 농사일은 누가 어떻게 하느냐?"

어머니는 내가 월남을 하겠다고 하니 몹시 걱정을 하셨고 내가 집을 떠나지 못하게 간곡하게 설득했다. 그간 우리집 농사일은 내가 주도적으로 모두 했었다. 아버지가 살아계셨을 때도 아버지는 집안 농사보다도 바깥의 큰일을 기획하고 진행했다. 그리고 형은 학교를 졸업하자마자 바로 영변 병원에 가서 취직을 했고 그 후에 집에 돌아왔지만 농사일은 서툴렀다. 나와 어머니가 주로 농사일을 했고 어린 동생들이 돕는 정도였다. 어머니의 간절한 설득으로 나는 마지못해 농사를 지으면서 그해를 보냈다.

1948년 어느 날 외숙모께서 우리집에 오셔서 하룻밤을 머물다 가셨다. 그때 이미 외가는 숙청을 당한 후 가족들은 모두 월남했고 외할아버지만이 북한에 남아 있던 때였다. 그런데 외할아버지께서 아내(:외할머니) 없이는 못 살겠다고 하시므로 외숙모는 외할머니를 외할아버지

메질 많이 해야 황금으로 빛난다.

에게 모셔다 드리려고 북한에 다시 온 것이다. 외할머니를 외할아버지에게 모셔다 드리고 외숙모는 하룻밤을 자고 가려고 우리집에 오셨다. 외숙모는 시누이(= 우리 어머니)에게 이런저런 그간의 소식을 전했다. 서울에 가서 노량진에서 셋방을 얻어 살고 있다는 말도 했다. 나는 잠을 자려고 누웠지만 잠이 오지 않아서 두 분이 하는 이야기를 모두 들을 수 있었다. 외숙모가 하는 이야기 중에서 월남을 하는 길과 방법을 마음 깊이 담아 두었다. 한 해 동안 억지로 잠재워놓았던 월남에 대한 나의 욕망이 되살아났다.

이때 북한에서는 전쟁(: 후에 6.25 전쟁이라고 이름 불리는 전쟁)을 준비하느라고 군사를 모집하고 있었다. 나는 모안의 매형에게 월남에 대해 의논했지만 매형은 젊은이들이 고향을 떠나 버리면 고향은 누가 지키고, 선조들의 묘는 누가 돌보냐며 여러가지 이유를 들어 반대했다. 주변의 다른 윗사람들도 한결같이 월남을 반대했다. 나는 이런 반대쯤은 무시하고 월남을 단행할 수도 있었지만 어머니의 뜻만은 거절할 수 없었다.

"너 없으면 우리 식구들은 굶어죽는다, 누가 농사를 짓니?"

어머니의 이 말씀에는 어떤 말로도 항거할 수 없었다. 내가 없으면 농사를 못 지으니 가족 모두 굶어 죽는다는데 월남을 할 수 없었다. 아버지는 돌아가셨고, 형은 몸도 허약하고 일도 잘 못 하고, 아내도

메질 많이 해야 황금으로 빛난다.

마찬가지고 동생들은 나이가 어리고 어머니 한 분 밖에 없는데 어머니 혼자서는 도저히 감당할 수 없는 농사였다.

　나는 어머니의 간절한 만류에 굴복하여 또 한 해(1948년) 농사일을 하였다. 사람은 굶어서는 잘 안 죽는다. 식구는 대식구이고 식량이 없으니 옥수수 등 잡곡으로 죽을 쑤어서 먹었다. 죽도 한 그릇만 먹어야지 배부르게 먹을 수가 없었다. 그나마도 어머니는 죽도 잡숫지 못하고 굶으시는 때가 많았다. 하루는 형님하고 밭에서 일을 하다가 점심을 먹으려고 집에 오니 어머니께서 수수죽을 끓여 놓으셨다. 어머니께서는 우리 형제에게만 수수죽을 주시고 어머니는 굶으셨다. 죽 한 그릇을 순식간에 비우고 일어나려는데 어머니께서 울음을 터뜨렸다. 힘들게 일 하는 자식들에게 먹을 것도 배부르게 주지 못 하는 어미의 슬픔과 억울함이 폭발한 것이다. 자식을 충분히 먹이지 못해서 울던 어머니의 서럽고 원한 맺힌 울음소리가 지금도 귀에 생생하게 들린다. 이해 굶주림은 나의 평생 처음이자 최고의 굶주림이었다. 열두 명 대식구가 부지런히 농사일을 하였지만 3년 내내 계속 이어진 흉년으로 수확이 너무 적었다. 그리고 엄청나게 많은 현물세 때문에 굶어 죽을 형편이었다. 그해 1948년도에는 벼 50가마(: 1가마가 60kg)를 수확하면 현물세로 35가마를 국가에 바쳐야 했다. 열두 명 대식구는 고구마 수확철에는 고구마만 먹고 옥수수가 나올 때는 옥수수만 먹었지만 수수

메질 많이 해야 황금으로 빛난다.

죽도 제대로 먹지 못 한 때가 있었다. 배는 고프고 일은 고되고 죽을 것 같았다. 아버지는 이 현물세의 부당함에 항거하려다가 감옥에 붙잡혀서 고문으로 돌아가셨는데 나는 이 현물세를 내기 위해 일을 하고 현물세를 내고 나서 굶주려야 하다니…… 억울함과 굶주림 때문에 아버지를 생각하는 날이 더 많아졌다.

지혜를 짜 낸다면 사람이 굶어서 죽지는 않을 것이라는 마음이 들었다. 그래서 나는 마르메(처가 동네)에 꿀을 가져가서 식량을 교환하여 왔다. 꿀 1식기에 쌀 대두 한 말씩에 교환하여 달구지에 싣고 왔다. 김원헌, 김은헌, 김성헌, 김정헌 등 처갓집 식구들이 우리를 동정하여 쌀을 모아주었다. 또 어머니께서는 납청 양대점 김용도 사돈에게 가서 양대를 사서 평남 순안 등을 다니면서 팔아 쌀을 교환하여 왔다. 나의 평생 직업이 된 유기업도 이때 어머니가 양대 행상을 할 때 양대가 무엇인지 주물이 무엇인지 터득한 영향도 있을 것이다. 그러나 나는 더 이상 이런 부당함과 굶주림을 겪으면서 살고 싶지는 않았다. 게다가 전쟁 준비가 과열되면서 당장이라도 나는 군대에 끌려갈 형편이었다. 그해 농사일을 모두 마무리 해놓고 어머니께 간청했다.

"내가 여기 있다가 인민군에 끌려가 죽으나 삼팔선을 넘다 총 맞아 죽으나 마찬가지입니다. 동생들을 위해서라도 월남하겠습니다."

어머니께서 마침내 허락을 하셨다. 어머니께서 내 월남을 허락하신

메질 많이 해야 황금으로 빛난다.

것은 내가 군대에 끌려가 죽음을 당할 것을 염려하셨기 때문이다.

　월남을 하려면 돈이 필요했다. 내가 초등학교 다닐 때부터 키워오던 송아지가 어미 소가 되었고 이미 몇 차례 송아지를 낳아서 내다 판 적이 있었다. 그해에도 젖을 떼고 팔 때가 된 송아지 한마리가 있었다. 이 송아지를 팔아서 월남 여비로 쓰기로 결정했다. 형님께서 정주장(: 당시 5일마다 열리던 시장)에 가서 송아지를 팔아오기로 하고 갔는데 저녁에 그 송아지를 다시 끌고 집에 왔다.
　"값이 안 맞아서 그냥 왔어."
　하지만 형님은 다음 장에 가서도 송아지를 팔지 않고 다시 끌고 왔다.
　"오천오백 원은 받아야 하는데 오천 원을 준다고 해서 아까워서……."

　나는 형이 두 번이나 송아지를 팔지 않고 오자 초조했다. 평양이나 남천 등에 갈 때는 늘 신분증을 가지고 다녀야 했고 출장 허가증도 있어야 했다. 북한에서는 공민증을 교체하느라고 기존의 공민증을 모두 회수하고 새 공민증을 나눠주기 전이었다. 그러므로 이때가 신분증이 없이도 먼 곳에 갈 수 있으므로 월남을 할 절호의 기회였다. 다음 장날을 기다렸다가 이번에는 내가 송아지를 팔러 갔다. 우시장에 일찍

메질 많이 해야 황금으로 빛난다.

가서 흥정을 하니 오천 원을 주겠다고 했다. 나는 그 가격이 만족스럽지는 않았지만 오천 원이면 월남할 노자는 되니까 그 돈을 받아 가지고 집에 돌아왔다. 어머니와 형이 얼마를 받았냐고 물었지만 나는 '값을 잘 받았다'고만 대답하고 송아지 값을 말하지 않았다.

때는 이미 12월 초 추위가 시작되고 있었다. 비밀리에 이불과 옷가지 등을 준비해서 등짐가방(: 배낭)에 넣었다. 그리고 매부를 통해서 안내자로 오산교회 조집사라는 분을 정해놓았다. 사촌형(: 이봉린)이 항상 내게 함께 월남을 하자고 했었지만 워낙 비밀리에 해야 할 일이라서 함께 가자는 말을 하지 못했다. 사촌 여동생(: 이봉희)도 동행하려고 하였으나 숙모님이 반대하여 나 혼자 떠나기로 결심하였다. 내가 집 떠나는 것을 그토록 만류하시던 어머니의 허락도 받았고 여비도 마련하고 안내자도 선택되었고 내 뜻대로 모든 월남 준비가 완료되었다.

이제 떠나기만 하면 되었다. 그러나 나는 여러 가지 생각과 걱정으로 이삼일 동안 잠을 잘 수가 없었다. 앞서도 말했지만 나는 이미 해방이 되기 전 1944년에 김익찬과 결혼을 했다. 아내는 나보다 한 살 연상이었고 유복한 가정에서 자라 교회 반주자를 할 만큼 부유한 집안 딸이었다. 그런데 해방 전 정신대로 끌려가는 것을 피하고자 시집을 왔지만 가난한 우리 집에 와서 고생이 많았다. 결혼을 한 이듬해 딸아이가 태어났었는데 홍역을 앓다가 폐렴으로 떠나보낸 일이 있었다. 지

메질 많이 해야 황금으로 빛난다.

금과 같은 환경이라면 죽지 않았을 것인데 그때 우리집 환경이 너무 열악했고 가난했다. 나는 아내에게 함께 월남하자고 했지만 아내는 며칠 잠을 못자고 고민을 하면서 망설였다.

이렇게 잠을 못 자고 월남을 할까 말까 하고 망설이는 아내 옆에서 나도 잠을 잘 수가 없었다. 물론 전에 신경에도 가 보고 광산에서 근무한 적도 있었으니 객지생활을 해보기는 했지만 월남은 전과는 모든 상황이 달랐다. 농사일을 다 해 놓고 가족과 친척, 친구와 교회 등을 남겨 두고 떠나기는 괴로웠다. 누가 나를 이남에서 부르는 것도 아니고, 추운 겨울은 닥쳐오고, 겨우 삼팔선을 넘을 수 있는 노자로 송아지 한 마리 값 오천 원이 전부였다. 살던 집을 떠나서 삼팔선을 넘다 죽을지도 모르고 실패해서 월남을 하려던 것이 발각나면 가족에게 닥칠 고초는 상상하기 어려웠다. 그러나 모든 일은 고민할 때가 힘들지 결심을 하고 난 후에는 힘들지 않다. 결심한 대로 하기만 하면 된다. 나는 마침내 길을 떠나기로 결심하고 아내에게 물었다

"당신은 어쩔거요?"

아내가 내게 무슨 대답을 하기도 전에 어머니가 며느리에게 사정을 하였다.

"어린 시동생들이 많은데 너까지 가면 안 된다. 내년 한 해만 농사 더 짓고 가라."

메질 많이 해야 황금으로 빛난다.

아내는 시어머니의 뜻에 따르기로 했다.

1948년 12월 1일 밤 1시, 모든 가족이 잠든 시각에 나는 어머니하고 단 둘이서만 집을 나섰다. 가족들에게 작별인사를 할 수가 없었다. 월남을 했다는 사실이 탄로나면 큰일이고 나중에라도 내가 월남할 것을 알았는데도 기관에 신고를 하지 않았다면 심한 고초를 겪을 수 있기 때문이다. 아내는 잠들지 못하고 소리 없이 울며 나를 배웅했을 것이다. 이렇게 헤어지게 된 아내는 다시 만나지 못한 채 영영 이별이 되었다. 아내는 남편을 따라 가고 싶었지만 예의를 다 하느라고 시어머니의 뜻을 따르기로 한 결과 평생을 북한 체제 속에서 고생을 하고 살았을 것이다. 게다가 아내는 기독교인인데 기독교 신앙과 배치되는 공산주의를 주입받고 그것에 순종하는 척 하고 살기가 얼마나 힘들었을까 하는 생각이 드니 불쌍하고 측은하다. 나는 네 자녀를 키우면서 늘 하는 말이 있었다. 부부간에는 항상 떨어지지 않고 같이 살아야 한다. 특히 여자는 부모의 말 보다 남편의 뜻을 따라야 한다고 두 딸에게 이르곤 했다.

깜깜한 밤 십리(약 4Km)나 걸어서 모안이 매부 집에 도착해서 매부를 만났다. 매부가 나를 안내자에게 데려다주기로 했기 때문이다. 모안이 뒷길이 바로 국도인데 과수원도 있고 소나무 우거진 산등성이 큰

메질 많이 해야 황금으로 빛난다.

길이 지금도 눈에 선하다. 캄캄한 소나무 우거진 큰 길에서 어머님과 작별했다. 어머니는 내 손을 꼭 잡고 당부를 하셨다.

"너는 객지에 나서 우선 몸 건강하고 정치적인 것에는 뜻을 두지 말아라, 네 밑에 여섯 동생을 생각하고 어떠한 일이 있어도 동생들을 돌봐야 한다는 것을 명심해야 한다."

이때 어머니께서 내게 했던 말씀은 62년이 지난 지금까지도 잊을 수가 없다. 어머니가 꼭 잡았던 손을 놓고 매부를 따라 안내자가 대기하고 있는 고읍역을 향해 걸었다. 나를 낳아 주시고 길러 주시고 걱정하시던 어머니를 생전에 다시 보지 못하리라는 예상은 누구도 하지 못했다. 하나님만 앞일을 알고 계셨으리라.

노루는 제 스스로 놀라 도망간다

어머니와 작별을 하고 매형과 함께 밤 길을 걸어 안내자가 있는 고읍 역에 갔다. 고읍역에서 안내자 조집사를 만나고 매형에게 작별인사를 하고 평양행 기차를 타고 황해도 남천에 도착했다. 예상한 대로 공민증을 교체하는 시기라서 감시를 철저히 할 수 없기 때문에 남천까지 오는 동안 아무 일도 없었다. 남천 어느 집에 가니 월남을 하려는 사람들이 열 명 정도 모여 있었다. 이집에서 이틀을 묵고 신막으로 갔다. 신막에서 이틀 정도를 묵은 후 우리 일행은 새로운 안내자에게

메질 많이 해야 황금으로 빛난다.

인계되었다.

　새 안내자의 안내를 받아서 밤에만 길도 없는 험한 산을 넘어 남쪽으로 향했다. 안내자는 내 배낭을 메 주었다. 캄캄한 밤, 12월인데 겨울비가 부슬부슬 내렸다. 비가 내려 춥지만 감시원의 눈을 피할 수 있으니 다행이다 여기고 안내자의 인도로 서둘러 밤길을 걸었다. 밤에 신막에서 산을 넘으니 또 산이었다. 밤 동안에 목표한 곳까지 가야하니 쉴 사이도 없이 서둘러 남쪽으로 걸어갔다.

　그런데 앞에 뭔가가 나타났다. 한 두 사람도 아니고 한 무리의 장정들이었다. 앞서 가던 안내자가 내 배낭을 벼랑 아래로 굴려 버리고 도망을 쳐버렸다. 일행들도 괴한들을 피해 뿔뿔이 흩어졌다. 나중에 알고 보니 이 괴한들은 월남을 하는 사람들이 지나는 요지에 숨어 있다가 월남민의 귀중품을 빼앗는 야적단이었다. 야적단에게 빼앗긴 것은 아니지만 내가 귀중하게 여기던 물건과 어머니가 정성스레 장만해준 이불과 옷가지 등을 넣은 배낭을 안내자가 벼랑 아래로 굴려 버리는 바람에 잃어버렸다. 배낭을 잃어버려서 안내자가 원망스러웠다. 그래도 몸을 안 다친 것만으로도 다행이다 여기고 남쪽으로 계속 걸어갔다. 평생 이런 고생은 처음이었다.

　간신히 산을 넘고 또 산을 넘어 예성강 상류에 있는 조포에 거의 다

메질 많이 해야 황금으로 빛난다.

왔다고 모두가 흥분했다. 그런데 비가 오는 그믐밤, 한치 앞도 보이지 않는 캄캄한 산길에서 삼팔경비대와 마주쳤다. 잡히면 죽는다는 본능적인 두려움에 마구 도망쳤다. 추운 겨울인데 바지저고리에 겨우 짚신만 신고 흙구덩이에 빠지기도 하고 돌부리에 넘어지기도 하며 정신없이 뛰었다. 뛰다가 조금 높은 산등성이에서 낭떠러지로 굴렀다. 이제는 정말 죽는구나 싶었는데 내 몸이 공중에 붕 떴다. 누가 내 목덜미를 낚아 올리는 것 같았다. 한참을 그렇게 떠 있는데 다리가 저려서 보니 내 다리가 칡넝쿨에 걸려서 머리를 아래로 향한 채 공중에 떠 있었다. 다리에 감긴 칡넝쿨을 풀어내고 부리나케 그곳을 빠져나왔다.

안내자는 물론이고 일행들이 뿔뿔이 흩어진 뒤라 나 혼자였다. 깜깜한 밤 아무것도 안 보이고 나는 무작정 산 위라고 짐작되는 곳으로 올라갔다. 겨우 산등성이 웅덩이를 발견하고 거기 숨어 한참을 있었다.
"하나님, 살려주십시오. 살려주시면 평생 충성하겠습니다!"
두려움 때문에 아무것도 생각나지 않고 이 기도만을 반복했다. 평생 동안 이때처럼 하나님께 간곡하게 매달려 기도한 적은 없었다.

밤새 내리던 비는 여전히 부슬부슬 내리고 있었고 새벽이 되었다. 앞이 좀 보이니 당장이라도 경비대가 나를 잡으러 올 것 같아서 더 불안했다. 삼팔선을 넘다가 들키면 틀림없이 가혹한 처벌이 있다는 것을

메질 많이 해야 황금으로 빛난다.

알고 있었고 그 처벌을 받아도 이겨낼 수 있다고 단단히 각오를 했었지만 너무 두려웠다. 기도를 하느라고 엎드린 내 몸 위로 겨울비가 뚝뚝 떨어졌다. 웅덩이 안에도 물이 고여서 엎드려 있는 나의 팔다리와 발이 물에 빠졌다.

"하나님, 이번 일만 성공시켜주시면 평생 죽도록 충성하겠습니다!"

두려운 나머지 이런 기도가 내 속에서 끊임없이 나왔다. 한참을 기도를 하고 몸을 조금 일으켜 보니 날은 더 훤하게 밝아 민가도 보였다. 민가 굴뚝에서는 아침 밥 짓는 연기가 솟아오르고 있었다. 고향집 생각도 났다. 어머니는 나를 보내놓고 얼마나 마음을 졸이고 계실까? 내 한 몸 무사해서 돈 벌어서 어린동생들을 보살피라고 했는데……. 차라리 자수를 할까? 자수를 하면 목숨만은 살려주지 않을까? 아냐 내가 어떻게 해서 여기까지 왔는데 그리고 내가 왜 북한을 떠나려고 했는데 자수라니 말도 안돼……. 자수를 할지말지 여부를 놓고 한참을 망설이고 있었다. 겨울비가 오고 있었지만 날은 이미 훤해져서 수 십 미터 앞도 보였다. 내 앞 5미터 정도도 안되는 거리에 노루가 서 있었는데 와당탕 소리를 내며 도망을 갔다. 나도 놀라 누가 나를 잡으러 왔나 싶어서 숨을 죽이고 있었다. 한참을 숨을 죽이고 있는데 아무 기척이 없었다. 주위를 둘러보니 아무도 없었고 변한 것은 아무것도 없었다.

메질 많이 해야 황금으로 빛난다.

그런데 "번쩍!" 하고 나를 관통해서 지나가는 뭔가가 있었다. 노루는 내가 잡으려는 것도 아니고 누가 해치려는 것도 아닌데 혼자 놀라서 도망을 간 것이다. 옳다, 마찬가지로 나도 지금 삼팔경비대가 나를 잡으려는 것도 아닌데 나 혼자 겁을 먹고 자수를 생각하고 있다. 누가 나를 해하지도 않는데 괜히 나 혼자 겁을 먹고 자수를 하려고 하는 꼴 아닌가! 내가 잘못한 거구나 하는 마음이 들었다. 그 노루를 통해서 하나님의 응답을 들었다고 나는 생각했다. 그 노루는 그 순간에 하나님께서 내게 보여주신 가르침 같은 것이었다. 자수를 하는 것은 누가 해코지도 하지 않는데 지레 겁을 먹고 도망가는 노루 꼴이다. 나는 자수는 안한다. 잡히더라도 계획대로 남쪽을 향해 진행한다. 생사화복을 주님께 맡기고 남으로 가다가 붙잡히더라도 가야 한다는 마음이 들었다. 비로소 마음이 편안해지면서 하나님께 내 생사를 맡기겠다는 믿음이 생겼다. 그러자 용기도 생겼다. 고개를 들어보니 예성강 강가에 신작로가 뻗어 있었다. 날은 새었지만 밤새도록 내리던 12월 겨울비는 빗줄기가 더욱 세어졌다. 내가 엎드려 숨어서 기도를 하던 웅덩이에도 빗물이 가득 찼다. 자리를 박차고 일어나 예성강을 끼고 뻗어 있는 길을 향해 뛰어 내려갔다. 훤한 신작로를 걷고 있었는데 웬일인지 경비대는 물론이고 한 사람도 마주치지 않았다.

나는 한평생 살면서 신앙생활에 갈등이 생길 때면 이때 하나님께 드

메질 많이 해야 황금으로 빛난다.

린 기도가 생각나고 그 기도에 응답해주신 하나님을 떠올리곤 한다. 하나님께서 두려움과 갈등 속에 있는 내게 노루를 보여주셨다. 나는 어릴 적부터 교회도 열심히 다녔고 교회 봉사도 하였지만 이때 사건이 일생 동안 가장 하나님을 확실하게 체험하게 된 사건이라고 생각한다. 안내자도 없고 방향도 모르고 그간 했던 계획과 고생이 허사가 되고 앞으로 닥칠 험악한 일들 때문에 두려워하고 있을 때 그것을 해결할 수 있는 것은 오직 하나님만이 하실 수 있는 일이라는 것을 하나님께서는 노루를 보여주심으로써 깨달음과 용기를 주신 것이다. 하나님께서 모든 것을 해결해주실 것이라는 믿음을 가지니 방금 전까지 가졌던 두려움이 사라져서 무섭지도 않았다. 이미 날이 밝아 환해진 백주에 대로를 향하여 뛰며 남쪽으로 향했다. 한평생을 돌이켜보니 이때가 내 운명이 갈림길에 놓인 때였다. 그때 내가 자수를 했더라면, 혹은 내가 경비대에게 잡혔더라면 오늘날의 내가 있었을까? 혹은 그때 노루를 보고 깨달음을 얻지 않았더라면 하나님께서 나를 사랑하신다는 것을 알기나 했었을까? 하나님께서 나를 사랑하시므로 나를 지켜주실 것이라는 믿음이 없었더라면 내가 용기를 내어 남쪽을 향해 뛰어 올 수 있었을까?

외딴집 한 채가 보였다. 그 집 밖에 우물이 있었는데 한 여인이 우물가에서 일을 하고 있었다. 오십대로 보이는 아낙인데 나는 이 사람의

메질 많이 해야 황금으로 빛난다.

사상이나 처신을 알 수가 없었다. 이 여자에게 사정 이야기를 했다가 나를 신고하면 어떻게 될까 하는 걱정은 되지 않았다. 용기를 내어 다가가서 사정을 이야기했다. 여인은 나더러 얼른 집안으로 들어가서 자기 남편에게 이야기하라고 했다. 나는 그 집 안에 들어가서 주인남자에게 자초지종을 이야기했더니 주인 남자는 나를 안방으로 안내했다. 바지저고리는 밤새 맞은 비로 젖어 흙탕물 범벅이고 짚신도 없어진 뒤라 해진 버선발에 맨손으로 참담한 몰골이었다. 그래도 주인은 이런 몰골의 나를 안방으로 안내하여 내 사정 이야기를 들어주었다. 내 사정 이야기를 모두 들은 주인은 나더러 윗방으로 가서 숨어있으라고 했다. 이때의 고마움이란 말로 다 할 수 없다.

조심스레 윗방 문을 열고 들어가니 한 사람이 있었다. 놀라 보니 함께 월남하던 일행 중 한사람인 '김동지'였다. 나 혼자 사지에서 헤매다가 같은 처지를 당한 '김동지'를 만나니 동기간을 만난 것 보다 반갑고 안심이 되었다. '김동지'는 내가 그에게 붙여준 별명이다. 김동지는 스무 살 정도이고 김일성대학교를 다니던 중에 월남을 하는 사람이었다. 나랑은 신막에서부터 함께 걸어왔다. 신막을 지나 산을 넘다가 야적단을 만나 큰일을 겪고 난 후 나는 김동지에게 제안을 했었다.

"남하를 방해하는 자는 처단하자."

야적단처럼 우리가 월남하는 것을 방해하는 자들은 누가 되었든 없

메질 많이 해야 황금으로 빛난다.

애버리자는 내 제안에 김동지가 동의했고 그때부터 김동지가 일행 맨 앞에서 서고 그 다음에 내가 서서 걸었다. 지난밤 경비대를 마주쳐서 도망을 치다가 헤어졌는데 다시 만나니 꿈만 같았다. 이집에서 아침밥을 주어서 맛있게 먹었다, 조밥에 된장찌개 그리고 황해도 김치를 생전 처음 먹었는데 지금도 기억나는 것은 김치가 몹시 짰다. 자고 일어나니 젖은 옷이 말라 있었다. 이 집에서 방에 불을 많이 때 준 모양이다. 그런데 내 시계가 온 데 간 데 없이 사라졌다. 그 시계는 내가 아버지를 추억할 수 있는 유일한 물건이었다. 아버지가 살아생전 일본인을 상대로 장사를 하서 번 돈으로 내게 사 주신 것이었다. 시계가 없어지고 나니 그야말로 나는 정말로 맨손이 되었다. 이미 귀중품과 이불과 옷가지가 든 배낭을 잃버리고 난 후이므로 내가 가진 것이라고는 시계가 유일했었다. 그래도 이곳에서 여비가 떨어지면 끝장인데 서울까지 갈 여비가 남아있는 것이 불행 중 다행이었다.

다음날 밤에 안내자가 나와 김동지를 찾아와 또 다른 집으로 데려갔다. 그 집은 산골이지만 기와집이었다. 그 집에 가 보니 월남자 일행 대부분을 안내자가 찾아 모아 놓았다. 이집에서 약 3일을 숨어있었는데 좁은 방에 남녀노소 10명 정도가 있었고 소변도 방에서 보아야 했다. 그래도 그집 아들이 노동당이기 때문에 조사를 심하게 안 하는 것이 이 정도라고 했다. 하지만 이집에서 숨어 있는 3일간 내내 언제 무

메질 많이 해야 황금으로 빛난다.

슨 일이 생길지 몰라 불안했다. 이곳이 예성강 상류인데 하류로 배를 타고 내려간다고 하여 뱃삯을 선불로 하였다. '뱃삯만 떼이는 것이 아 닐까'하는 의심도 생겼다. 또 이집에서 우리 일행에게 밥을 팔아먹기 위하여 여러 날 묵게 한다는 말도 있어서 마음이 불편하기도 했다. 알 아보니 이곳은 예성강 상류이기 때문에 조금(: 조수(潮水)가 가장 낮은 때를 이르는 말. 대개 매월 음력 7, 8일과 22, 23일에 있다)에는 물이 얕아서 배를 운 행할 수 없어서 사리(: 밀물이 가장 높은 때로 음력 보름과 그믐 무렵이다)를 기 다리는 것이라고 했다.

드디어 남으로 출발할 때가 되었다고 해서 어두운 밤에 강가로 안내 되어 갔다. 강가에도 집이 한 채 있었는데 배 주인이 사전에 주의를 주고 약속을 받았다. 예성강은 서울의 한강보다 좁은데 강 양쪽 초소 에 경비대가 경비하는데 만약에 총을 쏴도 배는 강행할 것이다. 그리 고 어린 아기가 울면 전부 발각되니까 어린 아기를 데리고 있는 사람 은 도중에 애기가 울면 물속에 집어넣어도 상관치 않겠다는 약속도 받 았다. 이런 다짐을 받자 일행 중에 어린 아기를 데리고 있던 새댁과 새댁의 시동생이 있었는데 시동생은 발이 동상에 걸려 절룩거렸다. 이 사람들은 배를 타기를 포기했다. 모두 마음이 떨렸다. 강가에 나가서 타고 갈 배를 보니 낙심천만이다. 뱃삯을 선불로 줄 때 많은 돈을 주 었으므로 선실이 따로 있는 줄 알았는데 배는 너무나도 작은 배였다.

메질 많이 해야 황금으로 빛난다.

우리 고향 해안가의 매생이배 만한 크기였다. 이렇게 작은 배에 이 많은 사람들이 타고 무사히 남한으로 갈 수 있을까 염려가 되었다. 그런데 배가 뜬다고 하는 시간이 되자 선장은 다음 사리까지 기다려야 한다고 했다. 내 상식으로는, 해변에서 자라온 나로서는, 다음 사리 때까지라고 하면 적어도 7일 정도는 또 숨어 있어야 할 판인데 그 동안 어떤 변을 당할지 걱정이 되었다. 나는 결심을 하고 김동지에게 제안을 했다. 오늘 밤에 배를 타고 월남하지 못하면 다음 사리 때까지 또 7일을 숨어서 기다려야 하는데 7일간 무슨 위험한 일이 일어날지 모르니 선장을 설득하여 떠나보고 선장이 설득이 안 되면 선장을 해치우고라도 배를 타고 가자고 하였다. 김동지는 나에게 자신이 있느냐고 되물었고 나는 자신 있다고 대답하였다. 일행들에게 설명을 하니 모두 나와 김동지가 하자는 대로 따라 주었다. 하긴 일행이라고 해도 부녀자와 노약자뿐이었고 일행 모두는 여러 날에 걸친 긴장과 피로를 견딜 수 없어서 그리 하자고 대답을 하였을 것이다. 나는 강변에서 자랐으므로 배와 배의 운행에 대해서 잘 알고 있었다. 나는 총지휘자가 자동적으로 되었다. 우리가 타고 갈 매생이배는 강물에서 약 15m 떨어진 강 등성이에 있었다. 매생이 배가 있는 곳부터 강물까지는 미끄러운 감탕판(: 몹시 질어서 질퍽질퍽한 진흙땅)이었다. 나는 모두에게 지시를 하였다.

"고무신을 벗어 그 고무신으로 강가에 가서 물을 떠다가 배 밑창에

메질 많이 해야 황금으로 빛난다.

부으시오.”

　캄캄한 밤중이고 인적이 없는 강가였다. 사람들은 내 지시대로 했다. 사람이 여러 날 동안 천신만고하여 이곳까지 왔는데 못 간다고 하니 사람들이 독이 올라 있었다. 보통 때는 상상도 할 수 없는 마음이 생겼다. 안 되면 죽게 되는 상황 앞에서 사람은 지혜도 나오고 독한 마음으로 결심도 한다. 월남할 일행들이 죽기를 결심하고 나서니 선장도 꼼짝을 못 하고 우리가 하자는 대로 했다. 배는 아무리 작아도 무거워서 사람들이 들고 날라서 강물 위로 띄울 수는 없었다. 모두가 배 밑에 물을 끼얹으니 배 밑 감탕밭이 물을 먹고 미끌미끌해졌다. 이 미끄러진 틈을 이용해서 모두가 동시에 힘을 주어 밀어 배를 물 위에 띄울 수 있었다. 배가 물 위에 뜨자 모두가 소리 없는 환호성을 질렀다.

　배를 예성강에 띄우고 한 사람 한 사람 조심스레 배에 타고 출발하였다. 사공은 물이 적어서 배가 강바닥에 걸릴 것을 걱정해서 내게 작대기를 맡겼다. 배가 강바닥에 걸릴 때마다 내가 작대기로 밀어야 했다. 강 양쪽 경비대에서 총을 쏘아도 계속 남쪽으로 가야 하는 상황이었다. 삼팔선을 넘던 이 순간은 63년이 지난 지금 생각해도 오금이 저린다. 다행히 양쪽 초소를 지날 때마다 발각되지 않고 무사히 삼팔선을 넘었다. 삼팔선을 넘는 순간 뱃사공이 이제 삼팔선을 넘었다고 말해주었다. 김동지는 뒤로 돌아 북쪽을 보고 큰소리로 ‘김일성 죽장군’

메질 많이 해야 황금으로 빛난다.

이라고 욕을 했다.

당시 북한에서는 식량이 모자라서 소나무 껍질도 베껴먹고 밥 대신 죽을 먹었다. '돌다리죽'도 있었는데 아침에 밥을 먹었으면 점심은 돌다리처럼 건너 뛰고 저녁에 죽을 먹는 것을 말한다. '창경죽'도 있었는데 이 죽은 하도 묽어서 죽 그릇 밑이 훤히 보일 만큼 아주 묽어서 맹물에 가까운 죽을 말한다. 돌다리 죽과 창경죽이라는 말들은 죽을 먹으면서 연명한 사람만이 아는 말이다. 죽으로 양을 채우려면 보통 세 그릇을 먹어도 포만감이 없다. 배가 고파도 한 그릇만 먹어야지 더 먹었다가는 다른 가족들이 못 먹는다. 이런 환경 속에 이북을 떠나 현재 풍요로운 생활을 하고 있으니 북에 두고 온 가족들이 늘 불쌍하고 안타까웠다. 이렇게 내가 삼팔선을 넘은 때가 1948년 12월 8일 새벽이었다.

남한에 오니

기적적으로 삼팔선을 넘었지만 막막했다. 삼팔선을 넘으면서 겪었던 온갖 고초보다 나는 앞날이 더 걱정되었다. 누가 나를 이남으로 오라고 한 것도 아니고, 송아지 판 돈 5천원을 여비로 해서 왔는데 바닥이 났고, 안내원이 지고 오던 내 배낭은 없어져서 옷도 입은 것 밖에

메질 많이 해야 황금으로 빛난다.

없고, 손목시계는 도둑맞고, 신도 없이 맨 발이었다. 시름에 잠겨 이 걱정 저 걱정을 하고 있는 사이 배는 작은 고을에 우리 일행을 내려놓았다. 그 고을에 예성강역이 있었다. 이 역은 평양에서 서울로 가는 기찻길 중에 있는 작은 역이다.

배에서 내려 예성강역 앞에 이르니 벌써 동이 터 있었다. 서울 가는 기차를 타기 위해 역으로 가니 경찰, 청년단체와 특무대 등 여러 단체에서 우리 일행을 연행하여 취조를 했다. 뜻밖에 상황에 놀라 당황을 했다. 자유 남한에 왔는데 우리를 붙잡아 취조를 하다니……. 맨 앞에 서서 의기양양 걸어가던 김동지를 제일 먼저 취조했다.

"너 민청에 가입했지?"

김동지가 자신 있게 대답을 했다.

"아니요."

취조원은 다음 질문을 했다.

"김일성 정강 20개 알지?"

김동지가 그런 것을 어찌 아느냐며 어이없다는 듯 반문했다.

취조관이 '정말 몰라?' 하더니 김동지를 마구 때렸다. 이내 김동지의 얼굴에는 피가 흘렀다. 겁에 질린 김동지를 어딘가로 끌고 갔다.

천신만고 끝에 자유 대한에 왔는데 이런 대접을 받을 것이라고는 상상도 못 했다. 굉장히 실망했다. 다음 취조 순서는 나였다. 취조관이

메질 많이 해야 황금으로 빛난다.

내게 물었다.

"민청에 가담했는가?"

나는 잠시 생각을 하였다. 앞서 김동지는 거짓말을 해서 그렇게 된 것이 아닌가? 게다가 나는 먹고 사는 문제도 문제지만 양심의 자유를 찾아 자유 대한에 오지 않았는가? 양심에 어긋나는 거짓말을 하고 싶지는 않았다.

"가입했습니다."

"뭐, 가담했다고? 이 자식 빨갱이 아냐?"

취조관이 소리를 높였다.

나는 겁이 났지만 침착하게 북의 상황을 설명했다.

민청은 누구나 예외 없이 들지 않으면 안되는 조직이므로 나도 들었다고 대답했다. 취조관은 저의를 알 수 없는 웃음을 짓더니 내게 김일성 정강 20개를 외워보라고 했다. 나는 눈앞이 깜깜했다, 사실 나는 김일성 정강 20개를 외우고 있지 않았다. 내가 망설이자 취조관은 어서 김일성 정강을 외워보라고 재촉했다.

"스무 개 모두는 몰라도 4조에 신앙의 자유가 있다는 것은 압니다."

나는 똑바로 취조관을 쳐다보았다.

"그래서? 그게 어쨌단 말이야?"

나는 기독교인인데 김일성 정강에는 자유라고 했지만 신앙의 자유가 없었다고 대답했다. 그 순간 취조를 하던 수사관의 눈빛이 흔들렸다.

메질 많이 해야 황금으로 빛난다.

“그래, 그래서 신앙의 자유를 찾아 월남을 했다 그 말 아닌가?”

수사관은 내가 미쳐 하지 못 한 말까지 했다. 수사관이 그 말을 하자 나는 참았던 눈물이 나왔고 수사관에게 내 사정 이야기를 했다. 나는 아는 데도 없고 돈도 없으니 제발 서울까지 갈 수 있게 해달라고 부탁했다. 수사관은 호기롭게 취조를 하던 모습과는 달리 난처한 표정을 지었다. 그래도 수사관은 근처 예성강 여관에 나를 안내하고 여관에서 하룻밤 자고 가라고 하고는 도망치듯 가버렸다. 마침 여관에서 고사를 지낸 모양인지 시루떡을 줘서 양껏 먹고 배를 채우고는 잠을 잤다.

이튿날 아침 일어나 서울로 가는데 짚신이라도 신어야 할 것 같아서 마루 밑을 보니 신다 해어져서 버린 짚신짝들이 잔뜩 있었다. 나는 그 것들 중에서 성한 것을 골라서 한 켤레 신고 서울행 기차를 탔다. 당시 월남인들은 개성수용소에 들러서 와야 한다는 말도 있었으나 강제성은 없어서 그냥 기차에 올라탔다. 기차는 밤 한 시경에 신촌역에 도착한다고 했다. 기차에 탔으나 여전히 걱정이 되었다. 기차표를 사고 나니 여비가 떨어졌기 때문이다.

그래도 사람 살 길은 또 열리는 법이다. 기차 안에는 중년 여인이 있었는데 이 여인은 기차가 밤 한 시경에 신촌역에 도착하고 나면 짐을 옮길 사람이 없어서 고민을 하고 있었다. 이 여인은 나중에 알고 보니

메질 많이 해야 황금으로 빛난다.

부호 백촌 살던 사람인데 남편이 연세대학교 교수라고 했다. 저번에 이삿짐을 배에 싣고 월남하다가 몽금포에서 짐을 전부 빼앗기고 다시 기회를 잡아서 재차 월남하는 중이라고 했다. 이 여인은 보따리가 세 개쯤 되는데 자기 집은 신촌이라고 했다. 기차가 신촌역에 도착하는 밤 시간에 지게꾼이 있겠느냐면서 걱정을 했다. 나는 즉시 흥정을 했다. 내가 짐꾼 대신 짐을 집까지 운반하여 주기로 하고 나는 그 집에서 그날 밤을 자기로 하였다. 밤 한 시경에 신촌역에서 내려 새벽 두 시경에 신촌역 근처의 이 여인의 집을 찾아갔다. 잠을 자고 있던 이 여인의 남편은 잠에서 깨어 놀라서 잠시 정신을 잃었다. 어린아이들은 잠을 자고 있는데 이 여인이 무사히 집에 온 기쁨에 부부는 한참동안 서로를 부둥켜안고 울었다. 사선을 넘으면서 고생하며 기다리던 가족들을 만나게 되어 감정을 억제하기 힘들어 운 것이다. 나는 이 집에서 내 평생 처음으로 가장 맛있는 식사를 마음껏 먹었다. 나는 그간 농촌에 살았기 때문에 흰 쌀밥과 미역국에 소고기를 양껏 먹어본 적이 없었고 이런 성찬은 상상할 수도 없었다.

신촌 역전의 교수 집에서 잠을 자고, 아침에 신촌에서 버스를 타고 서울역 앞에 내렸다. 지금의 염천교 옆 서울역 쪽이다. 서울역 앞에서 보니 세상에 많은 사람이 오가는데 짚신 신은 사람은 나뿐이었다. 최소한 구두 아니면 고무신이지 짚신 신은 사람은 한 명도 없는 것이 놀

메질 많이 해야 황금으로 빛난다.

라웠다. 당시 북한에서는 짚신 신은 사람은 대다수였다. 다음으로 눈에 띈 것이 택시인데 지금처럼 많은 것은 아니었지만 평양에 비하여 많았다. 서울역에 도착한 내 모습은, 짚신에 흙탕물 범벅인 바지저고리와 집 떠난 지 열흘이 넘도록 씻지도 못한 손과 호주머니에는 세면도구나 손수건 하나 없는 상태였다. 집 떠날 때 송아지 판 돈 오천 원이 달랑 고무신 한 켤레 살 수 있을 만큼만 남아있었다.

어디로 가야 하나? 누가 나를 기다리는 곳은 한곳도 없는데……. 어디를 가야할지 무엇을 해야 할지 막막해서 한참을 서울역 앞에서 서성거렸다. 전차가 서울역 앞을 지나는데 전차 옆에 노량진행이라고 써 붙여져 있었다. '노량진' 낯이 익은 지명이었다. 외숙모가 우리집에 오셔서 밤에 어머니와 이야기하실 때 노량진에서 살고 있다는 말씀을 하셨는데 그 지명이라는 생각이 들었다. 우선 외갓집을 찾아가자는 생각이 들어서 노량진행 전차를 탔다. 노량진 전차 정류장에 내려 여기저기 돌아보니 지금의 사육신묘 옆에 초라한 건물이지만 노량진장로교회가 있었다. 이 교회 목사님을 찾아갔는데 당시 그 목사님의 모습은 병자 같아 보였다.

"평북 정주에서 월남한 전창현 집사 댁을 아세요?"

전창현은 외삼촌 성함이다. 목사님께서 전창현 집사님은 자기 교회 교인이라고 하시면서 약도를 그려주며 친절하게 외갓댁을 가르쳐주셨

메질 많이 해야 황금으로 빛난다.

다. 나는 신발가게에 가서 짚신을 벗어버리고 고무신을 사서 신고 외 갓집을 찾아갔다. 지금 생각하면 나의 갈 길을 인도하신 하나님께 감 사하지 않을 수 없는 사건이다.

외갓집은 월남하기 전에는 농촌에서 부자였다. 땅도 많고 산도 많고 집도 큰 기와집이었다. 일제 강점기에 농촌에서 동경 유학을 보낼 정 도면 보통 부자가 아니다. 그런데 해방 후 북한에서 토지개혁을 하면 서 땅을 모두 몰수하고 쫓아내니 외할아버지를 제외하고 가족 모두가 월남을 했다. 그래도 부잣집이었으니 월남을 했다하더라도 웬만하게 는 살겠지 싶어 찾아갔는데 깜짝 놀랐다. 내가 그때 찾아간 외갓집은 노량진 산기슭에 창고 같은 방이었다. 아주 초라한 집의 건넛방 그것 도 아주 좁은 방 한 칸에 외삼촌 내외와 형수 내외 네 식구가 한 방에 서 살고 있었다. 내가 찾아갔을 때 나를 가장 반겨준 분은 형수님(내게 는 외사촌형의 아내, 이름이 김당재이다)이셨다. 외삼촌과 외숙모도 나를 반 가워했지만 당신들 자신이 고통스러운 생활을 하고 있는데 나까지 거 지꼴을 하고 찾아왔으니 부담스러워 했다. 형수님께서 그때 나에게 베 풀어준 친절과 은혜를 지금도 잊을 수가 없다. 형수님은 흙탕물 범벅 인 내 옷을 벗으라고 하고 형님 양복 중에서 하나를 내어주며 갈아입 게 하셨다. 형님의 옷을 갈아입고 보니 내 꼴이 한심했다. 나는 팔이 짧고 형님은 팔이 긴 편이라서 형님의 옷을 입으니 허수아비에게 옷

메질 많이 해야 황금으로 빛난다.

입혀 놓은 꼴이었다. 그렇지만 그 당시 형편으로는 다른 방법이 없었다. 저녁이 되어 한전(지금의 한국전기공사)에 다니는 형님이 퇴근을 해서 집에 왔다. 형님은 방에 들어서자마자 나를 보고 이렇게 말했다.

"너 왜 왔니?"

이 말이 첫마디였다. 나는 이 말을 듣고 너무 기가 막혔다. 천신만고 끝에 서울 외갓집까지 왔는데 이런 말을 들으니 그 섭섭함이란 이루 말할 수가 없었다. 형님은 평생 고향에서 고생을 모르고 살다가 월남을 하고 너무 처참한 생활을 하니 아무 배려도 없이 이런 말이 튀어나온 모양이었지만 나는 몹시 서운했다. 수십 년이 지나도 나는 이 형님(이름이 전경선이다)과 함께 '너 왜 왔니'라고 했던 형님의 말에 대한 서운함과 고생을 한 옛날의 이야기를 하면서 서로 웃곤 했다. 나는 외갓집 좁은 방에 끼어서 이틀 정도 잠을 잤다. 낮에는 형수님의 일을 도와서 장작을 패어 주기도 하였다. 내가 월남한 후 부터 형수님이 세상 떠날 때까지 형수님은 나를 아껴 주었고 나도 형수님을 무척 따랐다. 나중에 형수님과 나는 좋은 사업 파트너가 되었다. 이 이야기는 나중에 또 하겠다.

외갓집에서 이틀을 자고 난 후 나는 월남을 한 고향사람들을 찾아 나섰다. 강병후 씨는 당시 조선민주당 조직부에 있었고 김창신 장로님은 신당동 피난민촌에 있었다. 수경이는 노성근 씨와 옥수동에 살고

메질 많이 해야 황금으로 빛난다.

있었다. 옥수동에서도 하룻 밤 잤는데 그때 수경이는 신문장사를 하고 있었는데 나에게도 같이 신문장사를 하자고 하였다. 인천 ㅇㅌㅈ 씨 집을 찾아가서 보니 이분은 정치 운동을 하고 있었는데 '내 부친을 생각해서라도 딴 데 가면 안 돼. 나하고 일을 하자' 며 나를 붙잡았다. 월남할 때 어머니께서 나에게 신신당부하신 말씀 때문에 도망치듯 인천 ㅇㅌㅈ 씨 집을 뛰쳐나왔다. 월남을 한 고향사람들 거의 모두를 찾아보았지만 마음을 붙이고 내 한 몸 의탁할 곳이 없었다. 고향 사람들은 나보다 일찍 월남하였으나 아직 자기 살기도 빠듯한 형편이라서 남을 도와줄 형편이 못 되었다. 외갓집 형수는 나에게 자기집으로 다시 오라고 했지만 외갓집에 갈 수도 없고 막막했다.

고향에 있을 때 아내가 했던 말이 생각났다.
"이모부가 남한에서 유기공장을 크게 하신대."
그 공장에 가 보자는 마음이 들었다. 남한에서 가장 큰 유기공장이라고 하니 '내 한 입 해결할 일자리가 있을 것이다'라는 마음이 들었다. 나는 어머니가 유기 행상을 한 적도 있고 그 전부터 유기에 대해 알고 있었다. 한달음에 서울 염천교의 유기점을 찾아갔다. 이곳 주인은 한상준이란 노인인데 곰보 얼굴에 수염이 길었다. 노인에게 자초지종을 이야기 하니 노인이 나더러 용산 후암동에 가 보라고 했다.
"거기 가면 서울양대 공장이 있다."

메질 많이 해야 황금으로 빛난다.

06

나의 직업 방짜유기

은인이자 스승 탁창여 방주님을 만나다

나는 서울양대공장을 찾아갔다. 남영동 전차역에서 용산고등학교 쪽으로 개천을 따라 약 8백 미터쯤 걸어가니 학교(= 지금의 삼광초등학교)가 나왔는데 이 학교 정문 근처에 공장이 있었다. 근처에 가니 공장에서 일하는 소리가 요란하게 들렸다. 공장 안에 들어가서 인사를 하자 사람들이 일손을 멈추고 납청의 소식을 물었다. 공장에서 일하는 분들 모두가 납청 사람들이라서 고향소식을 들으려고 내게 몰려들었다. 당시 이 공장에는 김찬규 대장, 강삼손 앞망치, 박정선과 김상묵 등 십여 명이 일하고 있었다. 일하는 것을 구경하고 있는데 김상묵이란 분이 나를 탁창여 씨가 사무를 보고 있는 사무실 겸 숙직실로 안내를 했다.

메질 많이 해야 황금으로 빛난다.

탁창여 씨는 이 공장의 사장이었다. 우리 고향 납청에서는 양대 공장 주인을 '방주'라고 불렀다. 나도 지금부터 탁창여 씨를 탁방주라고 쓰겠다. 탁방주님에게 인사를 올리니 방주께서 내 출생지가 어디냐고 물으셔서 대답했다. 그리고 몇 가지 더 이야기를 나누던 중인데 탁방주께서 내게 '혹시 김태옥 장로를 아느냐'고 물으셨다. 내가 바로 김태옥 장로의 둘째 사위라고 대답을 하니까 탁방주께서 놀라워하셨다. 김원현이 나의 매부라는 사실에 반가워하셨다. 김원현은 내 아내의 오빠였다. 이 자리에는 탁방주님의 부인인 이옥제 여사도 함께 있었다. 이분은 당시 마흔일곱 살 정도 되셨는데 그전에 북에서 나를 한번 보셨다고 했다. 아마 내가 결혼하던 해 1944년에 마르메(: 내 처갓집 동리)에 갔다가 나를 보신 모양이다. 그러니까 이옥제 여사는 나의 처이모신데 친정 조카 사위가 거지꼴을 하고 왔으니 좋아할 리가 없었다. 그러나 탁방주께서는 나를 무척 반갑게 대하셨고 나를 만난 것을 무척 기뻐하셨다. 탁방주께서는 나에게 절대로 다른 곳에 가지 말고 공장에서 함께 지내자고 하셨다. 월남해서 그동안 여러 곳을 찾아다녀 보았지만 탁방주님처럼 나를 반가워하고 적극적으로 환대해 준 사람은 없었다. 처이모님(: 이옥제 여사)께서 화롯불에 찰떡을 구워서 주셨는데 지금도 그 맛을 잊을 수가 없다. 탁방주께서는 사무원을 시켜서 나와 함께 남대문시장에 가서 새 옷을 사서 입게 하셨다. 나는 그제서야 형수님으로부터 얻어 입은 형의 옷을 벗어 버릴 수 있었다. 그날부터 나는

메질 많이 해야 황금으로 빛난다.

탁방주 내외분과 함께 한 상에서 식사를 했고 여러 해 동안 한가족처럼 지냈다. 집을 떠나면서 부터 내내 먹고 잠잘 곳이 걱정되었는데 먹고 잠자고 일할 수 있으니 이제 더 바랄게 없었다.

서울양대공장에서 처음 나는 사환으로 일을 했다. 주로 탁방주의 심부름을 하고, 놋대야 등을 상점에 배달하고, 지방 상점에 보내는 짐도 부치고 지방에 가서 수금도 하였다. 나는 나의 후배들에게 정직하고 성실하면 복을 받는다고 늘 증언을 한다. 출장비를 주면 왕복교통비, 숙박비와 식비 등을 쓰고 남은 돈은 잔돈까지 주인에게 계산서와 같이 돌려드렸다. 만약 어디에 가서 식사대접을 받았으면 반드시 주인에게 보고하였다. 짐을 묶기 위해 당시 숯 포대 껍데기를 주로 사용하였는데 언제든지 짐을 묶을 수 있게 늘 포대를 준비해놓았다. 주인이 무엇을 시키기 전에 모든 일을 준비하였고 시키지 않아도 청소를 하니 탁방주 내외는 나를 당신들의 자녀들보다 더 위해 주고 아껴주셨다. 나는 이분들을 그림자 같이 따르고 밥도 한 상에서 먹고 잠도 한방에서 자며 가족처럼 지냈다.

하루는 탁방주의 지시로 전북 이리에 있는 유기점에 수금하러 가던 길에 서울역에서 고향의 후배 동생 김성의를 만났다. 고향에서 한집안처럼 친하게 지내던 고향 동생을 만나니 꿈만 같았다. 성의는 서울역

메질 많이 해야 황금으로 빛난다.

에서 신문을 팔고 있었다. 성의네 집은 부자였고 오산중학교 5학년 재학중이었다. 나처럼 생명의 위험을 느끼면서 삼팔선을 넘을 만큼 나쁜 처지에 놓여있지 않았었는데 곱게 자란 소년의 몰골이 12월 추운 날씨에 허름한 옷차림에 양말도 신지 않은 맨발이었다. 나는 기차시간을 맞추기 위해서 기차를 타면서 출장비 중에서 얼마를 떼어 주면서 우선 양말을 사서 신으라고 하고 내가 출장 갔다 돌아오는 시간에 맞춰 공장으로 찾아오라고 했다. 나는 출장을 다녀온 후 탁방주께 성의의 사정을 말씀드리고 당장 먹고 잘 곳이 없으니 공장에서 먹고 자고 일할 수 있게 해달라고 부탁했다. 성의는 북아현동에 있는 퉁점(: 주물공장)에서 풀무질꾼으로 일을 시작하였다. 탁방주는 이내 성의의 사람 됨됨이를 알아보고 풀무질꾼에서 종로1가에 있는 동화유기상회의 점원으로 직책을 바꿔주셨다. 이때부터 성의와 나는 서로 돕고 의지하는 친구가 되었다.

또 내가 사환으로 일할 때 생각나는 추억이 있다. 1948년 12월 말경인데 충주유기점에 수금을 하러 가던 길에 충주장에 가서 연시감을 사 먹었다. 연시감을 생전 처음 먹어 보는 것인데 사서 먹어보니 어찌나 맛이 있는지 먹고 또 사 먹었다. 이 출장길에 또 한 가지 생각나는 일이 있다. 충주역 조금 못 미친 곳에 달천교가 있다. 달천교는 달래강을 건너는 다리이다. 이 다리 이름과 강 이름이 모두 고향 정주에 있

메질 많이 해야 황금으로 빛난다.

는 강과 다리의 이름과 같았다. 이름만 같은 것이 아니고 강과 다리에 얽힌 전설까지도 같았다. 달래강을 건너기 전에 보니 서산에 해가 약 2m 정도 남아 있었다. 한 여인이 어린 아기를 업고 마당에서 콩 타작을 하고 있고 그 옆에는 어린 자녀 몇 명이 쪼그려 앉아서 어머니가 콩 타작을 끝내기를 기다리고 있었다. 저 여인이 콩 타작을 끝내고 밤에 비가 올 것을 대비해서 건사를 하고 난 다음에야 저녁밥을 지어 어린 자녀들에게 줄 수 있을 것이라는 생각이 들었다. 이 모습을 보니 고향에 두고 온 어머니와 어린 동생들이 생각이 나서 나도 모르게 눈물이 흘렀다. 고향의 어머니와 동생들을 위해서 어서 돈을 벌어야지 하고 마음을 다졌다. 충주유기점에 가서 탁방주가 보내서 수금을 하러 왔다고 인사를 드렸더니 주인인 윤 씨 어르신께서 극진히 예의를 갖춰 식사도 대접해 주셨고 수금도 잘해주셨다. 탁방주께서 그 당시 유기업체에 권위와 영향력이 있었기에 심부름을 하러 간 나에게도 잘 해 주셨던 것이다.

그 해 겨울에 경상도 안동 금광유기에 수금하러 갔다. 이 유기점 주인은 본래 유기공장 풀무질꾼으로 출발하여 평생 유기 장사를 해서 부자가 된 사람이었다. 이 분은 본래 무학(無學: 학교를 다니지 못 함)이므로 당좌수표를 써도 고무도장을 찍어서 글자를 대신하고 자기 이름도 쓰지 못하는 사람이었다. 부동산과 현금을 많이 갖고 있어 은행지점장이

메질 많이 해야 황금으로 빛난다.

새로 부임하면 이분에게 가장 먼저 인사를 온다고 했다. 이분이 현금을 모두 거둬들이면 안동 금융 시장이 마비된다고 할 만큼 부자였다. 이분은 3남 2녀를 자녀로 두고 있고 몸은 장애자였지만 돈을 버는 데는 일등이었다. 유기장사꾼 중에는 공장에서 외상으로 유기를 납품받아 팔고는 수금을 잘 안 해주는 악덕 상인이 많았는데 이분처럼 정확하게 계산을 해 주는 사람을 본 적이 없다. 후에 나도 유기공장을 경영하면서 이분과 거래를 했는데 나같이 가난한 자본으로 공장 경영하는 사람을 위해 주는 사람은 이 분 (: 고 김금식 선생)밖에 없었다. 이분은 정말 훌륭한 분이었다.

금광유기에 갔다가 안동 출신 어른신들에게 망신을 당한 적이 있다. 어느 집 사랑방에 들어갔더니 갓 쓴 노인들이 방 안 가득히 앉아 있었다. 갓 쓴 노인들과 나는 통성명 인사를 하였다. 내가 '저는 이봉주입니다' 라고 소개를 했더니 본은 무엇이냐고 묻기에 전주 이씨라고 대답을 하였다. 그랬더니 이분들이 나에게 전주 이씨 무슨 파냐고 내처 물으셨다. 내가 그런 것은 모른다고 대답을 했더니 그간 예의있고 경우있게 나를 대하던 분들이 하나 같이 혀를 차며 돌아앉으셨다. 이때 나는 몹시 당황했다. 우리 고향에서는 부모님은 물론이고 조부모님들도 내게 족보를 가르쳐주시지 않았다. 그러니 내가 전주 이씨 무슨 파인지는 알 수 없었다. 이때 당황하고 창피스러웠던 일은 내내 내 마음

메질 많이 해야 황금으로 빛난다.

에 남았다. 후일 구성 고모부(: 고 허운보)님과 같이 당시 남산에 있던 국립도서관에 여러 번 찾아가서 족보를 찾아보았으나 찾지 못하였다. 우리 집안의 족보에 관한 일은 나중에 또 쓰겠다.

대장 하나 만들기 위해서 주인 하나 망한다

　서울 양대 공장의 사환 생활을 약 3개월 정도 하다가 공장의 인건비를 계산하는 것을 보고 나도 기술을 배워야겠다고 결심했다. 공장은 한 달에 한 번씩 인건비를 계산하는데 이 계산법이 특이했고 흥미로웠다. 계산은 제조한 양대 1개가 아니고 양대 1근에 대장은 100, 갚망치, 가질 대장과 겟대장은 50, 안풍구, 칼갈이 제질부와 함마조수가 10의 비율로 계산을 해서 인건비를 챙겨 받았다. 이 당시 대장이 밤낮으로 일을 하면 쌀 두 가마 값을 벌 수 있었다. 월남하기 전 북한에서의 하루 품삯이 쌀 두 되라면 여기 대장은 하루 품삯이 쌀 두 가마니인 셈이었다. 나는 이것을 보고 사환을 그만두고 대장일을 배우고 싶었다. 물론 그 전에도 여러가지 궁리를 하였다. 내 나이에 공부를 더 해야 하지만 공부를 하려면 우선 숙식이 문제이기도 했다. 그래서 기술을 배우는 것이 나에게 맞겠다는 생각이 들었다. 마침내 나는 큰 결심을 하고 정식으로 탁방주님께 간청을 하였다.

　"아무리 생각해도 사환은 돈 쓰는 것만 배우지 돈벌이는 될 수 없습

메질 많이 해야 황금으로 빛난다.

니다. 저도 대장의 일을 배울 수 있게 허락하여 주십시오!”

하지만 탁방주께서는 내 간청을 듣고 크게 웃기만 하셨다.

“자네 같은 사람이 장사를 하겠다면 모르지만 쌍놈이나 할 일을 배우겠단 말인가?”

그러나 탁방주님도 처음에는 내 요청을 거절하셨지만 내 요청을 속으로는 원하고 계셨다. 왜냐면 당시 대야는 무진장 팔리는데 대장들이 귀해서 수요만큼 생산할 수 없었기 때문이다. 대장들이 귀하다 보니 대장의 비위 맞추는 것도 엄청 힘이 들었다. 대장이 인건비로 하루에 쌀 한가마 정도를 받았는데 대장이 가정이 있는 경우 주인은 대장의 인건비 외에 이익금에서 얼마를 별도로 주어야 했다. 주인이 이렇게 해도 대장들은 ‘곤조’를 심하게 부렸다. 곤조는 근성과 성깔이라는 뜻을 가진 일본어이다. 이런 실정이니 친자식처럼 믿을 수 있고 건강하고 술과 담배도 하지 않는 내가 대장이 되겠다고 기술을 배우겠다고 하니 반가운 일이 아닐 수 없었다. 탁방주께서는 못 견디는 척하시며 웃는 얼굴로 작업복을 내 주시면서 정 그러면 한 번 해보라고 하셨다.

사실 대장의 기술을 배운다는 것은 그리 쉬운 일이 아니다. 자동차 면허나 기차 면허는 일정한 기간이나 어떠한 절차를 밟으면 딸 수 있는 것이지만 대장 기술은 기한도 없고 어떤 절차와 제도도 없다. 대장이 되려고 평생토록 배우고 일을 해도 결국 대장이 되지 못하고 죽는

메질 많이 해야 황금으로 빛난다.

사람들이 대다수이다. 대장이 되기 힘든 것은 방짜 유기 일이 여러 사람이 협력하여주지 않으면 안되는 일이기 때문이기도 하다. 메질, 풀무질과 달구어 주는 자 등 다섯 명 정도가 협력하지 않으면 절대 안되는 일이다. '대장 하나 만들기 위해서 주인 하나 망한다' 는 말도 있다. 바둑을 녹이는 것을 연습하면서 불량이 나는데 이 손해는 주인이 감수해야 한다. 매일 숯이 몇 포씩 더 들어가야 하는 일이므로 엄청난 부담을 안고 시작해야 하는 일이다. 방주의 절대적인 지원이 없으면 대장의 일을 배운다는 것 자체가 시작도 못 해볼 일이다. 그러나 나는 굳게 결심을 하였고 탁방주님과도 단단히 약속을 하였다.

나는 작업복을 입고 김 대장 옆에서 제질 풍구를 불던 아이와 교대하여 제질 풍구를 불기 시작하였다. 처음 풍구를 불던 날, 김 대장의 별명이 재간덩이 대장이지만 말을 더듬는 분이다. 공장 안의 여러 가지 소음 때문에 대장이 하는 말이 무슨 말인지 나에게 무엇을 지시하는지 알 수가 없었다. 황새망치를 가져오라는 소리를 알아듣지 못해서 냉수를 떠다드리니 내게 마구 욕설을 퍼 부으시면서 야단을 치셨다. 일을 배울 때의 어려움은 말로 다 할 수 없는 어려움이었다. 나는 새벽에 일어나서 소탕에 숯불을 피워야 했고 하루 종일 마음을 졸여가며 대장의 비위 맞추고 대장이 시키는 일을 해야 했다. 또 모든 사람들이 지시하는 일도 해야 했다. 공장 전체 사람들 중에서 내가 맨 꼴찌 최

메질 많이 해야 황금으로 빛난다.

하위 계급이었기 때문이다. 그래도 다행스러운 일은 탁방주의 부인인 나의 처이모 이옥제 여사(이하 이 여사)는 매일 세끼 밥을 지어서 주셨다. 고향에 우리 집에서는 상상도 할 수 없는 성찬이었다. 이여사님은 순 쌀밥을 큰 솥에 지어서 누구든지 양껏 먹게 하셨고 반찬은 주로 두부에 돼지고기, 콩나물 등을 해주셨는데 당시로서는 최상급의 식사였다. 나는 이분이 해 주시는 밥을 먹으면서 많은 힘을 얻고 위로도 받았다.

나는 저녁에 공장 일이 끝나면 작업장을 치우고 저녁 먹고 난 후에 기술을 연습했다. 우선 두 사람이 할 수 있는 제질부터 시작하였다. 저녁에 모두 퇴근한 후에 숯불을 피워놓은 상태에 풀무독에 숯을 한 포 쏟아 붓고 연습을 할 때면 가끔 탁방주께서 직접 풀무를 불어주셨다. 방주가 풀무를 불어준다는 것은 큰 행운이다. 보통 다른 주인들은 연습하는데 숯 값이 많이 든다고 못하게 하는데 주인이 숯을 아깝게 생각하지 않고 풀무질까지 해주시니 대장일을 배우는 과정이 순풍에 돛 단 배와 같이 잘 진행되었다. 공장에서 일을 하는 다른 친구들은 저녁이면 놀러 나갔다. 나는 놀러 나갈 시간도 없었지만 놀러 나갈 마음도 생기지 않았다. 시간나는 대로 대장일을 배우고 연습했다. 다만 주일만은 꼭 교회에 나갔는데 성도교회이든 후암동교회이든 형편대로 다녔다. 대장일을 배우는데 한 친구의 도움이 컸다. 그 친구는 내 나이 또래의 박동규라는 친구인데 부모가 일본 히로시마 폭격으로 사망

메질 많이 해야 황금으로 빛난다.

하고 일본에서 자랐기에 우리말이 서툴렀다. 나는 이 친구를 전도하여 함께 교회에 다녔다. 이 친구는 참 양심적이고 진실한 친구였는데 후에 6.25 전쟁으로 헤어진 뒤 한 번도 만나지 못하였다.

나는 대장일을 배울 때 외갓집에 가서 외삼촌에게 힘들다고 하소연을 하기도 했다.

"일을 그만 두고 친구들처럼 군대에 가거나 경찰이 될까 봐요."

외삼촌은 나를 간곡하게 타이르면서 격려를 해주셨다.

"네가 지금은 배우는 위치에 있지만 기술을 배우고 지금과 같이 성실하게 하면 네 주변사람들이 모두 네 밑이 될 것이니 꼭 참고 견뎌."

나는 지금도 외삼촌의 이격려의 말씀을 잊지 않고 늘 감사하고 있다.

김 대장은 대장일을 배우려고 하는 나를 처음에는 박대하였지만 차츰 잘 대해줬다. 왜냐하면 당시 대장 인건비가 도급제였기 때문이었다. 차츰 내가 대야 제질에 어느 정도 모양을 만들어내기 시작하니까 이때부터 나에게 잘 대해줬다. 자기 혼자 대야를 하루 스무 개 작업해 냈던 것을 내가 대야 제질을 하면서 서른 개 정도 할 수 있게 되어 자기 벌이가 좋아졌기 때문이다. 어느 날 김 대장이 공장에 출근을 안했다. 탁방주님이 나더러 김 대장의 집에 가 보라고 했다. 원대장이 일을 하지 않으면 원대장 아래에 일꾼들도 할 일이 없으니까 놀 수밖에 없다.

메질 많이 해야 황금으로 빛난다.

여기서 '논다'는 의미는 공친다는 의미로 일을 하지 못 하니 돈을 벌
수 없다는 말이다. 김 대장의 집은 해방촌에 있었는데 가 보니 우물을
파고 있었다.우물을 파느라고 출근을 하지 않은 것이었다. 공장에는
며칠 동안 대야 주문이 많이 들어와 있었으므로 생산을 많이 해야 했
다. 그런데 김대장은 공장이 바쁘거나 말거나 상관하지 않고 자기 마
음대로 했다. 원대장 하루 인건비면 쌀 두가마니이니 일꾼을 사서 우
물을 파도 되건만……. 김 대장은 매일 나에게 대야 몇 개 만들면 원
대장인 자기 수입이 얼마이고 주인은 얼마 번다는 식의 계산을 하며
자기가 버는 돈이 적다고 불평했었다. 내가 생각하기에 김 대장은 자
기만 생각하는 사람이었다. 원대장인 자기가 하루 벌어서 몇 사람 사
서 우물 파면 우물 파는 사람들도 일을 해서 돈을 벌 수 있으니 좋고
원대장 아래 일군들도 일을 해서 돈을 버니 좋은 건데……. 정말 생각
이 부족하고 자기만 생각하는 사람이었다. 하지만 나는 이런 나의 생
각을 말하지 않고 김 대장을 '모시고' 공장에 가려고 무진 애를 썼다.

대장 죽으면 거적 장사 지낸다

대장 벌이가 좋지만 낭비하면 거적장사 지낸다는 말이 있다. 어느
날 공장 앞에 택시가 와서 서기에 놀라서 쳐다보았다. 이때는 택시도
드물었고 타고 다니는 사람도 별로 없었다. 택시 뒷좌석에서 양복에

메질 많이 해야 황금으로 빛난다.

스프링코트를 입고 머리 기름을 바르고 한껏 멋을 낸 젊은이가 내렸다. 이 젊은이는 담배 하나를 꺼내 불을 붙이더니 몇 모금도 피우지 않고 땅바닥에 버렸다. 젊은이는 공장 안에 들어와 두리번거리더니 이내 김ㅇㅇ점주 앞에 섰다.

"왜 자꾸 여기 오게 만들어요?"

젊은이는 빚을 받으러 온 사람 마냥 김ㅇㅇ점주에게 불평을 했다. 나는 이 모습을 보다가 김ㅇㅇ점주와 눈이 마주쳤다.

"우리 아들 ㅇㅇ대학교에 다니지."

김ㅇㅇ점주는 나에게 자기 아들을 소개했다. 이때 김ㅇㅇ점주의 눈은 대학교에 다니는 아들에 대한 자부심 때문인지 반짝였다. 그러나 이 젊은이는 나에게 인사도 하지 않고 어서 돈을 달라고 김ㅇㅇ점주를 재촉했다. 그때 점심상이 일간 방에 들어가고 있었다. 김ㅇㅇ점주는 아들에게 점심밥을 먹고 가라고 했지만 그 젊은이는 점심 약속이 있다고 어서 돈이나 달라고 화를 냈다. 김ㅇㅇ점주는, 그런 아들의 태도를 다른 사람들에게 보이는 것이 창피하고 민망스러운지 일간 방에 들어갔다. 그 방은 김ㅇㅇ점주가 자는 방이었다. 방에서 나온 김ㅇㅇ점주는 아들에게 돈을 쥐어 주었다. 그런데 아들은 돈이 적다고 화를 냈다.

"요거 갖고 뭘 하란 말이예요? 밥 한 번도 못 사 먹어요."

김ㅇㅇ점주는 아들에게 뭔가 말을 하려다가 말고 탁방주님의 사무실로 갔다. 그 젊은이는 못 마땅한 듯 아버지를 힐끗 보더니 담배를

메질 많이 해야 황금으로 빛난다.

꺼내 물었다. 이내 탁방주 사무실에서 나온 김○○점주는 돈을 아들에게 주었다. 젊은이는 피던 담배를 바닥에 던져 끄고 아버지가 주는 돈을 냉큼 받아 공장 밖으로 나갔다. 그때까지 가지 않고 대기하고 있던 택시가 젊은이를 태우고 사라졌다. 아들이 가고나자 김○○점주는 담배에 불을 붙이려다가 말고 일간 방으로 들어가 점심식사를 했다. 김○○점주는 늘 큰 그릇에 밥을 붓고 냉수에 말아 세 숟가락 정도를 입에 넣고 짠 반찬 한 가지를 입에 넣고 우물우물하다가 넘겼다. 이렇게 서너 차례 해서 아주 빠르게 식사를 마쳤다. 식사가 끝나기 무섭게 작업대에 앉아 일을 시작하곤 했다. 담배도 한 번에 한 개비를 피지 않고 사는 즉시 세 토막으로 나눠서 물뿌리(: 담배를 끼워서 빠는 물건)에 끼워서 입에 물고 일을 하였다. 이분은 쉬는 시간도 없이 새벽부터 밤늦게까지 일을 했다. 심지어 소변보러 화장실에도 안 가고 사람이 있거나 없거나 작업장 담금질 통에 쭈그려 앉은 채로 소변을 보았다. 김○○점주는 탁방주와 동업으로 공장을 운영하고 있었지만 상권과 금권은 전부 탁방주가 맡아서 하고 있었다. 방금 전처럼 돈이 필요할 때는 탁방주에게 사정을 해서 가불을 해서 쓰는 분이었다. 단순히 말하면 일 밖에 모르는 우직한 분이셨다. 나는 솔직히 김○○점주의 아들을 보고 놀랐다. 아버지는 일만 하고 담배도 세 토막을 내서 필 만큼 돈도 쓰지 않고 사는데 아들은 택시를 대절해서 타고 다니다니……. 내가 매일 가까이서 보는 탁방주의 장남 탁광윤은 주로 학생복을 입고

메질 많이 해야 황금으로 빛난다.

다녔고 매우 검소했다. 탁방주는 김○○점주와 동업으로 시작한 유기업으로 자녀들 모두를 잘 키웠고 큰 부(富)를 이루었다. 하지만 원대장으로 방주와 동업을 한 김○○점주는 아들 때문에 북아현동에 있던 기와집도 다 팔아 없애고 폐인처럼 되었다. 아버지가 돈을 잘 벌어도 자식들이 낭비하면 꾸짖어 타이르고 못하게 했어야 하는데 김○○점주는 그렇게 하지 못해서 결국에는 그렇게 된 것이라고 나는 생각한다. 김○○점주는, 나중에 내가 탁방주에게서 독립을 하게 되어 구로동에 공장을 차리고 일을 할 때 일 좀 하게 해달라고 부탁을 해서 일을 하게 했더니 며칠 안되어 사라졌다. 오랜 세월이 흐른 후에 알아 보니 충남 예산에 있는 어느 과수원에 가서 여생을 마쳤다고 한다.

대장이 되려면 시절도 잘 만나야 한다

　제질은 어느 정도 배워서 술가리, 협도질과 전 꺾기도 할 수 있고 쇠를 달구는 요령도 익혀서 담금질까지 하게 되어 우김질을 배울 차례가 되었다. 그렇지만 함마질, 쇠를 늘리는 연습을 하려고 진짜 바둑을 하려면 매일 불량이 날 것이다. 그러면 쇠 녹이는 자도 반발할 것이고 공장의 생산량도 차질이 생기면 일꾼들이 수입도 감소할 것이므로 연습을 할 수는 없었다. 그러던 어느 날 탁방주께서 재납을 열 관 정도 사다 주셨다. 납을 사 주시니 간단히 녹여서 연습할 수 있게 되었다.

메질 많이 해야 황금으로 빛난다.

나는 탁방주님을 은인으로 생각하지 않을 수 없다. 당시 대장은 정말 귀했고 밑의 일꾼들도 콧대 높은 원대장 보다는 내가 어서 일을 배워서 대장이 되기를 바라고 있었다.

하지만 대장일을 배우는 과정에서 고충은 한두 가지가 아니었다. 원대장이 되려면, 힘도 있어야 되고 재간도 있어야 되고 열성도 있어야 되지만 환경이 맞지 않으면 불가능하다. 처음 대장일을 배울 때 제질부터 배우고 우김질을 배웠는데 숙련공인 대장은 눈을 똑바로 안뜨고 제질을 하여도 대야가 전다구도 적당히 꺾이고 원형이 잘 되었다. 그런데 나는 아무리 시간을 많이 들여서 만들어도 대야가 둥글지 못하고 각이 졌다. 각이 지면 벼름질과 가질이 비틀비틀 돌아가 잘 안되고 시간도 많이 걸린다. 그 당시는 인건비는 월급이 아니고 한근에 얼마씩 받는 도급이니 밑에 일하는 자들의 불평이 컸다. 어느날 가질 대장이 탁방주에게 나에 대해서 불평을 했다.

"물건을 만들어도 똑바르지도 않고 원형이 되지 않고 삼각도 되고 사각도 나오니 깎을 수도 없고 가질을 해놓은들 누가 사가겠느냐?"

탁방주는 이런 불평을 할 것이라고 미리 예견이라도 한 듯 호통을 쳤다.

"야 이놈들아, 놋쇠로 말 좆을 만들어도 내가 다 팔 터이니 걱정 말고 일이나 해."

나는 지금도 그때 탁방주께서 하신 말씀을 여러 가지로 생각해 본다.

메질 많이 해야 황금으로 빛난다.

불평하는 자들을 무마시키려고 하신 말이었다. 하지만 지금 생각해 보면 내가 원대장 되는 것을 반대하는 시비를 차단시키는 방법이기도 했다. 그러므로 내가 원대장이 된 것은 나의 수단과 방법이 아니고 탁방주께서 이런 결정적인 역할을 해 주신 덕분이다.

물론 내가 처음에 만들어 놓은 대야가 창고에 그냥 쌓여 있으면 탁방주께서도 감당하기 어려웠을 것이다. 참으로 다행스러웠던 일은, 연안에 최동길이란 상인이 있었는데(그 당시 연안은 38선 이남이었으므로 왕래에 지장은 없었다) 이분은 현찰을 한 가방씩 가져와서 서울양대공장의 대야를 모조리 사 가곤 했다. 이분이 한 번 사가는 유기의 양이 그 당시 한강이남 즉 경상, 전라, 충청, 모두를 합친 양 보다 많았다. 이분은 유기 가격을 1근에 얼마 하는 식으로 사 갔으므로 찌그러졌거나 세모가 났던 네모가 났던 개의치 않고 가볍고 근량 적게 나가는 대야로 현금을 내고 모두 사 갔다. 선임 대장이 만든 것은 예쁘고 잘 만들어졌지만 재고가 남고 서툰 대장인 내가 만든 대야는 모두 팔려 나가는 상황이었다. 형편없이 만든 것이라도 몽땅 사가니 서둘러 또 만들고 재고가 쌓였다가도 최동길 상인이 오면 싹쓸이로 나갔다. 이러니 내 기술이 나날이 늘어갈 수밖에 없었다. 이런 것을 운이라고 할 것이다.

운과 환경보다 더 중요한 것이 있다면 인내일 것이다. 나는 평생 동안 신문기자, 대학생과 청년들에게 이런 말을 자주했다.

"목적을 세웠다면 목적을 달성하기 위해서 힘든 것도 참고 아니꼬운

메질 많이 해야 황금으로 빛난다.

것도 참고 억울함도 참고 견뎌낼 줄 알아야 성공할 수 있다.”

　내가 대장이 될 수 있었던 것은 인내했기 때문이다. 물론 내가 대장 기술을 배울 때 ‘시기’도 잘 만났다.

　어느 날 갑자기 김 대장이 물러나고 내가 원대장 자리에 들어갔다. 대장일을 배우기 시작한 지 18개월 만의 일이다. 정말 사람의 위치가 그렇게 달라질 수가 없었다. 전에는 일을 배우기 위해 내가 윗사람들에게 냉면을 사줘야 하는 형편이었는데 내가 냉면을 대접받는 상황이 되었다. 모두들 내 밑에 자리를 차지하려고 내게 냉면을 사 주었다.

　해방촌에 올라가는 길, 용산중학교 정문 앞에 황해도 처녀 박정숙이 자취하고 있었다. 이 처녀는 항상 옷을 깨끗이 입고 예쁘게 단장하고 나와는 대조적이었다. 김원묵이란 자가 그 여자에게 내가 원대장이 되면 수입도 좋고 하니 사귀라고 권고한 모양이었다. 이 여자는 이따금 내게 김치도 담가주고 빨래도 해 주고 때로는 자기 집에서 밥을 먹자고 했다. 나는 영문도 모르고 지내는데 이따금 공장에도 드나드니까 탁방주 내외분도 이 여자를 좋게 보셨다. 탁방주님도 나에게 ‘그 처녀 예쁘니까 자네 색시 하라’고 권하셨다. 탁방주는 나의 처이모부이고 이 여사는 나의 처이모인데도 나쁜 기색을 안 하고 김치를 해서 갖다 주면 반가워했다. 나는 그때까지도 고향의 아내 외에 다른 여자 생각

메질 많이 해야 황금으로 빛난다.

은 조금도 하지 않았기에 아무 눈치도 몰랐다. 물론 기독교 집안 교육
도 있었지만 다른 친구들은 다른 여자들과 아무렇지 않게 지내도 나는
그렇지 않았다. 물론 나는 담배와 술은 전혀 안했고 여자관계는 철저
히 했다. 그렇게 지내다 이 여자랑은 1951년 대구 피난시절에 다시 만
났었다. 나는 그때나 지금이나 허름하게 하고 다니는데 그 여자는 아
주 단정한 차림이었다. 그 여자가 자기 집에 가자고 해서 그 집에 가
서 차를 마셨는데 국군 장교와 결혼을 했고 임신 중이라고 했다. 이때
서야 나는 그 여자가 내가 후암동 공장생활 할 때 나를 결혼 상대자로
사귀었다는 것을 알았다. 이후 나는 다시 박정숙을 만난 적은 없다.
나는 이처럼 고향에 아내가 있기 때문에 다른 여자들과는 사귀지 않았
다.

내가 대장일을 계속 배워 대장이 되라고 격려를 해주시던 외삼촌이
1949년에 위암으로 세상을 떠나셨다. 고향에서 잘살았던 분이 남의
건넌방에서 셋방살이를 하고 고향에서는 당신이 벌어서 모든 식구들
을 거느렸는데 피난 와서 옴짝 달싹도 못하니 화병이 발전하여 위암으
로 돌아가셨다. 외삼촌이 돌아가시자 외가 사람들은 제정신이 아니었
다. 나는 고향의 어머니를 대신해서 외삼촌의 장례를 적극 도왔다. 나
는 고향에서도 장례를 치른 경험이 있기에 노량진 시장에 가서 관을
맞추었다. 자동차는 외사촌 형님이 다니던 회사에서 버스 한 대를 동

메질 많이 해야 황금으로 빛난다.

원해서 신림동 공동묘지에 안장하였다. 외삼촌을 공동묘지에 안장을 하고 한강물이 내려다보이는 언덕 위에 앉아서 북녘 하늘을 쳐다보며 어머님을 그리워했다. 후에 전경선 형님이 노량진 언덕 위에 집을 지었는데 나도 한 끝에 붙여서 방 한 칸을 지었다. 공장에서 시간나는 대로 온돌도 내손으로 놓고 벽도 바르고 해서 방을 하나 마련하였다. 나는 피곤함도 모르고 장차 고향의 가족 특히 아내가 월남하면 거처할 방을 정성스럽게 마련하였다.

외숙모님은 자주 나에게 고향에 가면 땅을 좀 줄 테니 돈을 빌려 달라고 하셨다. 외숙모님이 빌려달라는 돈은 큰돈은 아니었다. 살림을 살면서 그때 그때 필요한 돈이었다. 당신 자신은 버는 돈이 없으므로 갚을 길이 없으니 나중 고향에 가면 땅으로 갚겠다고 했다. 이렇게 외숙모님이 나에게 돈을 좀 융통해 달라고 하실 때마다 마음이 아팠다. 이북 고향에서는 아무 고생 없이 부자로 살던 분인데……. 나는 외숙모님을 탁방주님에게 소개하여 양대는 후암동에서 소성기는 탁광유에게 외상으로 받아 행상을 하게 해드렸다. 외숙모는 행상을 해서 당시 한전(: 지금의 한국전력공사)에 다니던 외사촌 형님 보다 더 많은 돈을 버셨다. 그러나 '난 나는 해 과거봤다'[주2] 는 속담처럼 외숙모가 유기 장사를 해서 돈을 벌 수 있게 되자 바로 1950년 6.25 전쟁이 터졌다.

주2
난 나는 해 과거봤다: 애써 한 일이 공교롭게 방해가 생겨 소용없게 됨을 이르는 속담이다.

메질 많이 해야 황금으로 빛난다.

07

6 · 25 전쟁

6 · 25 전쟁 중 쌀장사를 하다

천신만고 끝에 원대장이 되어서 무척 기뻤다. 내가 후암동 서울양대 공장에서 일을 하던 때는 후암동, 남영동과 삼각지 일대에 국군부대들이 꽉 차 있었다. 전쟁이 나면 북진 통일이 될 줄만 알았는데 예상 밖의 일이 벌어졌다. 북진통일전쟁이 아니라 남진전쟁이 터진 것이었다. 북진통일이 되면 고향에 갈 수 있다는 기대를 안고 살았는데 남진전쟁이 터지니 실망이 이만저만이 아니었다.

전쟁이 나니 적기가 출현했고 삼각지에서 장갑차 등이 출동하였다. 라디오 방송에서는 휴가 중인 군인들은 원대복귀 하라고 외쳤다. 마음이 들뜬 가운데 우선 후암동 공장에 있던 공구와 대야 등 운반할 수

메질 많이 해야 황금으로 빛난다.

있는 것들을 모두 자전거에 실어서 북아현동 집으로 옮겼다. 북아현동에 짐을 옮겨 놓고 저녁에 주물공장에서 성의와 둘이 잠을 자는데 비가 많이 왔다. 포탄 소리, 총소리가 점점 가까워져 왔다. 나는 잠을 자던 성의를 깨웠다.

"피난가자, 남쪽으로!"

그러나 성의는 '비가 오니 날 밝거든 가자'면서 일어나지 않았다. 새벽 몇 시인가 아주 큰 폭음이 들렸다. 나중에 알고 보니 이 소리는 한강대교가 폭파되는 소리였다. 아침에 일어나 아현동을 내려다보니 서대문 쪽에서 마포 쪽으로 전차들이 지나가고 길 양 옆에는 많은 사람들이 서서 만세를 부르고 있었다. 성의와 함께 뛰어가 보니 뜻밖에도 국군이 아니고 인민군 전차부대였다. 길 양쪽에서 사람들이 손을 높이 들고 '인민군 만세'를 외치고 있는데 놀랍고 당황스러웠다. 우리도 대열에 서서 다른 사람들의 눈치를 보면서 손을 반 정도만 올리고 만세를 부르는 척 하다가 슬그머니 집으로 왔다.

난감하기 그지없었다. 한강을 건너려고 한강철교를 향하였는데 인도교는 폭파되었고 철교에는 이미 인민군이 총을 메고 지키고 있었다. 청량리 쪽이나 뚝섬 쪽으로 피난가려고 하여도 사방에 경비가 심했다. 특히 우리는 월남 출신이라 신변에 더 위험을 느꼈다. 할 수 없이 다시 탁방주 집으로 돌아왔다.

메질 많이 해야 황금으로 빛난다.

평상시에도 집에 쌀 한가마니 정도는 비상용으로 보관해야 한다. 탁방주 댁 식구는 대 식구다. 탁방주 내외, 순녀, 순자, 순희, 광표네 세 식구, 광윤네 가족 6명, 관봉형님은 없었지만 아주머니들까지 열다섯 명은 넘었다. 평상시에는 식량이 별 문제가 아니었지만 식량이 동결되니 먹는 것이 큰 문제였다. 성의는 탁방주 댁에 신세를 지는 것이 미안해서 장충동 김창신 장로 댁으로 갔다. 그런데 나중에 인민군에게 끌려 갔다는 것을 알게 되었다.

탁방주는 어려움을 극복하는데 노련하고 용감했다. 탁방주와 나는 각각 자전거를 타고 수색, 금촌과 문산 등으로 매일 쌀 장사를 나갔다. 집집마다 돌아다니면서 '보리쌀이라도 팔라'고 했다. 날이 갈수록 장삿길은 점점 멀어졌다. 보리쌀도 못 사면 풋고추를 사서 자전거에 잔뜩 싣고 와서 신촌시장에서 팔았다. 탁방주와 내가 매일 곡식이나 채소를 사 오면 광표(= 탁방주의 셋째아들)가 팔아서 본전은 다음날 물건 살 돈으로 떼어놓고 나머지 돈으로는 양식을 사서 많은 식구들이 살아나갔다. 많은 사람들이 식량 때문에 고통을 받아서 몸이 붓고 야채조차도 호박만 먹고 지내는 사람들이 많았다. 월남한 사람은 더욱 신변의 위험을 느꼈지만 나는 다른 사람처럼 숨어서 지낼 형편이 못됐다. 최선을 다해서 안 잡히면 다행이고 붙잡히면 운명이지 하고 과감하게 탁방주와 같이 쌀 장사를 나섰다.

메질 많이 해야 황금으로 빛난다.

서울에서 개성 가는 길에 구파발을 지나면 큰 다리가 있다. 한번은 이 다리에서 젊은 남자들이 모조리 잡혀 인민군으로 끌려가고 있었다. 그 많은 자전거군 중에 젊은이는 나밖에 없었다. 꼼짝없이 인민군으로 잡혀갈 판이었다. 탁방주가 꾀를 내어 나에게 벙어리인 척 하라고 했다. 탁방주가 앞서 가고 있는데 나는 붙잡혔다. 나는 탁방주가 시키는 대로 아무 말도 하지 않고 자전거를 빼앗아 가지 못하게 꽉 잡고 있었다. 앞서 가던 탁방주가 내가 잡힌 것을 보고 돌아와서 경비 대원에게 "무언이도 잡느냐" 고 호통을 쳤다. 경비대원이 무언이가 뭐냐고 따져 물었다. 탁방주가 나를 가리키면서 무언이가 무엇인지 설명을 했다.

"녀석이 무언이니까 나다니지 똑똑한 녀석이면 이런 때 나다니겠느냐."

탁방주는 이렇게 설명을 하면서 나더러는 얼른 가라고 손짓했다. 나는 이렇게 무언이(無言이, 즉 말을 하지 못하는 장애우)가 되어서 위기를 피했다. 그 뒤로도 쌀 장사를 하면서 자주 무언이 행세를 했다.

개성으로 쌀을 사러 갈 때는 아침 일찍 서울을 떠나서 개성에 가서 쌀을 사서 임진강을 건너왔다. 임진강을 건넌 후 약 2KM를 더 지나서 자그마한 마을 남의 집 헛간에서 자고 다음날 오전 중에 서울에 도착했다. 하루는 쌀을 17말 정도 싣고 길고 긴 장단고개를 넘어오는데 고개 중간쯤에서 자전거 바퀴에 펑크가 났다. 그 당시는 길가에 자전거

메질 많이 해야 황금으로 빛난다.

펑크 수리 하는 곳이 여러 곳 있어서 수리는 했지만 시간이 지체되었다. 그래서 노숙을 하고 그 다음날 아침에 임진강 나루에 갔다. 나루에 도착하니 어제 임진강을 건너던 배가 제트기의 폭격을 받아 그 배에 탄 모든 사람들이 몰사 했다는 말을 들었다. 호사다마라고 했던가, 하나님의 보살핌이었다. 장단고개에서 자전거가 펑크가 나지 않았다면 우리는 전날 평소 타던 배를 탔을 것이고 탔더라면 몰사했을 것이다. 이때 우리가 살 수 있었던 것은 하나님의 은혜였다. 여러 번 위기를 모면하면서 쌀 장사를 했다. 탁방주는 열입곱말, 나는 스무 세말까지 자전거에 싣고 다녔으니 체력도 문제지만 보통의 정신력으로는 불가능한 일이었다. 우리는 탁방주 부인이 쌀밥을 지어서 베로 만든 밥자루에 넣어 주면 자전거에 싣고 가다가 때가 되면 물을 얻어 가지고 밥을 먹곤 하였다. 밥은 꽤 많은 양이었는데 이 밥을 먹고 힘을 내서 쌀을 옮길 수 있었다.

개성과 연안을 다니면서 쌀 장사를 하다가 이런 일도 있었다. 탁방주의 며느리(탁광봉의 처)는 만삭이 되어 친정집에 가서 출산을 해야 할 상황이었다. 지금은 병원 산부인과에 가서 아기를 낳지만 그 당시는 친정에 가서 아기를 낳고 산구완까지 받고 시댁으로 돌아왔다. 며느리의 집은 연안 평야에 있었다. 탁방주와 나는 쌀을 사러 연안에 가면서 이 며느리를 친정집에 데려다 주기로 했다. 나는 자전거에 쌀과 교환하기 위한 놋그릇들을 가득 싣고 그 위에 어린 정숙(탁방주의 손녀, 탁광

메질 많이 해야 황금으로 빛난다.

봉의 장녀)을 태우고 출발했다. 탁방주는 만삭인 며느리를 짐칸에 태울 생각으로 빈 자전거로 떠났다.

　그런데 문산을 지나 개성을 지나도 며느리가 보이지 않았다. 시아버지(= 탁방주)는 만삭의 며느리가 걱정이 되어 빈자전거로 내 앞에 달려 갔다. 나는 놋그릇 짐 위에 어린 정숙을 태우고 가고 있었는데 어린 아이가 겁에 질려 계속 울어댔다. 아무리 달래고 얼러도 어린 아이는 큰 소리로 울어대기만 했다. '내 자식도 아닌데…….' 하는 마음도 들었다. 아무리 달래고 얼러도 어린 정숙은 계속 울어댔다. 지금도 그 길을 지날 때마다 그 장소를 보곤 한다. 그늘에 자전거를 세워 놓고 큰 참외 한 개를 사서 정숙에게 주었더니 울음을 그치고 참외를 맛있게 먹었다. 참외를 모두 먹은 어린 정숙은 더 이상 울지 않았다. 이렇게 해서 계속 먼 길을 갈 수 있었다. 후에 정숙을 만나 이때의 일을 이야기 했더니 자기도 잊어버리지 않고 있다고 해서 웃은 일이 있었다.

　내가 이렇게 우는 정숙을 달래서 탁방주 뒤를 쫓아 가고 있는 동안 탁방주는 며느리를 찾을 수 없어서 고생을 했다고 한다. 며느리는 시아버지가 힘들까봐 조금이라도 시아버지 자전거를 덜 타기 위해서 열심히 걸어 150리(: 4Km가 10리이니 약 60Km) 이상을 단숨에 걸어갔다고 했다. 이때도 느낀 것이지만 이 며느리는 분명 양반 댁 따님이었다. 시아버지를 힘들게 하지 않으려고 만삭의 몸으로 150리 길을 걸었으니 말이다. 다행히 이 산모를 만나 그날 무사히 친정집에 데려다 줄

메질 많이 해야 황금으로 빛난다.

수 있었고 이후 아기를 순산했다. 이때 태어난 아기가 탁승호 사장이
다.

　한번은 아침에 일찍 떠나서 오후 네 시경 연안 사돈댁(앞서 말한 며느
리의 집)근처에 왔는데 땀을 너무 많이 흘린 뒤라서 그 꼴로는 사돈댁
에 들어갈 수가 없었다. 자전거를 길가에 세워놓고 탁방주와 나는 윗
옷을 벗어 두고 물웅덩이에서 목욕을 했다. 목욕을 하고 난 후 옷을
입으려고 하니 누가 옷을 몽땅 훔쳐가서 사돈댁에 윗옷 저고리도 못
입고 간 일도 있다. 탁방주님은 윗옷저고리에 시계 등 귀중품을 넣어
두었는데 모두 잃어버렸다. 나는 삼팔선을 넘을 때 배낭에 귀중한 것
들을 넣어 두었다가 모두 잃어버린 후부터는 귀중한 것은 항상 손에
들거나 몸에 간직하는 습관을 들였다. 그래서 그 후에는 중요한 것을
잃어버린 적이 없었다.

　폭격도 당해보고 인민군에게 잡히기도 했지만 쌀 두가마니 싣고 오
면 한가마는 남는 장사다. 하지만 자전거로 실어 오면서 힘들이고 마
음 고생하는 것을 생각하면 남는 장사라고 볼 수도 없었다. 그 당시 쌀
한 되면 양복과 골동품은 물론이고 웬만한 것은 모두 살 수 있었다. 탁
광표는 시장에서 쌀을 팔아서 대식구 먹고 살 돈도 벌었지만 골동품
등 귀한 것들도 사서 돈을 벌 수 있었다.

메질 많이 해야 황금으로 빛난다.

그런데 그해 9월 20일경 쌀을 싣고 오던 탁방주가 폭격에 자전거가 넘어지면서 다리를 다쳤다. 그래서 탁광표가 탁방주 대신 나랑 연안에 쌀을 사러 갔다. 그런데 문산에도 못 미쳐서 패잔병들이 우리 자전거를 자기네들에게 희사하라고 했다. 그때도 나는 벙어리 노릇을 하여 자전거는 빼앗기지 않았고 탁광표는 패잔병들을 목적지까지 태워다 주겠다고 회유하여 뒷자리에 부상병을 태우고 가고 있었다. 그런데 제트기가 폭격하자 패잔병은 도망가 숨었고 탁광표는 간신히 탈출하여 나와 만났다. 우리는 큰길에 패잔병이 너무 많아서 외진 길로 가다가 다음날이 추석이어서 연안으로 쌀을 사러가는 것은 포기하였다. 과수원에서 배나 사가자고 하여 배를 사고 돌아오는 길이었다. 그날 밤 우리는 수색에서 신촌으로 오는 길에 야간 전투가 나서 죽을 뻔하였다.

이렇게 해서 6.25전쟁 중에 했던 쌀 장사는 끝이 났다.

9 · 28수복, 피난 갔다 온 주부들이 새 놋그릇을 사다

나는 6 · 25때 인민군이 서울에 침입할 때와 9 · 28때 유엔군이 서울을 탈환할 때 모두 서울 시가전을 목격했다. 많은 사람들이 죽기도 했지만 총탄과 포탄이 비처럼 쏟아지던 와중에도 죽은 사람 보다 살아남은 사람들이 더 많은 것이 신기했다.

메질 많이 해야 황금으로 빛난다.

9·28 서울 수복 때는 서울에 인민군이 진입할 때와는 달랐다. 유엔군이 며칠 동안 인천과 김포 쪽에서 함포사격을 하면 여러 곳에 포탄이 떨어졌고 포탄이 떨어진 자리에는 큰 웅덩이가 생겼다. 유엔군과 국군이 서울에 진입할 때 미처 피하지 못했던 인민군들과 총격전은 대단치 않았다. 유엔군은 함포사격, 전차포와 대포로 집중적으로 포격하면 패잔병(= 인민군)들은 하수구 같은 곳에 숨었다. 그 사이 유엔군이 수색하여 쉽게 인민군을 잡아내면서 한 지역씩 탈환해 갔다. 이런 식으로 유엔군과 국군은 서울 시내에서 약 이틀간 시가전을 끝내고 북쪽으로 진군하였다. 저녁에 탁방주 가족들과 함께 저녁을 먹는데 바람벽에 소총 알이 박힌 일도 있었다. 앞집과 옆집은 포탄에 맞아 불타 버렸지만 내가 있던 탁방주 집은 폭격도 안 맞았다. 인민군이 서울 침입할 때와 같이 유엔군이 서울을 탈환할 때도 교도소에 있던 모든 죄수들을 풀어 놓았다. 이렇게 풀려난 죄수 중에서는 권총을 들고 복수한다고 설치는 자들도 있었다.

서울 수복한 후에 서울 시내는 거의 잿더미가 되었지만 탁방주께서는 종로 1가에 점포를 열었다. 나는 거기 점포에서 먹고 자며 점원 일을 했다. 탁방주는 잽싸게 북아현동 통점(주물공장)을 가동하여 놋그릇을 생산해서 판매했다. 피난을 갔다 온 서울의 주부들이 불타버린 놋그릇을 광주리에 이고 오면 탁방주는 놋그릇 한 개나 두 개 정도 주고

메질 많이 해야 황금으로 빛난다.

교환해주고 새 놋그릇들을 팔았다. 불타버린 그릇들을 헐값에 사서 새 놋그릇을 만드는 재료로 썼다. 이렇게 해서 탁방주의 재산은 금방 늘어났다. 특히 유엔군들이 놋그릇을 사갔는데 특히 담뱃대와 담배 재떨이를 많이 사갔다.

약 3개월 후 평양을 탈환하고 압록강까지 진격하였던 유엔군이 후퇴하면서 북에서 피난민들이 엄청나게 몰려왔다. 당시 나는 종로 1가 가게에서 먹고 자던 때였다. 북에서 온 피난민들 중에서 우리 가족을 찾아보았지만 한 명도 없었다. 같은 교회를 다니던 강병우, 강덕성과 강덕룡이 찾아왔다. 이 사람들은 농촌 출신이라 고지식했다. 평안북도 정주군 덕언면 침향동에서 서울까지 그 먼 길을 '완전히 걸어서' 왔다고 했다. 집 떠나면 굶어 죽을까봐 각자가 쌀 대두 1말과 이불 짐을 잔뜩 지고 내려왔다. 수십 일을 걸어서 서울까지 왔는데도 떠날 때 집에서 가지고 온 쌀이 그대로 남아 있었다. 오다가 남의 빈집에 들어가 그 집에 있는 쌀과 반찬을 먹으며 왔기 때문이었다.

1950년 12월 24일 나는 탁방주님에게 인사도 드리지 못하고 피난길에 올랐다. 인민군이 서울에 침입할 때 서두르지 않아서 한강다리가 끊어져서 피난을 못 가고 죽을 고비를 여러 번 넘겼었다. 다시 그런 실수를 번복하고 싶지 않았다. 이번에는 기회를 놓치지 말고 피난을 가

메질 많이 해야 황금으로 빛난다.

야겠다는 마음에 나를 찾아온 고향 친구들과 밤중에 피난길에 올랐다. 내가 덮고 자던 이불 한 채와 냄비 등을 챙겨서 지고 가게를 떠났다.

한강을 건너가려는데 한강 인도교는 붕괴되어 없고 철교도 끊긴 상태였다. 다행히 철교 밑으로 가교(: 임시로 만들어 놓은 다리)가 부설되어 있어서 한강을 건너 영등포역에 와서 밤을 새웠다. 그날이 1950년도 12월 25일 크리스마스였다. 기차나 자동차들을 탈 형편이 못 되었다. 그때 강병규와 방낙영이 정훈국 부대에 있었는데 이 부대를 태우고 후퇴하는 기차를 만나서 우리 일행은 기차 짐칸 지붕에 올라타고 갈 수 있었다. 화물차 지붕에는 우리 말고도 많은 사람들이 피난을 가고 있었다. 추운 겨울 피난 과정에서 있었던 여러 가지 일들이 생각난다. 어른들이야 추위를 견뎌냈지만 어린 아이들은 얼어 죽기도 했다. 아기가 죽은 부모들은 기차에서 이탈되지 않으려고 죽은 아기를 기차 아래로 던져 버리고 갈 수 밖에 없는 참혹함도 보았다. 그 때 기차는 석탄을 때던 시기인데 굴을 지날 때는 고통스러웠다.

이렇게 기차 짐칸 지붕에 올라타서 1주일 정도를 달려가서 대구에 도착했다. 대구는 내가 서울양대공장의 사환으로 있을 때 여러 번 와 보았던 곳이므로 낯설지는 않았다. 대구 약전거리에 임세준이란 노인이 유기점을 하셨는데 바로 이 점포 앞에 대구제일장로교회가 있었다. 이 교회는 붉은 벽돌로 크게 잘 지은 건물이었다. 많은 피난민들과 함께 교회 지하실에서 하룻밤을 자고 다음날 임세준 노인을 찾았다. 노

메질 많이 해야 황금으로 빛난다.

인의 집에는 마침 빈방이 있었다, 하지만 온돌은 망가져서 불을 땔 수가 없었다. 며칠 후에 남산교회 구집사의 집에 방 한 칸 세를 얻어 나와 같이 피난 온 일행 강병무, 강덕성, 강덕용 세 명과 당산이 출신 변응락과 겨울을 났다. 겨울을 나면서 연탄 한 장 때지 않고 냉방에서 겨울을 났다. 나보다 두 살이 많은 강덕룡이 주로 밥을 지었다.

대구로 피난 가서 과자장사를 하다

피난 와서 각자가 가진 돈이 없어서 장사할 밑천도 없고 장사를 해본 경험도 없었지만 먹고 살려니 장사 밖에 달리 할 게 없었다. 리어카 한 대를 사서 나는 과자 공장에 가서 과자를 도매로 사서 날랐고 강병무와 강덕룡이 과자를 팔았다. 우리가 과자 장사를 시작하고 나니 과자 장사가 잘된다 하여 많은 피난민들이 과자 장사를 하였다. 그래서 우리가 과자 장사하던 골목이 '과자 도매'골목으로 변했다. 과자 공장에 가서 도매 값에 과자를 사서 서문시장에 와서 30% 이문을 남기고 팔았는데 우리에게 과자를 사 간 사람들은 우리에게 사 간 값에서 50% 이문을 남기고 소매로 팔았다. 장사를 해보니 과자는 없어서 못 팔았다. 과자 장사는 판매가 문제가 아니고 과자 공장에서 과자를 얼마나 많이 사 올 수 있느냐가 관건이었다. 칠성동 철길 옆에 과자 공장이 여러 집 있었는데 처음과 달리 과자 사러 온 사람들이 많아지니

메질 많이 해야 황금으로 빛난다.

까 배급 주듯이 분배하여 팔았다. 나는 어떻게 하면 기다리지 않고 과자를 사 올 수 있을까 궁리를 하였다. 그래서 나는 엿 케는 법을 배웠다. 강 엿 색은 검은데 적당히 열을 가해서 엿을 케면 색이 하얗게 되었다. 색깔이 알록달록한 사탕, 오꼬시, 땅콩과자 등을 내가 직접 만들어서 도매값으로 사 왔다. 이렇게 하니 다른 과자 도매상인들은 우리 팀을 따를 수 없었다. 이렇게 약 열 달 정도 과자 장사를 하니 자금이 좀 생겼다. 피난을 온 외가댁 가족도 만나고 윤용룡 장로님 가족과 고향 사람들도 만났다.

과자 장사 밑천을 털어 기자증을 사다

늘 전선에 끌려갈 위험에 놓여 있었다. 길목마다 헌병들이 지키고 있다가 젊은이들을 보면 증명을 보자고 했고 증명을 내보이면 압수했다. 증명을 압수 당하거나 증명이 없는 젊은이들은 모두 전선으로 끌려갔다. 피난 온 젊은이들은 증명을 빼앗기면 못 사는 줄 알고 모두 전선으로 끌려갔지만 나는 그렇게 하지 않았다. 나는 증명을 빼앗기면 헌병들을 피해 도망을 친 다음 강병무 장로님에게 부탁해서 증명을 새로 냈다. 강장로님은 그 당시 평북도지사와 아는 사이라서 증명을 재발급 받아 올 수 있었다. 이렇게 해서 새로 낸 증명을 가지고 다니다가 또 증명을 빼앗기면 강장로님에게 부탁을 해서 증명을 또 냈다. 증

메질 많이 해야 황금으로 빛난다.

명을 두 번째 빼앗기고 난 다음에 새 증명을 낼 때에는 새 이름으로 증명을 냈다. 왜냐면 같은 이름으로 자꾸 증명을 내면 의심을 받을 수 있기 때문이었다. 세 번째로 증명을 낼 때에는 내 이름 대신 형의 이름인 이봉주로 냈다. 본래 할아버지께서 내게 지어준 이름은 이봉빈이었다. 이봉빈 대신 형의 이름인 이봉주로 증명을 내고 그때부터 지금까지 평생을 이봉주로 살았다. 형은 나중에 이봉용이라는 이름으로 개명을 해서 지금까지 살고 있다.

과자 장사로 재미를 보고 있었지만 언제까지나 군대에 가는 것을 피할 수 없을 거라는 생각이 들었다. 나는 본래부터 현재에 만족하지 않고 더 좋은 차원을 생각하며 도전했다. 그간 두 번이나 고향 집을 떠나 객지 생활을 한 것도 그렇고 농사를 모두 지어놓고 월남한 것도 그런 나의 도전 정신의 발로이다. 군대에 가는 것을 언제까지나 피할 수는 없을 것이고 뭔가 대책을 세워야 하겠다는 마음이 들었는데 가만보니 신문기자와 경찰은 군 면제가 되었다.

고향 사람인 김상범과 방낙영이 대구에 피난을 와 있는 동안 돈을 모두 써 버리고 과자장사를 할 수 있게 해 달라고 해서 내 옆에서 장사를 할 수 있게 도와준 적이 있었다. 김상범의 형 김장각씨는 당시 부산에 있던 전선신문사 사장이었다. 이분이 우리에게 전선신문사 제

메질 많이 해야 황금으로 빛난다.

주총국을 맡으라고 했다. 나는 신문총국 경영에도 무식하고 기자 생활도 어떻게 하는 것인지 몰랐지만 병역이 면제되므로 군대에 끌려가지 않아도 된다는 사실이 반가웠다. 그래서 가지고 있던 모든 돈과 과자 장사 밑천을 털어서 전선신문사 본사에 주고 전선신문 제주총국을 맡았다. 김상범은 전선신문사 기자가 되어 먼저 제주도로 갔고 나는 과자 장사 하던 것을 정리하고 뒤 따라 가기로 했다. 그 해가 1952년이었던 것으로 기억한다. 이때 내 아내가 된 오화선도 나를 따라 제주도로 피난을 갔다. 이 아가씨는 서울 출신인데 어머니를 일찍 여의고 홀아버지와 오빠와 살던 중 전쟁이 나자 오빠는 군인이므로 서울 집에 없고 늙으신 아버지만 집에 남은 채 혼자 대구로 피난을 와 있었다. 윤장로님댁의 딸들과 또래였으므로 피난지 대구에서도 윤장로님의 가족과 살았다. 전세가 불리해지자 모두들 제주도로 피난을 가니 나를 따라 제주도로 피난을 온 것이다. 당시 제주도는 공비들의 활동 때문에 자유롭게 왕래를 할 수 있는 곳이 아니었다. 다행히 내가 전선신문사 제주총국 기자이니 제주에 들어갈 수 있었다.

제주에는 그 당시 피난민들이 꽉 차 있었고 공비들의 활동으로 자유롭게 왕래를 할 수 없는 시절이었다. 나는 대구에서 과자 장사를 해서 번 돈 모두를 전선 신문사 본사에 주고 기자증을 샀으므로 돈이 없었다. 그래도 많은 사람들이 피난민 천막에서 살았는데 나는 학고 방(: 판

메질 많이 해야 황금으로 빛난다.

잣집, 작은방을 학고 방이라 불렀다)이라도 하나 사서 살 수 있었다. 이 학고 방은 제주시 건입리 우시장에 소거간꾼들이 사용하던 것이었다. 전선 신문사 제주총국에는 내가 총무기자였고 김ㅇㅇ과 상이용사였던 이ㅇ ㅇ 등 3명이 근무했다. 신문은 1주일에 한 번 평택호에 실려서 제주도 에 왔는데 제때 보급이 안 될 때도 있었다. 당시는 전쟁 중이므로 많은 사람들이 전황을 궁금해 했다. 나는 제주읍 중앙로 길가에 신문을 펴 놓고 팔았고 신문이 팔리면 최소한의 생활비는 나왔다. 김ㅇㅇ과 이ㅇ ㅇ은 신문기자 행세를 하며 제재소나 기타 업소를 찾아다니면서 기부 금을 요구하거나 불륜관계 등 각종 비리를 거론하며 금품을 요구해서 나와 잘 맞지 않았다. 그나마 이런 신문사가 있었을 때는 먹고 사는 데 는 지장이 없었는데 신문사가 망하고 말았다.

피난지 제주도에서 뻥튀기 장사도 하다

당시 제주에는 피난민 수용소가 여러 곳 있었고 피난민들이 꽉 차있 었다. 모두 직업은 없었지만 정부의 배급에 의존해서 살 수 있었다. 나는 피난민이 아니어서 배급도 받을 수 없었다. 근처 정미소에 가서 쌀 포대를 터는 일을 했는데 하루 일당이 냉면 한 그릇 값이었다. 이 정도 수입으로는 먹고 살기 힘들겠다 싶어서 그만두었다.

메질 많이 해야 황금으로 빛난다.

먹고 살 길이 막막해서 이 생각 저 생각을 하고 있는데 오후 네 시 정도인데 많은 사람들이 급히 우리집 옆 골목을 지나가는 소리가 들렸다. 무슨 일일까 싶어 지나가던 한 사람을 붙들고 물어봤더니 물고기를 잡으러 간다고 했다. 자세히 알아보니 잘하면 하루 밤새에 5백원도 벌 수 있다고 했다. 나도 하고 싶다고 하니 배를 탈 줄 아냐고 물어서 물론이라고 말했다. 하지만 배라고는 북의 고향에서 매생이배만 본 적이 있고 월남할 때 작은 배를 타고 온 것이 전부였다. 하지만 일을 하지 못해 돈을 못 벌면 죽을 지경이니 가리고 말고 할 것이 없었다.

저녁에 배를 타고 지평선 너머까지 나가서 낚싯바늘에 미끼를 꽂아 바다에 드리운다. 낚싯바늘을 물고기들이 물으면 이 낚싯줄들을 거둬 배 위로 끌어올려서 낚싯바늘 하나하나에 물린 물고기들을 빼고 다시 낚시를 드리우는 작업을 반복했다. 이렇게 밤새 낚시를 하고 새벽에 항구로 돌아오는데 수입은 배의 주인과 내가 4:6으로 나눴다. 배를 탈 줄 안다고 대답했지만 정작 나는 배를 탈 줄 모르니 뱃멀미가 무척 심했다. 게다가 처음 해 보는 일이니 낚시 바늘에 미끼를 꿰어 넣다가 수없이 바늘에 찔렸다. 바늘 독에 손이 퉁퉁 부은 적도 있었다. 어떤 때는 밤새도록 고생만 하고 한 마리도 못 잡을 때도 있었고 운이 좋으면 몇 백 마리도 잡을 수 있었다. 하지만 풍랑이 높거나 태풍이 오면 공 칠 수밖에 없었다. 하루는 고등어가 많이 잡혔는데 고등어를 낚싯바늘에서 빼어 내다가 낚싯바늘에 손이 찔려서 통증으로 고생한 적이

메질 많이 해야 황금으로 빛난다.

있었다. 바늘에 찔린 손이 퉁퉁 부어서 내 손으로 밥도 못 해 먹은 일이 있었다. 이럴 때에는 오화선씨가 집에 와서 밥을 해줘서 먹곤 했다. 이렇게 오화선씨와는 어려운 시절에 만나 어려움을 함께 겪어가면서 정이 들었다. 인생 모든 일이 경험이 없으면 힘들고 차질이 많은 법이다. 태풍 때문에 죽을 뻔 한 일을 겪고난 후 배 타고 물고기 잡는 일을 그만 두었다.

생활비는 떨어져서 막막한데 황해도에서 피난 온 최병렬씨가 찾아와 나에게 함께 뻥튀기를 하자고 했다. 최병렬씨가 고향사람에게서 세(임대료)로 하루 오백 원씩을 주기로 하고 뻥튀기 기계를 빌려왔다. 길에 나가 뻥튀기를 한다는 것은 자존심이 상하는 일이었지만 굶어죽을 수는 없었다. 그래서 뻥튀기 장사로 나섰다. 제주읍 동문시장 부근 다리 옆에 소나무 여러 그루가 있었다. 이 나무 그늘 아래 자리를 잡고 뻥튀기 기계를 차렸다. 최병렬씨는 나보다 나이는 많았고 농촌 출신이라 한복을 입었고 나는 젊고 양복을 입었으니 내가 주장이 되고 최씨는 조수를 하기로 했다. 주장이든 조수든 처음 해 보는 뻥튀기라서 처음 작업은 완전히 실패했다. 쌀 마대는 날아가 소나무 가지에 걸리고 튀겨진 쌀은 전부 쏟아져 흩어져 버렸다. 구경을 하던 피난민 아이들이 달려들어 튀긴 쌀을 주워 먹었다. 뻥튀기를 하려고 차례를 기다리던 사람들이 열 명도 넘었는데 이런 실수를 하니 모두 다른 곳으로 가

메질 많이 해야 황금으로 빛난다.

버렸다. 더욱 난감한 것은 실패를 해서 손님의 쌀 한 되를 날린 꼴이 었는데 우리에게는 이 쌀을 변상해줄 돈도, 쌀도 없었다. 우리가 여분으로라도 쌀을 갖고 있었더라면 쌀을 변상하여 주거나 다시 시도해서 쌀을 튀겨 주었을 텐데 우리는 그럴 형편이 아니었다. 쌀을 변상해줘야 할 손님(우리에게는 뻥튀기 첫 고객)은 서울에서 피난을 온 진명여고 학생이었다. 치마와 저고리를 곱게 차려 입은 여학생이었는데 변상할 돈이 없다고 사정을 하니 우리가 딱해 보인 모양인지 고의적인 것이 아니었으니 괜찮다고 하면서 위로를 해주었다. 나는 그 후로 제주도에 가는 일이 있으면 그 주변을 지날 때 마다 이 일을 생각한다. 초보자의 실수를 너그러이 이해하고 용기를 주는 일을 나는 이 여학생에게서 배웠다. 창피하기도 하고 해서 그 자리를 벗어나서 산지우물에 가서 다시 시도를 해서 뻥튀기 기계 조작법을 익힐 수 있었다. 그래도 첫날 기계 세 빼고 쌀 두 되씩을 벌어 가지고 집에 올 수 있었다.

제주도에서 엿장수로 생계를 잇다

그나마 내게는 학고방이나마 집이 있으니 김상범과 오화선씨가 찾아왔다. 오화선씨는 내가 아플 때나 혼자 밥을 못 해 먹을 때는 와서 밥도 해 주고 나를 도와주었다. 하루는 나의 집 옆에 엿공장이 생겼다. 공장이라고 해서 별 대단한 것은 아니었고 큰 아궁이에 큰 무쇠

메질 많이 해야 황금으로 빛난다.

솥을 걸어놓은 정도였다. 이 엿공장 주인은 목포출신으로 이름은 김순구이고 나보다 서너 살이 많았고 이미 결혼을 해서 아이도 둘이나 있었다. 이 사람은 목포에서도 엿공장을 했던 사람이라서 제주에 피난 와서도 엿으로 먹고 살 수밖에 없었다. 공장은 엿장수 옆에서 위에서 말한 대로 대충 차려 할 수 있지만 자기 아내하고 자기가 잘 방이 없었다. 그래서 나는 엿공장에서 엿 만드는 일을 하고 공장 주인내외는 우리 집에서 함께 살기로 합의했다. 단칸방 가운데를 판자로 막고 두 집이 살았다.

이렇게 해서 나는 엿공장에서 엿 만드는 일을 했다. 하지만 엿은 하루에 쌀 두 가마니를 만들어도 엿장수들이 팔아오지 못하면 일당도 못 받았다. 어떻게 해서든 엿을 팔아야했다. 당시까지도 제주도는 갱엿(: 검은엿)밖에 몰랐다. 나는 제주도에 피난 오기 전에 대구에서 과자 장사를 할 때 엿을 케는 방법을 알아 켄 엿을 팔아 돈을 번 적이 있으므로 엿공장 사장에게 의논을 해서 엿을 케서 팔기로 했다. 엿을 케면(: 검은 갱엿을 흰 엿으로 만들면) 부피가 세 배가 되고 먹음직스럽게 탐스러워 보인다. 나는 갱엿을 케서 속에 바람을 넣고 한 개 1백 원짜리로 만들었다. 이렇게 만든 엿을 가지고 엿장수로 나섰다. 엿을 리어카에 잔뜩 싣고 동문시장 길 한복판에 자리하고 팔았는데 순식간에 모두 팔았다. 갱엿 백 원짜리는 조그마한데 내가 파는 엿은 갱엿보다 두세 배 크고 하얗고 먹음직스럽게 탐스러웠다. 이런 엿은 제주도 사람들이 처

메질 많이 해야 황금으로 빛난다.

음 보는 엿이라서 요즘 말로 '대박을 쳤다'. 이때부터 나는 엿을 만드는 일 대신 판매를 하고 나 대신 고용된 이 노인과 김 사장이 엿을 만들었다. 매일매일 가지고 나간 엿을 모두 파니 엿 공장은 매일 생산을 해냈고 모두 먹고 살 수 있었다. 엿 만드는 것도 기술이기 때문에 더 좋은 여건을 만들어야 한다.

제주도 모슬포에는 군인 제일훈련소가 있었다. 이곳에서 격일 약 4백 명 정도가 입소하고 격일 4백 명 정도가 훈련을 마치고 나갔다. 이 훈련소 인근에는 장정 대기소가 있었는데 이곳에는 훈련을 받으려는 신입병들이 대기하다가 훈련소에 들어가는 곳이다. 많을 때는 이 대기소에 장정 1천 명 정도가 수용되어 있었는데 이곳에서 나오는 누룽지가 엄청 많았다. 일부러 누룽지를 많이 만들어 밖으로 내보내는 모양이었다. 김순구 사장과 나는 업자와 결탁을 하여 이 누룽지를 사서 엿을 만든 후 엿을 케서 돈을 벌었다.

그러나 나는 징집되어서 군대에 가게 되었다. 전에는 경찰과 신문기자는 징병 대상에서 면제가 되어 군대에 가지 않았다. 그래서 나도 기자증을 사서 제주도로 온 것이었다. 하지만 2년 정도 시간이 흐르면서 군인 수가 부족해서인지 법이 바뀌었고 바뀐 법에 따라 경찰과 기자들도 군대에 가야 했다. 물론 앞에 말한 대로 내가 기자증을 샀던 전선

메질 많이 해야 황금으로 빛난다.

신문사도 그 사이에 망했다.

나도 제일훈련소에 입소하기 전에 장정대기소에서 대기하고 있었다. 면회 오는 사람도 없이 쓸쓸히 있는데 하루는 김순구 사장과 이 노인이 면회를 왔다. 통닭과 다른 먹을거리를 마련해서 찾아왔다가 돌아가면서 전대를 주고 갔다. 이 전대에는 토막 엿이 들어 있었는데 훈련받으면서 하나씩 꺼내 먹으라고 주고 간 것이었다. 지금도 이일을 잊을 수가 없다.

군대에서 죽을 고비를 두 번이나 넘기다

나는 1952년 4월 3일 육군제일훈련소에 입소하여 제1중대에서 96일간 신병훈련을 받았다. 훈련소 소장은 신의주 중동중학교 출신 장도영 육군 소장이었다. 나는 동기들 중에서 나이가 가장 많았고 동기생들은 제주도 출신이 60% 북한에서 월남한 사람들이 40%였다. 제주도 출신 동기들은 면회자도 많고 용돈도 풍부해서 간식도 자주 먹었지만 월남한 북한 출신 동기들은 그렇지 못하였다. 신병 교육시간에 교관들은 우리에게 다음과 같이 교육했다.

"지금은 휴전하였기에 전투는 안 하고 남북군대가 마주보고 경비만 선다. 전방에 가면 국군은 쌀밥을 실컷 먹는데 북한군은 옥수수밥만

메질 많이 해야 황금으로 빛난다.

먹는다.”

훈련병들은 이 말을 사실로 알고 얼른 신병 훈련이 끝나서 전방으로
가길 원했다.

신병 훈련을 마치고 다음날은 전방으로 이동할 예정이었는데 하사
관학교에 입교할 대상자를 색출했다. 색출을 피하기 위해 약삭빠른 사
람들은 화장실 등에 가서 숨었다. 그러나 나는 교육을 더 받아서 손해
될 것이 없다는 생각이 들었다. 그래서 하사관 학교에 자원 입교하였
다.

하사관학교 훈련은 신병 훈련보다 덜 고생이 되었다. 이 훈련 기간
중에 가장 기억에 남는 일은 ‘한라산일주훈련’이다. 완전 무장을 하고
실탄까지 보급 받고 배낭을 지고 실전태세를 갖추고 도보로 일주일을
행군했다. 모슬포와 서귀포를 지나 한라산을 넘어서 제주 한림읍까지
제주도를 완전히 한 바퀴 도는 훈련이었다. 이 훈련을 하는 1주일 내
내 밤이고 낮이고 계속 부슬비가 왔다 완전무장하고 일주일분의 자기
식량을 지고 떠났는데 식량이 비에 젖어 무거웠다. 한라산과 횡단 도
로 곳곳에 일제 때 일본군들이 도로 공사를 하던 흔적이 남아 있었다.
비가 계속 왔으므로 옷은 항상 젖어있고 군대양말에 넣은 식량은 빗물
에 불어서 풍선처럼 커졌다. 성냥이 없었지만 밥을 지어 먹었다. 전화
줄을 광솔(: 소나무 송진이 붙어있는 나무를 지칭한다)에 계속 비비다가 M1

소총 탄환의 잔 약을 꺼내서 종이봉지에 싸서 가져다 대면 불이 붙었다. 발가락이 부르터서 계란 크기만큼 부풀어도 완전 무장한 상태에서 계속 걸어야 했다. 수색조가 선두에 행진하고 각 소대별로 길 양 쪽으로 일정 간격을 유지하고 행군했다. 그런데 갑자기 총성이 들렸다. 나는 뒤쪽에서 행군하고 있었는데 행군 중간쯤에서 매복하고 있던 공비들이 기습 사격을 하여 하사관 후보생 두 명이 죽었다. 하사관 훈련병들은 M1 소총과 실탄은 물론 수류탄까지 가지고 있었지만 누구도 공비에게 대항하지 못하고 당하기만 했다. 모두가 전투경험이 없었기 때문에 모두 숨어버렸다. 전투 경험이 있다면 이백 명이 동행하고 있었는데 한 명이 한 발씩만 공비를 맞추었어도 2백 발이 되었을 텐데 한 명도 총을 못 쏴 보고 당했다. 신병훈련 96일에 하사관학교에서 30일 교육을 받았어도 실전 경험이 없으니 이런 꼴이 되는구나 싶어 경험이 중요하다는 것을 터득하였다.

　행군 1주일 동안 계속 비가 와서 옷은 항상 젖어 있었고 비를 맞은 장비는 두 배로 무거웠고 발은 불어 터서 아팠다. 밤에 잠들어 피곤한데 몸이 서물서물하여 깨어보면 잠자리로 도랑물이 흘러갔다. 한 명이 병이 나면 병이 난 동료의 장비와 무기도 짊어지고 가야 되고 한사람은 환자를 엎고 가야 했다. 이것이 훈련이요 체험이었다. 5일간 행군 훈련을 마치고 훈련소에 돌아오니 모두가 환자처럼 뻗었다.

　이틀간 휴식을 하고 모슬포 항에서 LST 큰 배를 타고 부산으로 향

메질 많이 해야 황금으로 빛난다.

했다. 배로 오는 동안 뱃멀미로 고생을 하며 20시간 이상 걸려서 부산 항에 도착하니 밤이었다. 잠시도 쉬지 못하고 어느 학교에 안내되어 밤새도록 군복 등 군사 장비를 새로 보급 받았다. 날이 밝기 전에 출발하여 어느 곳에 도착하여 보니 춘천 보충부대였다. 그때가 1952년 10월이었다.

이때까지도 전황이 위험하다는 것은 꿈에도 생각하지 못하고 그 날로 수도 사단으로 배치되었다. 춘천 시내를 빠져나가기 전에 트럭이 잠깐 섰는데 길가에 서 있던 사람과 눈이 마주쳤다. 자세히 보니 외갓집 일가친척 전경린이었다. 서로 말 한마디 나누지 못하고 눈빛으로만 인사를 나누었다. 오고간 말이 없었지만 서로의 눈빛 속에 '고향 어머니와 동생들의 안부'와 '너 위험한 전선으로 끌려가는구나!' 하는 말이 오고갔다. 배치된 곳은 강원도 화천 지구였다. 신병훈련도 받고 하사관학교 훈련은 받았어도 일선 배치는 처음이다. 이곳에서 신병훈련소에서 함께 훈련을 마친 동기생을 만나니 반가웠다.

"우리 동기들 다 어디 있냐?"

신병훈련소 동기들의 안부가 궁금해서 물었더니 동기는 슬픈 얼굴로 이렇게 대답했다.

"다 갔어"

이때까지도 이 말이 무슨 뜻인지 몰랐다. 나중에 제주도 신병훈련소에서 교관들이 하던 말은 모두 거짓이었고 모두 전사하고 몇 명 안 남

메질 많이 해야 황금으로 빛난다.

았다는 사실도 알게 되었다.

나는 수도사단 1연대 1대대 1중대 3소대 1분대 부분대장으로 배치 받았다. 계급은 육군하사였는데 중대원이 모두 죽고 몇 명 남지 않은 상황이라서 전투 경험이 있는 자가 분대장이 되고 하사인 내가 부분대장이 된 거라고 선임이 말해주었다. 당시는 수도 고지 지형능선 고지 탈환 작전으로 매일 군인을 보충해도 1개 중대에서 아주 소수만 생존한다는 것을 알았다. 놀라운 전투상황이었다.

배치를 받은 첫 날 저녁, 이발 담당자가 와서 우리 모두의 머리를 빡빡 밀었다. 내가 왜 머리를 빡빡 미느냐고 물었더니 이발담당관이 설명을 해 줬다. 당시 인민군은 머리를 빡빡 밀고 국방군은 짧은 머리를 했었는데 인민군을 속이기 위해서 머리를 빡빡 미는 것이라고 했다. 캄캄한 밤중에 적군과 국군이 엉키면 붙잡아서 머리를 쓰다듬는데 암호를 대면 살아남고 암호를 모르면 적군으로 단정하여 찔러 죽인다고 했다. 이 말을 들으니 전황이 어떤지 상상이 갔고 그런 전투에 투입이 된다니 겁이 났다. 모두 기가 죽어 침울했고 눈물을 흘리는 사람도 있었다. 대부분 신병훈련을 마치고 바로 온 군인들이었는데 권상사만 후방 수송 부대에 있다가 왔다. 긴장된 분위기 속에서 잔뜩 겁을 먹고 있는데 권상사가 입을 열었다.

"이 자식들아 울긴 왜 울어? 빨리 죽으면 고생도 덜 하고 죽으니 좋고 총을 맞으면 후송되니까 더 좋고, 여기는 대통령 빽이 있어도 빠져

메질 많이 해야 황금으로 빛난다.

나갈 길이 없는 곳인데 부상을 당하면 백만 원짜리다 그거나 바래.”

권상사의 이 말에 대부분 생기를 되찾았다. 당시 후방에서는 전쟁터에 나가지 않으려면 백만 원을 쓰면 된다고 하던 때였다.

그런데 밤중에 트럭에 타라는 명령이 내려졌다. 트럭에 타니 병력을 잔뜩 실은 트럭 수백 대가 이동을 했다. 수도 사단이 이사를 하는 것이라고 했다. 나중에 알고 보니 수도 사단이 아무리 강병사단이라고 해도 지형 연선을 뺏기고 빼앗는 과정을 반복하면서 선임 병사들은 대부분 전사하고 신병을 보충해도 소모품 밖에 안 되는 상황이 되니까 6사단과 교체를 하는 것이다. 이 수도사단과 6사단이 교체하는 작전이 이틀만 늦게 진행되었어도 나는 그때 전사하였을 것이다.

수도 사단은 후방으로 이전하여 재편성하고 3개월간 재교육을 한 후 금화지구로 이동해서 오성산을 마주보고 진지를 구축했다. 낮에는 후사 면에서 쉬고 야간에는 전사 면에서 교통호(: 주로 땅을 파서 전투 시 필요한 길)작업을 하였다. 우리 맞은편에는 중공군 부대가 있었다. 내가 속한 중대에는 중대장 김창환대위, 특무상사, 3소대 선임하사 강왈빈 상사와 분대장 강신석이 있었다. 전체 공격은 하지 않고 매일 밤중에 분대 단위로 적의 진지를 기습 공격하는 전투를 하였다. 이 전투 중에 우리 분대장이 전사하였고 하사인 내가 분대장이 되었다.

메질 많이 해야 황금으로 빛난다.

너무 고생스러워서 빨리 죽거나 부상당하고 싶은 생각뿐이었다. 가장 고통스러운 것은 포탄이나 총알에 맞아 죽을까봐 걱정하는 것이 아니었다. 배가 고픈 것이 가장 괴로웠고 배고픈 것을 참는 것이 가장 어려웠다. 나중에 안 사실이지만 윗사람들이 사병들의 식량을 다 떼어먹어서 우리가 그렇게 배가 고팠다고 했다. 모든 장교가 그랬던 것은 아니지만 지금 생각하면 어처구니없는 일이었다. 수색대로 나가면 적진 철조망을 넘어서 적(의)소대 본부를 기습하고 증거물을 가져와야 했다. 기습공격 지원자에게는 건빵 2봉지를 주겠다고 하면 배가 너무 고파서 지원하는 자들이 있었다. 한번은 야간에 순찰을 갔는데 제주 출신 장하사가 자기 손가락을 대검으로 쳐서 잘라 밥통에 넣고 있었다. 내가 놀라서 장하사를 말리니까 장하사가 미쳐 날뛰었다.

"이 자식 오랜만에 고깃국을 먹으려고 하는데 왜 말려!"

장하사는 너무 배가 고픈 나머지 미쳐 버린 것이었다. 나도 다른 사병들과 마찬가지로 배가 고픈 것이 가장 괴로워서 죽으려는 마음을 먹었었다. 죽으면 더 이상 배가 고프지 않을 것 아닌가? 하지만 내가 죽으면 고향에 계시는 어머니께서 얼마나 마음이 괴로울까? 지금도 나를 위해 기도하실 어머니를 생각하고 마음을 고쳐먹었다.

다른 동기들은 기습공격에 몇 번씩이나 차출되었지만 나는 한 번도 차출되지 않았다. 밤 중에 중공군이 우리 호에 접근하면 분대원들과 같이 전방으로 총만 쏘면 그들이 후퇴하니까 잠만 들지 않으면 그렇게

메질 많이 해야 황금으로 빛난다.

위험하지는 않았다.

그러나 무엇보다 괴로운 것은 배고픔을 참는 일이었다. 나는 인사계 이상사와 소대장 강왈빈 상사를 내가 담당한 호(: 땅구덩이를 파고 적진을 바라보는 움막)에 초대해서 설득했다. 내가 서울에 가면 하루에 쌀 한 가마씩 버는 기술이 있는데 나를 비공식으로라도 서울에 보내주면 매월 쌀 다섯 가마씩 중대에 보내 주겠다고 했다. 내 제안을 중대장 김창환 대위에게 전해 달라고 부탁했다. 이때는 비공식적으로 후생사업이란 것을 인정하고 있었다. 며칠 지나서 김창환 대위가 나에게 완전무장하고 중대본부로 빨리 오라고 했다. 나는 며칠 전 내가 했던 제안이 받아들여졌다고 믿고 중대 본부로 갔다. 그런데 중대장은 대대장이 나를 불렀다고 했다. 그래서 나는 약 2Km 후방에 있는 대대장 본부로 달려 갔다. 중대 본부에서 대대 본부로 달려가고 있는데 갑자기 포탄이 떨어졌다. 바로 내 앞 30m 정도의 거리에 적의 포탄이 떨어진 것이다. 포탄에 맞거나 부상당하지 않은 것만 다행으로 여기고 대대장실로 뛰어갔다.

대대장실은 고지에 땅굴을 파고 포탄이 떨어져도 안전하게 되어 있었다. 내부 천장과 벽은 군대 모포로 둘러져 있고 침대도 있고 안락하게 꾸며져 있었다. 중대장이 후생사업건을 대대장(= 이종록 중령)에게 보고하였더니 대대장이 당장 나를 대대본부로 불러들이라고 했다고 한다. 알아보니 탁방주께서는 내가 수도사단에 있다는 것을 알고 아는

메질 많이 해야 황금으로 빛난다.

사람을 통해 대대장인 이종록 중령에게 나를 찾아달라고 부탁을 하였다고 한다. 이렇게 해서 나는 대대장실에 온 것이고 대대장본부에서 약 1개월간 있었다. 대대장 본부에는 운전수 상사 2명, 연락병 일등중사 1명, 요리사 1명, 차완호 상사와 나까지 모두 6명이 있었다. 소총분대장할 때는 못 먹어서 야위었는데 이곳에서는 계란, 조개젓, 간장, 된장은 말할 것도 없고 잘 먹을 수 있어서 몸이 평소처럼 되었다.

대대장은 나의 제안대로 후생사업을 하게 했다. 1개 분대원에게 밥을 실컷 먹이고 데리고 가서 탄피를 주웠다. 나는 분대원들과 함께 포탄과 가리방 50이란 보탄의 탄피를 주워 마대에 담았다. 한 곳에서만 주워 담아도 트럭 몇 대분이 되는데 이것은 미군들이 한 곳에 포를 설치하고 쏘기 때문이었다. 그저 탄피를 마대에 쓸어 담기만 하면 되는 쉬운 일이었다. 처음에는 이 탄피들을 녹여서 쇳덩어리를 만들 요량으로 산속에 숯 굽는 시설과 용해하는 시설을 마련하려고 했다. 그러나 영등포 이재화씨에게 가서 도가니와 풍구 등을 싣고 오다가 일동 부근에서 차가 굴러 운전병들이 사망하는 큰 사고가 발생했다. 이렇게 되어서 시설을 마련하는 것은 단념했다. 이렇게 쓸어 담은 탄피는 트럭 적재함에 싣고 위에는 참나무와 잣나무 화목을 싣고 위장했다. 그때 내가 지휘하여 탄피를 담아서 모았다가 차에 실어주면 연락병 박 중사가 차를 인도하여 서울 탁방주집에 탄피를 내려놓았다. 검문에 걸리면

메질 많이 해야 황금으로 빛난다.

안 되는 것인데 당시 수도사단 사단장이 송요찬 장군이었다. 송장군은, 이종록 대대장이 사병시절 지리산 공비를 토벌할 때 목숨을 구해준 일이 있어서 이종록을 장교로 키워 대대장이 되게 한 사람이라고 했다. 그러므로 송요찬장군 덕으로 탄피를 서울로 싣고 가는 것은 검문에 걸리지도 않고 문제가 되지 않았다. 서울 탁방주 집에 온 탄피는 퉁점(유기공장)에서 썼는데 당시 탄피 한 트럭 값으로 5백만 원을 받았다. 그 당시에 후생사업 하는 차가 연대에 2대가 있었는데 노무자 시켜서 화목 한 차를 실어다 서울에 팔면 운임제하고 80만 원 정도 수입이 되었다. 이것에 비하면 내가 하는 사업은 어마어마한 수입이었다. 물론 이 일도 내가 본래 탁방주 밑에서 일하면서 비철금속에 대한 지식이 있었기에 가능한 일이었다. 하지만 이종록 대대장은 신설사단으로 전근가면서 나를 버려두고 갔다.

그 후 나는 차완호 상사와 의논하여 연대본부의 김화연 중위를 찾아갔다. 김중위는 연대부관이었다. 당시 출장증은 한 장에 출장기간이 15일이다. 김중위와 잘 교섭이 되어 출장증 열 장 정도를 받아가지고 탁방주 공방에서 일하면서 내가 번 돈을 연대본부에 바쳤다. 이렇게 나는 남은 군대생활을 탁방주 공장근무로 대체해서 후생사업하면서 보냈다.

군대에 있을 때 나는 인민군이 되어 남한에 내려온 형님을 만났다.

메질 많이 해야 황금으로 빛난다.

군 복무 중 휴가를 나와서 만난
친구 김성의와 함께 종로사진관에서 찍은 사진이다.

1954년경이었는데 우리 형님이 포로수용소에 있다가 논산 훈련소에서 훈련받고 있다는 소식을 성의에게서 들었다. 나는 수소문을 하여 내 밑에서 곗대장일을 하는 석병주씨 장남이 논산훈련소에서 조교로 복무하고 있다는 것을 알았다. 석병주씨 장남의 도움을 받아 형님을 만날 수 있었다. 몇 년 만인가! 1948년에 헤어져서 1954년에 만나는 것이니 6년 만의 재회였다. 6·25동란을 겪으면서 생사도 모르고 서로를 걱정하며 살던 6년이었다.

형님은 몸이 몹시 말라있었다. 포로수용소 생활과 훈련소생활을 하면서 고생은 물론 고향의 가족 걱정으로 고통을 겪고 있었다. 얼굴은

메질 많이 해야 황금으로 빛난다.

쪼그라지고 수염도 깎지 못하고 있었는데 보는데 심난했다. 이런 내
마음과는 달리 엉뚱한 말이 튀어나왔다.

"수염이라도 좀 깎지."

"수염도 돈이 있어야 깎지."

형도 퉁명스레 대답했다. 나는 형이 부패한 자들 앞에서 충성을 할
필요를 느끼지 않았다. 그래서 형님에게 일선에 가면 탈영하라고 권했
다. 오천 원이면 그 당시 거금이었는데 형님에게 주면서 깊이 감추어
두었다가 기회가 되면 도망쳐서 살라고 신신당부를 하였다. 후에 형님
은 전방에 배치되었다가 내가 말한 대로 하여 남한에서 정착하여 잘살
고 있다.

아내의 친구 유네 라는 분이 국방부에 근무하였는데 이분이 도와줘
서 의가사 제대를 할 수 있었다. 나는 의가사 제대를 하려고 서류를
갖추어 제출하는 과정에서 새 호적을 냈고 호적에 장남으로 기록을 했
다. 장남이 되어야만 의가사 제대 요건이 충족되어서 의가사 제대가
가능했기 때문이다. 앞서 말한대로 나는 증명을 빼앗기고 새 증명을
내는 과정에서 우리 형의 이름인 이봉주로 증명을 냈기 때문에 이봉주
가 되었다. 앞서 인민군으로 남한에 왔다가 탈출을 하여 남한에 정착
을 하게 된 형은 따로 호적을 갖게 되었고 형은 이봉용이란 이름으로
개명을 해서 신고했다. 이렇게 해서 나는 형의 이름을 갖고 호적상 장

메질 많이 해야 황금으로 빛난다.

남이 되어 이때까지 살았다.

　의가사 수속을 마치고 1955년 8월 30일부 제대 특명을 받았다. 제대를 하려고 원대에 복귀하는 도중에 일동의 다방에서 ㅇㅌㅅ 씨를 만났다. 이분은 아버지의 고향 친구이며 나를 문례광산에 취직을 시켜주셨고 광산에 근무할 때는 나를 자기 조카처럼 아껴 주시던 분이었다. ㅇㅌㅅ씨는 내 계급장을 보더니 '지금 중사구나, 상사시켜 줄 테니 특무대에 근무하자'고 권했다. 이때 이분은 수도 사단 특무대장이었다. 나는 제대할 것이라고 말씀드리고 인사한 후 헤어졌다. 그때 나랑 같이 동행했던 상사가 이런 나의 태도를 보고 놀라 감탄했다. 그동안 내가 연대부관과 공모해서 군인 신분인데도 부대 밖에서 일을 하고 번 돈을 연대부관에게 바친 일은 비합법적인 것이었다. 내가 특무대장인 ㅇㅌㅅ씨에게 이런 사실을 일러바치고 나쁜 놈들이니 혼내주라고 했으면 모두 처벌을 받을 수 있는 사안이기 때문이었다. 게다가 특무대 상사를 시켜준다는 권유를 뿌리치고 제대를 하겠다고 거절을 했으니 놀랄 만도 한 일이었다. 이렇게 해서 1952년 3월4일 부터 1955년 8월 30일까지 3년 4개월간의 군대 생활을 마쳤다. 군대 생활하면서 고생했던 일들은 모두 기록 못하고 이 장을 접는다.

메질 많이 해야 황금으로 빛난다.

1953년 제주 제1훈련소에서 훈련생 동기들과 함께 찍은 사진이다.

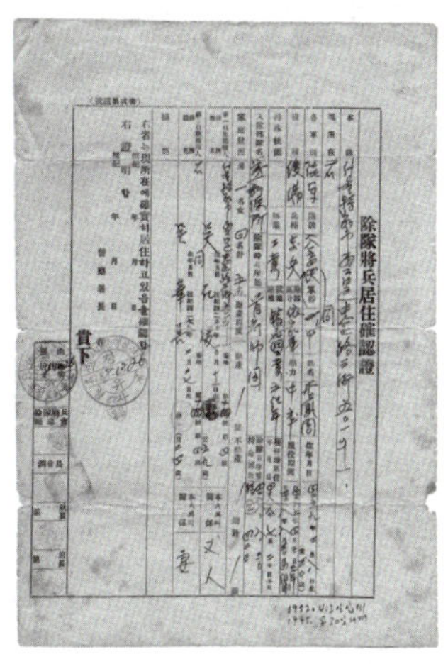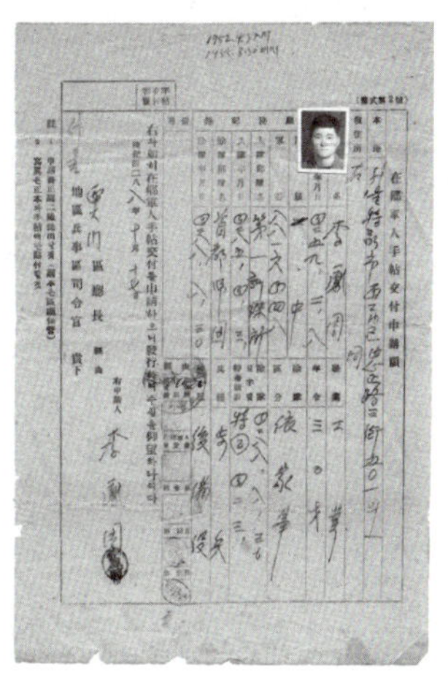

군 전역할 때 찍은 사진과 군 전역 때 작성한 서류들이다.

메질 많이 해야 황금으로 빛난다.

08

나의 삶 나의 일 방짜유기

북아현동 공장시절

나는 군대 복무 중에도 유기공장에서 일을 했다. 공장은 현재 서울 서대문구 북아현동 북성초등학교 정문 앞에 있었고 탁방주의 공장이었다. 나와 교제를 하고 있던 오화선 씨의 나이가 스물세 살 되었을 때 탁방주께서 방을 한 개 마련해주어서 가정을 이루었다. 큰 딸 보경이가 이곳에서 태어났다.

북아현동 공장은 탁방주의 아들이 살던 집의 벽을 허물고 공장을 차렸기 때문에 비좁았지만 방짜대야 주문은 무척 많았다. 그래서 가질대장과 나는 새벽 네 시면 일어나서 밤 열 시까지 주일도 쉬지 못하고 일을 했다. 그해 한겨울을 일해서 번 돈으로 옛날 조선기와집 한 채를 사서 이사를 했다. 이집은 문간방, 건넌방, 마루와 안방 등이 있는 ㄷ

메질 많이 해야 황금으로 빛난다.

자형 집이었다. 이 집에서 차녀 희경이가 출생하였다. 이때 나는 젊었고 일을 많이 했기 때문에 아내는 내가 기운을 낼 수 있는 음식을 해 주어 챙겨서 먹였다. 아내는 늘 내조를 아주 잘 했다.

북아현동 공장에서 일을 할 때 있었던 일이다. 탁방주와 함께 결산을 본 ㅇㅈㅎ는 '탁방주가 나를 속였다'고 흥분하였다. 평소 ㅇㅈㅎ를 수양아들처럼 여기던 탁방주님도 몹시 흥분하셨다. 탁방주는 수복 후 북아현동 공장을 시작할 때 함마 기계를 가지고 있던 ㅇㅈㅎ와 동업으로 공장을 시작했다. 회계는 ㅇㅈㅎ의 친구 차 씨가 기록을 하고 탁방주는 늘 하던 대로 옛날식으로 붓으로 장부책에 기록을 하고 지냈다. 약 1년 정도 지나 결산을 본 결과 탁방주는 재산이 늘었는데 ㅇㅈㅎ는 재산이 줄었다. 이렇게 되자 ㅇㅈㅎ는 탁방주가 자기를 속였다고 흥분을 하였고 이런 오해를 받은 탁방주도 흥분을 해서 싸웠다. 결국 회계 감리 경험이 있는 사람 두 명을 시켜서 두 사람의 장부를 한 달 이상 살펴보게 했다. 그 결과 탁방주는 그간 돈을 아껴 쓴 결과 재산이 불어난 것이고 ㅇㅈㅎ는 돈을 너무 헤프게 쓴 결과 재산이 줄어든 것이라는 결론이 났다. 오해는 풀렸지만 한 번 틀어진 사람 관계는 회복되지 않았다. ㅇㅈㅎ는 북아현동 공장에서 쓰고 있던 자기의 함마를 가지고 나가 구로동에 공장을 차렸다.

ㅇㅈㅎ가 함마를 가지고 나가 버리니 당장 공장 일을 할 수 없었던

메질 많이 해야 황금으로 빛난다.

탁방주는 중고 함마를 하나 사 왔다. 이 함마는 원효로 기계 상가에 가서 산 것인데 김봉삼 기사에게 부탁해서 수리를 했더니 멀쩡했다. 이 함마는 예상보다 성능이 좋았고 수명도 길었다. 이때가 1956년경이었는데 나는 이때부터 2005년까지 이 함마를 사용했다. 중간에 잠시 못 쓴 일도 있었지만 무려 51년간이나 사용했다. 지금 이 함마는 대구방짜유기박물관에 기증 전시되어 후세에게 옛 방짜 기법을 알게 해주고 있다.

나는 군인 신분일 때도 외출증을 끊어서 북아현동 유기 공장에서 일을 했다. 그래서 공장 밖으로 나갈 때는 반드시 군복을 입고 수도 사단 마크가 달린 모자를 쓰고 출장증도 챙겼다. 이때는 검문이 심했는데 나는 검문을 받으면 출장증을 내 보였다. 하루는 구로동의 ㅇㅈㅎ에게 내 인건비를 받으러 갔다. ㅇㅈㅎ가 북아현동 공장에서 탁방주님과 합작으로 공장을 운영했을 때 내 인건비를 주지 않은 것이 있었다.

ㅇㅈㅎ와 나는 중국집에 가서 요리를 시켜놓고 배갈을 마시며 식사를 하였다. 내가 인건비를 달라고 하자 ㅇㅈㅎ는 술주정을 했다. ㅇㅈㅎ는 나를 때리지는 못하고 접시를 깨고 자해를 해서 피를 흘리는 소동을 벌였다. 본래 ㅇㅈㅎ는 ㅇㅈㄹ 대대장과 친한 사이라서 내가 부대에서 후생사업을 할 때 나를 위해서 도가니와 지께 등도 보내주며 내게 잘해준 사람이었다. ㅇㅈㅎ는 나에게 공장 차리느라 지금은 돈이

메질 많이 해야 황금으로 빛난다.

없다는 사정을 말하고 양해를 구하면 좋았을 것을 오히려 주정을 부리고 소동을 일으켰다. ㅇㅈㅎ는 내가 탁방주와 함께 일하지 않았으면 자기가 탁방주를 꼼짝 못하게 했을텐데 나 때문에 그렇게 하지 못 한 것에 대해 앙심을 품고 있는 것 같았다. 나는 ㅇㅈㅎ에게 인건비 받는 것을 단념하고 나중에 두고 보자 하고 후일을 별렀다. 세월이 많이 흐른 후 ㅇㅈㅎ를 만났더니 노동판에 다니면서 날품을 팔고 있었다. 나에게 일 좀 시켜달라고 여러 차례 부탁을 했지만 거절하였다. ㅇㅈㅎ도 이미 고인이 되었다. 세월이 많이 흘렀지만 내가 힘들게 일을 하고도 인건비를 받지 못한 것은 억울했다. 나는 이 일을 계기로 남의 인건비는 어떠한 경우에도 우선 지불했다. 남이 피땀 흘려 일한 삯을 떼어 먹으면 평생 원수가 되고 남의 삯을 떼어 먹은 사람도 잘 되지 못하는 것을 보았기 때문이다.

6·25전쟁 후 상이용사 패거리가 공장이나 영업 장소에 와서 돈을 갈취하고 돈을 안 주면 행패를 부리는 일이 흔했다. 행패를 부리는 패거리들은 늘 술에 취해 있었다. 하루는 닥팀질을 하고 있는데 상이용사들이 와서 행패를 부렸다. 이때는 탁방주의 둘째 아들 광봉이 군대를 제대하고 북아현동에 와 있을 때였다. 광봉이 이 패거리들을 모조리 머리로 받아치니 피투성이가 되어 혼비백산해서 도망갔다. 그간 우리는 우리의 숫자가 깡패들 보다 많았어도 후환이 두려워 감히 대항할

메질 많이 해야 황금으로 빛난다.

생각도 못하였다. 깡패들이 지금은 도망을 갔지만 나중에 자기 패거리들을 잔뜩 몰고 와서 보복을 하면 어떻게 하나 하고 걱정이 되었다. 걱정한 대로 이튿날 그 패거리들이 잔뜩 몰려와서 어제의 일을 따지면서 행패를 부렸다. 이번에는 탁방주 장남 탁광윤 씨가 나섰는데 이분은 말을 조리 있게 잘 했다. 탁광윤 씨는 깡패들에게 어제 싸운 사람은 내 동생인데 내가 대신 책임을 지겠다고 대표자와 담판을 지었다. 탁광윤 씨가 이 패거리에게 내 동생이 너희들을 폭행한 것은 잘못이라고 사과했다. 그러나 너희들이 어제의 일을 보복하면 나도 보복에 나설 것이고 그러면 서로가 똑같이 나쁜 놈이 된다. 이런 싸움과 보복이 이어지면 이 사회가 어떻게 되겠느냐면서 패거리들을 잘 타일러서 보냈다. 이 사건은 이렇게 탁광윤씨의 훌륭한 언변으로 잘 마무리가 되었다.

어느 날 형사들이 공장에 들이닥쳐서 우리가 장물죄를 지었다고 했다. 모두가 장물이라는 말이 무슨 말인지 몰라서 형사들만 멀뚱히 쳐다보았더니 형사들이 설명을 해주었다. 도둑들이 고압선을 끊어다가 팔았는데 우리 공장에서 그 구리를 사 왔다고 했다. 도둑이 판 물건을 산 죄가 장물죄라고 했다.

“이 새끼들이 내 돈 주고 구리를 샀는데 무슨 상관이냐?”

탁방주가 이렇게 호통을 쳤다. 탁방주에게 욕을 들은 형사들은 화가 나서 탁방주를 연행해 가려고 했다. 그러자 탁방주는 내 아들을 시켜

메질 많이 해야 황금으로 빛난다.

서 너희들 혼내주겠다면서 더욱 호통을 쳤고 화가 난 형사들은 탁방주를 연행해 갔다. 경찰에 연행되어 간 탁방주는 구속이 되고 재판까지 받게 되었다. 선비처럼 단정하게 한복을 입은 노인이 수갑을 차고 재판을 받는 모습이 지금도 기억난다. 재판에서 탁방주는 유죄 판결을 받았다. 당시 탁방주와 우리는 도둑놈 물건이라도 돈 주고 사면 정당한줄 알았는데 장물구매죄가 이렇게 큰 죄라는 것을 처음 알았다.

북아현동 공장에는 제질풍구 두 명, 안풍구 한 명, 밖풍구 두 명이 있었다. (이들의 역할은 제각기 다른데 자세한 것은 내 책 "납청양대" 24-25 쪽을 참고하길 바란다). 공장 주변에 앞망치 ㄴㅅㄱ 씨와 가질 대장 이준선 씨 등 공장 대장과 일꾼들 열 집 정도가 살고 있었다. 밖풍구를 담당하던 사람 중에 ㅇㅈㅁ 라는 사람이 있었다. 이때는 수돗물은 없었고 공장 아래에 긴 돌계단 아래 우물의 물을 길어다 공장과 살림집에서 먹고 썼다. ㅇㅈㅁ는 공장 일이 끝나면 ㄴㅅㄱ 씨와 이준선 씨의 살림집에 물을 길어다 주었다. 공장에서 아래 계급에 속하는 일꾼들은 공장 안의 일뿐만 아니라 윗사람의 집안일까지 도와주어야만 인정을 받고 해고를 당하지 않았다. 그런데 하루는 ㄴㅅㄱ 대장이 ㅇㅈㅁ를 때려죽이겠다고 쫓아 다니고 ㅇㅈㅁ는 ㄴㅅㄱ 씨를 피해서 도망 다니느라고 난리가 났다. ㄴㅅㄱ 대장은 키가 크고 생긴 것이 러시아 사람처럼 생겨서 별명이 로스케였다. ㅇㅈㅁ는 로스케에게 붙잡히기만 하면 그 자리

메질 많이 해야 황금으로 빛난다.

에서 맞아 죽을 것 같았다. 왜 그러냐고 이유를 물어보니 ㅇㅈㅁ는 물을 길어다 주고 ㄴㅅㄱ씨의 부인을 도와 불도 때 주고 하다가 친하게 된 모양이었다. 이런 둘의 관계가 괜히 의심되서 이런 사단이 난 것이다.

은인과 동료 사이에서

ㅅㅂㅈ 씨를 비롯해서 공장에서 나와 함께 일하던 사람들이 탁방주에게 임금 인상을 요구했고 요구가 받아들여지지 않자 일명 파업에 돌입했다. 이들은 나에게도 함께 파업을 하자고 했지만 나는 거절했다. 다음날 아침 일찍 출근했더니 탁방주가 나를 불러서 말했다.

"자기들 아니면 공장 못 돌릴 줄 아나, 예산 대장을 쓰고 모두 잘라 버리겠어, 너는 남아서 일을 하자, 응 알았지?"

공장 기술자들이 임금인상을 요구하고 파업에 들어가자 탁 방주는 생각하고 생각을 한 끝에 묘안을 찾았다. 충남 예산에도 방짜 대장 있었는데 이 대장 인건비는 서울 대장 인건비의 절반 밖에 안 했다. 그래서 탁방주는 기존 대장들을 모두 해고하고 예산 대장과 그 아래 기술자들을 데려 오기로 마음먹었다. 내가 아무 대답도 안하자 탁방주께서는 예산 대장을 데려오더라도 나에게는 특별히 인건비를 더 줄 테니 걱정하지 말라고 했다. 이렇게 탁방주께서 내게 다짐을 해 주셨지만 나는 대답을 할 수 없었다.

메질 많이 해야 황금으로 빛난다.

담할 수 없는 일이었다. 내게 탁방주님은 생명의 은인이었다. 이 모든 것을 생각할 때 나는 절대로 탁방주를 배신하면 안 되는 사람이었다. 어떠한 명분으로도 배신은 안 되는 일이었다.

며칠을 밤잠을 못 자고 고민을 해도 해결책이 나오지 않았다. 은혜와 동료애 사이에서 어떤 결정도 내릴 수 없었다. 어떤 결정도 내릴 수 없는 상황, 내게는 이것이 지옥과 같았다. 이 지옥과 같은 상황 속에서 어딘가로 도망을 가고 싶었다. 이때 마침 수색에는 군대 제대자들을 의무적으로 한 달간 입소시켜 훈련하는 훈련소가 있었다. 이 훈련을 핑계 삼아서 훈련소에 입소를 해버렸다.

훈련소에서 한 달 만에 돌아오니 이미 탁방주께서는 예산의 대장들을 데려와 일을 시키고 있었다. 나는 고지식한 사람이다. 내가 내 욕심만 채우는 사람이라면 탁방주의 뜻을 따랐을 것이다. 지금 다시 이런 상황이 와도 나는 동료들을 배신하지 못할 것 같다.

탁방주에게서 독립하여 평북양대공장을 세우다

내가 수색 훈련소에서 집에 돌아오자 탁방주 공장에서 함께 일하던 동료들이 찾아왔다. 동료들은 이미 탁방주에게 해고를 당해서 실업자

메질 많이 해야 황금으로 빛난다.

로 생활의 어려움을 겪고 있었다. 동료들은 구로동에 있는 이ㅈㅎ의 공장 일부를 얻어 놓았으니 나에게 함께 일하자고 했다. 다른 공장이 없으니 동료들은 취직을 할 수도 없었다. 다른 선택의 여지가 없었다. 공장을 세우지 않으면 모두가 날품팔이가 되거나 거지가 될 판이었다. 결국 우리는 '우리의 공장'을 하자!' 고 결의했다. 이렇게 해서 구로동 공장을 차리게 되었고 이 결과 나는 탁방주에게서 독립을 하게 되었다.

나는 우리 가족이 살고 있던 북아현동 집에 형님 가족을 살게 하고 우리 가족은 구로동 공장 앞에 있던 어느 과붓집 안방을 세 내어 이사를 했다. 이 집에서 첫 아들 형근이 태어났다. 공장은 빨간 벽돌집이었는데 한 달 월세로 1만원을 주기로 하고 빌렸다.

공장 출자금과 조직은 다음처럼 했다. 이봉주 2만원(원대장), 김상목 1만원(안풍구), 박정선 1만원(가질), 이준선 1만원(가질), 강삼손 1만원 (앞망치), 석병주 1만원(겟대장) 공장 총 출자금은 7만원으로 월 8부 이자의 사채를 외사촌 형수에게 빌렸다. 회계는 박정선에게 맡겼다. 공장을 시작하고 나서 1년 후 결산을 해 보니 이자는 모두 갚았고 함께 한 모두가 자기 인건비는 번 결과가 나왔다. 나는 이만하면 손해는 없다고 여겼다. 하루는 형님이 오셨기에 결산 내역을 말씀 드렸더니 형님이 내게 충고했다.

메질 많이 해야 황금으로 빛난다.

"이익이 나면 나눠 먹고 손해가 나면 네가 책임질 일이면 혼자 출자하라."

형님의 충고를 곰곰 생각해보니 맞는 말이었다. 동료들이 공장 출자금으로 낸 돈은 모두 내가 형수에게 빚을 얻어 준 것이기에 결국 내가 혼자 출자한 것이나 마찬가지였다. 다음날 모두가 모였을 때 내가 이 이야기를 했더니 모두 내 뜻에 동의했다. 그래서 앞으로 1년간만 더 합작을 하기로 했다. 그후 1년이 지난 후 부터 공장은 내가 책임지고 독자경영을 했다.

방짜공장은 예나지금이나 여름 한창 더울 때는 쉬어야 한다. 한번은 인천 작약도에 가서 회식을 하고 배를 타고 인천으로 돌아오는 도중이었다. 갑자기 박ㅇㅇ이 칼을 꺼내들고 박정ㅇ을 오늘 찔러 죽이겠다고 했다. 박정ㅇ은 겁을 먹고 도망을 쳤다. 하지만 배 위에서 도망을 쳐보았자 작은 배 안에서 뱅뱅 도는 꼴이었다. 이렇게 두 사람이 난리를 피우니 작은 배가 전복될 위험에 처해서 우리 일행 모두의 목숨이 위태로웠다. 박ㅇㅇ은 평소 말이 없었고 칼을 항상 몸에 지니고 다녔다. 박ㅇㅇ이 이렇게 하는 데는 모두 이유가 있었다. 동생 박선문은 겟대장이니까 수입도 좋았고 박ㅇㅇ은 자녀들이 많았지만 동생이 버는 것의 반도 못 벌었다. 본인의 기술은 닥침질과 칼갈이다. 지금은 기술이 발달되었고 편리해져서 칼갈이 없이도 가능하지만 당시는 가질 대장

메질 많이 해야 황금으로 빛난다.

옆에 항상 칼갈이가 있어서 계속 칼을 갈아주었다. 박정ㅇ은 가질 대
장이었는데 자기보다 훨씬 나이가 많은 박ㅇㅇ을 업신여기고 괄시했
다. 박정ㅇ은 박ㅇㅇ에게 반말 정도가 아니라 사나운 시선으로 째려보
고 칼을 잘못 갈았다면서 툭 하면 욕을 해대곤 했다. 박ㅇㅇ은 가질
대장인 박정ㅇ에게 잘못 보이면 해고될까봐 그간 항변도 못했다. 해고
가 되면 식구들이 많으니까 당장 밥을 굶을 것 같아서 수모를 참아왔
다. 그런데 이날 술이 들어가서 그랬는지 그간 참아왔던 울분이 폭발
해서 칼을 빼어들고 박정ㅇ에게 덤벼들었다. 다행히 동료들이 말려서
아무 일도 없었다. 이후 박ㅇㅇ을 대하는 박정ㅇ의 태도가 싹 달라졌
다.

회식 이야기가 나왔으니 9·28수복 후 북아현동공장에서 있었던 회
식 이야기를 하겠다. 탁방주께서는 복날이나 특별한 날이면 공장 직원
들에게 회식을 잘 시켜주었다. 갈비도 사주시고 단옷날이면 민어와 준
치도 사주시면서 돈을 아끼지 않고 통 크게 내셨다. 당신 자신은 잡숫
지도 않고 '입맛 있을 때 실컷 먹어야 돼'라고 하시면서 맛있게 먹는
일꾼들을 보면서 흐뭇해하셨다. 지금도 탁방주님의 이런 모습이 기억
난다. 내가 나이 들어 보니 먹고 싶어도 잘 못 먹는다.

하루는 복날인데 지금의 연세대학교 뒷산에 닭죽을 쑤어 먹기 위해
우리 일행이 갔다. 솥이랑 필요한 것을 가지고 가서 닭죽을 쑤고 있는
데 한 사람은 물이 많다고 하고 다른 사람은 물이 적다고 해서 시비가

메질 많이 해야 황금으로 빛난다.

일어나서 싸움이 벌어졌다.

"이 새끼들 너희들끼리 실컷 먹어봐."

김ㅇㅇ(앞망치 담당)씨가 발길로 죽 솥을 차 버리고 도망을 쳤다. 이렇게 해서 회식을 하러 갔다가 닭죽도 못 끓여먹고 분위기만 망치고 돌아왔다. 물론 이러고도 다음날 모두 출근하여 '형님, 동생!'하면서 작업을 했다. 나는 일하는데 도움이 되라고 회식을 시켜주면 대개 불상사가 일어나서 회식은 안 시켜주고 다른 방법으로 회식을 대신하고 있다.

구로동 공장에도 매일 같이 상이용사 무리가 와서 이것저것 발로 걸어차며 행패를 부렸다. 이들이 행패를 부릴 때면 적당히 돈을 주고 달래서 얼른 보내야 한다. 그런데 어느 날 닥침질을 하고 있는데 상이용사 무리가 공장에 와서 행패를 부렸다. 이때 이ㅇㅇ의 동생 이ㅇ순이 당시 가질 대장이었는데 해병대 기질이 돌발하여 이들과 싸움이 붙었다. 함께 일을 하던 김원목 등도 이성을 잃고 무리들을 맞받아 치웠다. 이들은 항시 술이 거나하게 취한 상태여서 작대기도 짚고 어떤 자는 손에 갈고리 같은 것도 부착되어 있었다. 그때 우리는 닥침질을 하던 때여서 모두 손에 닥침메를 들고 있었는데 이 망치로 무리들을 때렸다. 무리들은 일부 부상을 당하고 공장 밖으로 도망쳤다. 무리가 모두 도망을 치고 나서야 우리는 후에 닥칠 이들의 보복이 걱정이 되었다. 그

메질 많이 해야 황금으로 빛난다.

순간 흥분해서 무리들을 망치로 때려서 내어 쫓았지만 몹시 걱정이 되었다. '이제 구로동 양대 공장은 상이용사 패거리 때문에 문을 닫게 될 것'이라는 소문이 돌았다. 실제 이 소문대로 될 수도 있는 상황이었다. 왜냐면 당시 상이용사 출신 무리들은 합법화된 범죄 조직과도 같았다. 구로동에 보충부대가 있었는데 이 부대의 이종록 중령은 이ㅇㅇ와 친한 사이였다. 이ㅇㅇ가 이 중령을 찾아가서 군인들을 시켜서 공장 경비를 서 달라고 부탁을 했다. 이렇게 했는데도 여전히 이들이 밤중에 올까봐 걱정이 되었다. 잘 무마가 되어 그 후로는 우리 공장에는 이런 무리들이 나타나지 않았다. 이들도 행패를 받아주니까 계속 괴롭히지 강하게 맞서 반항하면 포기한다는 것을 이때의 경험으로 알았다. 이런 상이용사 무리들은 1961년 5 · 16이 나고 나서 자취를 감추었다. 박정희 정권이 들어서고 나서 이런 무리들은 사라졌다.

동료의 감전사, 다시 교회에 나가다

구로동에 공장을 차리고 나니 주문이 너무 많아서 밤낮으로 공장을 가동했다. 모처럼 다음날 하루는 공장을 쉬려고 일을 마치고 몸을 씻고 있었다. 몸을 씻는다고 해서 샤워장이 따로 있던 것은 아니고 공장한 구석에 화독 불에서 데워진 물을 대야에 받아 손과 발을 씻는 정도였다. 내가 대야 물에 손을 씻고 있는데 갑자기 쿵 하고 앞망치 강ㅇ

메질 많이 해야 황금으로 빛난다.

ㅇㅇ이 뒤로 넘어졌다. 나중에 알았는데 이때 강ㅇㅇ이 내 앞으로 넘어
졌더라면 나도 감전이 되어 죽었을 거라고 했다.

　강ㅇㅇ이 쓰러지자 겁이 나서 병원에 가서 의사를 불러왔는데 의사
가 강ㅇㅇ을 보더니 사망했다고 했다. 죽었다고는 생각도 안했는데 의
사가 죽었다고 사망 선고를 하니 놀라기도 하고 황당하기도 했다. 경
찰에 신고를 하니 평소 우리 공장에 와서 돈도 뜯어가고 내가 밥을 사
주면 얻어먹곤 하던 형사가 왔다. 형사가 '공장 책임자가 누구요?' 하
고 묻기에 함께 일하던 모두가 '내가 책임자'라고 나섰다. 이때만 해도
공장은 동업으로 운영되고 있을 때였다. 내가 모두 갈 것 없다 하고
나만 형사에게 붙들려 경찰서로 갔다.

　나한테 밥 얻어먹던 형사들인데 내가 화장실에 간다 해도 나에게 딱
붙어서 감시를 했다. 경찰은 전기도 고압이 아니고 전선 한 가닥에 사
람이 죽은 게 이상하다면서 '누가 때려죽인 게 아니냐?' 라며 타살을
의심했다. 절대 타살이 아니라는 것은 내가 분명 본 일이므로 나는 상
황을 설명했다. 죽은 사람은 분명 나보다 먼저 대야 물에 손을 씻고
수건으로 손의 물기를 닦고 젖은 수건을 철사줄에 걸다가 쓰러졌다.
공장 안에는 전등을 여기저기 옮겨 걸 수 있도록 철사줄을 거미줄처럼
설치해 놓았는데 물에 젖은 타월을 철사줄에 걸다가 쓰러진 것이다.
철사줄에 걸쳐놓은 전등줄은 전선 두 가닥 중 한 가닥이 피복이 벗겨

메질 많이 해야 황금으로 빛난다.

져 누전이 되고 있었다. 물에 젖은 수건과 물에 젖은 바닥이 사람으로 연결이 되면서 감전사가 된 것이라고 설명했다. 그러나 형사들은 내 말을 믿지 않았고 한전(: 지금의 한국전력공사)의 전문가를 불러 자문을 구했다. 그 전문가가 전선 두 가닥 중 한 가닥이라도 누전이 되면 젖은 땅에서는 사람이 감전되어 즉사할 수 있다고 설명했다. 전문가의 설명 덕분에 풀려날 수 있었다. 경찰서에서 풀려나와 보니 새벽이었다. 초저녁부터 다음날 새벽까지 이리저리 불려다니면서 의심을 받고 취조를 당했다.

　　강○○을 화장하여 장례를 치르는 것은 끔찍했다. 바로 엊그제까지 나와 함께 일을 하고 밥을 먹던 사람인데 화장을 하는 모습을 보니 충격적이었다. 장례를 치르고 난 다음에 한 여자가 공장에 왔기에 누구냐고 물었더니 무당이라고 했다. 나는 우리집(: 당시는 공장과 집이 한 곳에 있었다)에 왜 무당이 들어 오냐고 내쫓으려고 했더니 아내가 말렸다. 아내가 말하길 사람이 죽어서 자리걷이(: 죽은 사람의 넋이 저승으로 가는 길을 닦아주고 집안 부정을 가셔서 맑게 해주는 굿으로 장례 직후에 행한다)를 하려고 왔다고 하니 유족들이 하는 대로 가만히 놔두라고 했다. 공장 주인인 나한테 대들지 않는 것만으로도 고맙게 생각해야 한다고 아내가 간곡하게 설명했다. 아내의 말을 듣고 가만히 생각해 보니 맞는 말이었다. 공장에서 일하다 죽었으니 공장 주인인 내가 장례는 물론이고 보

메질 많이 해야 황금으로 빛난다.

상도 해주어야 할 것이다. 내가 공장 주인이라고 해도 부자도 아니고 해서 아내 말대로 무당을 가만 놔두었다. 우리가 둘러앉아 있는 일간 방에 무당이 손에 빗자루 같은 것을 들고 들어왔다. 무당은 무엇인가 중얼거리고 사람들을 두루 살피더니 어느 남자 앞에 서서 고인의 말투와 행동을 그대로 했다.

"장인이 왔는데 나를 본척만척 냉대를 해?"

그 남자는 죽은 강○○ 씨의 사위인 박○○이라고 했다. 무당은 박○○ 씨를 괴롭혔다. 나는 이 모습을 보고 놀랐다. 박○○은 장인 강○○의 장례 때문에 우리 공장에 처음 온 사람이다. 누구도 그 사람이 강○○ 씨의 사위인 줄 몰랐는데 무당이 용케 알고 죽은 강○○의 말투와 행동을 그대로 하면서 괴롭히고 있으니 놀랄 수 밖에 없었다. 무당은 다른 동네에서 왔고 고인의 사위도 다른 동네에서 장인의 장례 때문에 온 것이고 누가 무당에게 사위라는 것을 지목해 준 것도 아닌데……. 정말로 무당에게는 신(神)이 붙어 있었다. 무당의 말소리도 보통사람들과는 달랐다. 신(神)이라는 것은 있구나!

그날 밤부터 나는 매일 밤 악몽에 시달렸다. 강○○이 감전돼 즉사하는 장면이 꿈에 나타났다. 또 무당이 자리걷이를 한다고 푸닥거리는 모습이 비몽사몽간에 나타났다. 거의 한 달간을 밤마다 꼭 같은 꿈을 꾸었다. 꿈의 내용은 다음과 같았다. 나는 산 속에서 혼자 길을 가고

메질 많이 해야 황금으로 빛난다.

있는데 원숭이처럼 긴 꼬리를 가진 자가, 내 양쪽에 우거진 나무 위로 이쪽에서 저쪽으로 저쪽에서 이쪽으로 번갈아 왔다 갔다 했다. 나를 해치려고 하는 것 같은데 감히 나를 해치지는 못하는 것 같았다. 매일 밤마다 비몽사몽간에 이 원숭이처럼 생긴 놈이 나를 해치려고 왔다 갔다 하는 모습만 보였다. 이런 악몽에 시달리다가 나는 깨달았다. '내가 교회 생활을 안 하지만 하나님을 믿기 때문에 마귀새끼들이 나를 해치지는 못하는구나!' 새해 첫 주일부터는 교회에 나가겠다고 결심을 했다. 하지만 막상 나가려고 하니 망설여졌다. 여러 해 동안 교회에 안 나가고 매일 술도 먹는 놈이 갑자기 교회에 나가면 동네에서 이상하게 여기지 않을까 하는 마음이 들었다. 과거 삼팔선 넘을 때 기도하고 그 기도의 응답 덕분에 내가 이제까지 살아왔는데 이런 은혜를 모두 잊어버리다니……. 이제라도 교회에 나가 신앙생활을 해야지 하다가도 교회에 나가지 않을 온갖 핑계와 이유가 생겨났다.

새해 첫 달 첫 주부터 교회에 나가려고 결심했는데 정작 크리스마스 때 교회에 갔다. 새해 첫 달 첫 주일을 기다리는 시간들이 견딜 수 없었다. 교회 밖 10미터 쯤 갈 때까지도 슬슬 갔는데 내 걸음은 점점 빨라졌다. 교회 건물이 나를 세게 당기는 것처럼 나는 어떤 힘에 끌려 뛰어 갔다. 교회 문고리를 잡았더니 문이 확 열렸고 교회 안에서는 찬송가를 부르고 있었다. 나도 모르게 그 찬송가를 따라 불렀다. 그 찬송가는 '주 예수 내 맘에 들어와 계심'이었다. 나는 창피한 것도 없고

메질 많이 해야 황금으로 빛난다.

누가 나를 보든 말든 개의치 않고 이 찬송가를 불렀다. 이때 내가 얼마나 많이 울었는지 모른다. 눈물이 하염없이 흐르고 울음을 그치려고 해도 끊임없이 눈물이 나왔다.

유기의 몰락, 내 인생 최대 시련기

구로동에 공장을 차릴 때 내 나이는 스물아홉 살 한창 때였다. 나는 탁방주 밑에서 일을 했었으므로 탁방주의 거래처인 전국 유기상들을 모두 알고 있었다. 유기상들도 나의 공장이 생긴 것을 환영했다. 유기상인들은 거래하기가 탁방주보다 내가 편하고 유리했다. 왜냐면 나는 원대장이요 방주를 겸하고 있으니까 물건 값이 탁방주 공장보다 쌌다. 구리는 고물상에서 사 오지만 주석은 현금으로 사 오는 것이다. 염천교 부근에 주석상이 여럿 있었는데 동양금속 김용성 사장은 나에게 외상으로 주석을 주었다. 처음 독립해서 공장을 할 때이고 자본이 든든하지 않을 때인데 이분이 이렇게 해 주셔서 큰 힘이 되었다. 또 이분은 늘 내게 꼭 성공할 거라고 격려도 해 주셨다. 이런 모든 점들이 내가 공장을 운영해 나가는데 큰 힘이 되었다.

공장 건물주인 이ㅇㅇ가 다른 사업을 한다고 공장 건물을 판다고 했

메질 많이 해야 황금으로 빛난다.

다. 이ㅇㅇ가 건물을 다른 사람에게 팔면 새 주인이 나에게 공장을 임대해 주지 않을 수도 있으므로 빚을 얻어 매매 계약을 했다. 그런데 어느 날 이ㅇㅇ는 해약을 하자고 했다. 탁방주가 이ㅇㅇ에게 압력을 넣어서 공장 건물을 내게 팔지 못하게 했다는 것을 알았다. 이런 사실을 알았지만 해약을 하겠다는 이ㅇㅇ를 설득할 수도 없었고, 설득을 한다고 해도 설득이 될 일이 아니라는 것을 알고 포기했다. 할 수 없이 양남동에 있는 박은행 방주 공장 일부를 빌려서 세를 내고 사용했다. 그후에 염창동에 있던 정미소를 도가니 장사 최영철과 같이 사서 정미소 기계는 모두 떼어내고 방짜공장을 차렸다. 함마는 이ㅇㅇ가 쓰던 것을 사 가지고 와서 설치했다. 당시는 짐보록쿠나 지게차는 없었다. 부국요업사에서 짐보록쿠를 빌려서 쓰다가 나중에 구했다. 이때가 1960년경이다.

그러나 이 해(1960년) 불경기가 시작되더니 1961년 5.16이 나면서 경기는 최악이었다. 내가 공장 설립 자금으로 빌려 쓴 사채 이자가 7부였다. 경기는 최악인데 매월 이자를 내야 하는 날은 빠르게 돌아왔다. 이자에 쪼들리니 미칠 것 같았다. 나는 한강에 투망질을 하러 다녔다. 그래도 탁 트인 강가에 가면 마음이라도 시원해졌다. 나는 새벽에도 한강에 투망질을 하러 가고 저녁 무렵에도 가고 한밤중에도 갔다. 이렇게 내가 하루 두 차례나 한강에 투망질을 가서 옷을 더럽혀 가지고

메질 많이 해야 황금으로 빛난다.

오니 아내는 매일 내 옷가지들을 빨아야 했다. 지금처럼 세탁기가 있었던 것도 아니고 아내가 혼자서 자녀들을 뒷바라지만 하기에도 힘겨웠을 텐데 내가 왜 밤낮 투망질만 했는지 후회가 된다. 하기는 이때 투망질이라도 다니지 않았다면 미쳐버렸을지도 모른다.

박정희 정권에서 산림보호법을 만들어 숯을 못 굽게 하는 바람에 공장 가동이 불가능했다. 각 가정에서 연탄을 쓰게 되면서 유기 색상이 변하고 녹이 슬기 때문에 사람들은 유기 대신 스테인리스와 알루미늄 그릇을 사용했다. 이러니 유기가 전혀 팔리지 않았다. 자녀들은 모두 초등학교에 다니고 있었고 이해(1961년) 12월 24일 막내 형만이가 태어났다. 불경기인데 이자를 줄 날은 자꾸 돌아오고 매일같이 빚 독촉에 시달리다가 견딜 수가 없어서 자살을 하려고도 했다. 그러나 죽는 것도 하나님이 허락해야 하는 것이라서 죽지도 못 했다. 내가 파산을 한다면 나를 믿고 돈을 꿔 준 사람들은 어찌 할 것이고 무엇을 해서 가족들을 먹여 살리나 하고 궁리를 해 보았지만 유기일 이외에는 할 수 있는 일이 없었다. 파산을 하지 않고 공장을 계속 하는 것만이 내가 가족들을 먹여 살릴 수 있는 길이었다.

새벽에 교회에 나가 혼자 기도를 했다. 어떠한 경우에도 파산하지 않게 해달라고 하나님께 매달렸다. 어떻게 하면 공장 문을 닫지 않고

메질 많이 해야 황금으로 빛난다.

일을 계속할 수 있을지 하나님께 답을 알려 달라고 했다. 하나님께 답을 얻기 위해 한 달을 작정하고 새벽에 기도를 했다. 그러나 한 달 동안 새벽마다 하나님께 기도했지만 응답이 없었다. 내 기도가 부족했나 싶어서 또 한 달을 작정하고 새벽에 기도를 했다. 응답은 없고 상황은 점점 나빠졌다. 공장 문을 닫는 것 이외 다른 방법이 없는 것 같았다. 그래도 나는 뭔가 다른 방법이 있을 것이라고 믿었고 그 방법을 하나님께서 알려주실 것이라고 믿고 또 한 달을 작정하고 새벽에 기도했다. 이렇게 새벽에 기도하기를 4-5개월 했다. 그러나 하나님께 응답을 들을 수 없었다. 내 인생에서 이렇게 오랫동안 간절하게 하나님께 매달려 기도한 적이 없었다. 삼팔선을 넘어올 때 살려만 주시면 하나님께 충성하겠다는 서원기도를 드린 후로 내 인생 두 번째의 서원기도였다. 하지만 이번에는 아무 응답도 없었고 아무것도 내 눈에 보이지 않았다. 나는 제발 공장만 망하지 않게 해달라고 했는데 결국 공장도 빚에 넘어갔다. 나는 기도한 대로 소원을 이루지는 못했다. 하지만 마음의 변화가 생겼다. 나는 현재 위치에서 최선을 다 하겠다는 마음이 생겼다. 현재는 예전과는 다른 상황이다. 변화된 상황 속에서도 최선을 다해 열심히 살겠다는 마음이 들었다. 이런 믿음이 생긴 것을 나는 하나님의 응답이라고 믿었다.

당시 탁방주의 장남 탁광윤 사장은 진유공예품을 미국 등에 수출하

메질 많이 해야 황금으로 빛난다.

는 사업을 크게 하고 있었다. 그래서 탁광윤사장에게 부탁하여 진유 공예품을 만들어서 납품했는데 경영 미숙으로 공장기계도 모두 날리고 망했다. 공장과 기계시설이 빚에 넘어갔고 공장과 붙어 있던 살림집도 비워줘야 했다. 간신히 집터를 사서 개량주택 자금을 빌려 블록으로 열 평짜리 집을 짓고 이사했다. 이렇게 해서 공장 문을 닫았다. 공장 일을 할 때는 한 번도 가지 못했던 '극장 구경'을 아내와 함께 갔다. 영등포극장에 갔는데 이곳에서 동네 사람을 만났다. 동네분이 '공장을 닫으니 얼마나 섭섭하냐?'고 우리 부부를 위로했다. 그러나 나는 마음이 편했다. 아내도 이제 마음이 편하다고 했다. 밤잠도 잘 잘 수 있었다. 그간 어찌나 빚 독촉에 시달렸던지 공장을 그만 두고 나니 진짜 살 것 같았다. 섭섭하기도 했지만 정말 시원했다.

일 년쯤 노동판에도 나갔지만 마음을 둘 데가 없어서 한강에서 투망으로 물고기를 잡으면서 시간을 죽였다. 막내아들 형만이 어릴 때였는데 이 아이를 데리고 투망질을 하러 다녔다. 내가 자녀들에게 학비도 대 줄 수 없고 생활도 안 되니 아내가 집 앞 길가에서 호떡 장사를 했다. 공장에서 함께 일을 하던 박ㅈㅅ이 아내의 호떡 장사를 도왔다. 이렇게 간신히 생계를 이어갔다.

메질 많이 해야 황금으로 빛난다.

다시 유기 공장을 설립하다

1960년대 후반 나는 도저히 이대로는 안되겠다 싶어서 아내에게 공장을 다시 차리겠다고 했다. 아내는 방짜공장을 차리려면 차라리 구멍가게를 내자고 했다. 하지만 내가 강하게 공장을 차려야 한다고 하니까 아내는 더 반대하지 않고 내 의견을 따라주었다. 아내는 내가 무언가 의논을 하면 자기 의견을 제안했지만 내가 아니라고 하면 미련 없이 포기하고 내 의견을 따라 주었다.

그러나 아무것도 없이 빈손으로 다시 공장을 차리는 것은 어려웠다. 당시 아현동 굴레방 다리 부근에서 형님이 비철금속 고물상을 하고 있었는데 그 앞에 경기공업학교가 있었다. 이 학교에 공기 함마 10마력짜리가 실습용으로 있었다. 이 함마를 한 달에 1만원을 주고 빌려 쓰기고 하고 밤새워 방짜공장의 사업계획을 세웠다. 염창동 우리집 마당에서 용해, 제질과 가질 시설을 하고 네핌과 우김질만 경기공업학교 교실에서 하기로 계획했다. 조직은, 원대장 이봉주, 겟대장 박선문, 앞망치 이병섭, 가질 박정선, 밖풍구 한경창, 제질 풍구 이준선 등 7명이 다시 시작하기로 계획했다. 하지만 아무리 밤잠을 안자고 사업계획을 짜도 1만원도 공장 설립비로 지원해줄 사람이 없었다. 내가 30명 내외 일군을 거느리고 공장을 할 때는 누구에게든 가서 10만원이든 100만원이든 돈을 빌릴 수 있었지만 망하고 나니 돈을 빌릴 데가 없었다.

하지만 늘 길은 있다.

메질 많이 해야 황금으로 빛난다.

나는 성환의 김복동의 집에 가서 내 사업계획을 설명하고 이자 없이 1만원만 꿔 달라고 했다. 내가 실패해도 돈을 돌려받지 말라는 조건도 달았다. 이 집 내외가 1만원을 꿔 주었다. 나는 이 일로 용기를 얻어서 다음 번 사람에게 찾아갔다. 전창수에게 가서 사업계획을 설명하고 현금 2만원을 빌려달라고 부탁했다. 이자도 받지 말고 공장이 망하면 원금을 못 받아도 원망하지 말라고 하면서 2만원을 빌려주면 내가 독자적으로 공장을 운영할 것이지만 내 부탁을 안 들어주면 자본주를 구해서 동업으로 공장을 시작할 거라고 했다. 전창수 내외가 내 말을 듣고 한참 생각하고 나서 내게 제안을 했다.

"동업은 하지 말라. 네가 2만원 요구하는데 내가 10만원 빌려준다. 이자는 없고 우선 당장 5만원 가지고 가서 하다가 부족하면 나중에 5만원 더 빌려 주겠다."

쌀 한 말을 꿔 달라고 했는데 열가마를 빌려주겠다고 하는 것과 같았다. 위축되었던 내 마음이 용기백배해졌다. 이분은 이때 내게 '돈에 대한 처세술'을 가르쳐 주었다. 이 글을 읽는 독자도 도움이 될 테니 여기 자세히 옮겨 놓는다.

1. <u>돈은 빌리면 제때 갚지 말라</u>
   왜냐면 신용이 생기면 사람들은 이자를 받기 위해 돈을 잘 꿔주기 때문이다.

2. <u>음식점과 술집의 외상값을 갚지 말라</u>
   신용을 얻게 되면 외상을 자주 주고 나중에 목돈으로 받는다. 그러니 외상값을 갚지 말아야 한다. 신용이 없으면 누구도 다시는 외상을 주지 않는다.

메질 많이 해야 황금으로 빛난다.

3. 받을 것은 빨리 받고 갚을 것은 갚지 않아야 신용이 생기지 않는다.
   신용이 없으면 아무도 외상을 주지 않고 돈도 꿔주지 않으니 외상도 하지
   않고 빚도 안 지게 된다. 외상값은 나중에 목돈이 되고 빚은 이자가 불어
   전재산이 넘어가게 된다.

이분의 돈에 대한 처세는 다른 사람들의 방식과는 반대의 방식이었다. 즉 신용을 얻게 되면 그 신용이 미끼가 되어 자꾸 빚을 얻게 되고 외상을 하게 되니 부자가 못 된다는 의미이다.

이번에는 김성의(이하 성의)를 찾아갔다. 성의는 고향에서 같은 교회에 다니던 사이였고 내가 취직을 시켜주어서 탁방주님의 공장과 회사에서 경리부장으로 20년을 근무했다. 오랜만에 이 후배이자 친구를 만난 것인데 이때 성의는 원효로에 있는 한성모터회사의 경리부장으로 재직하고 있었다. 내가 찾아가 사업계획을 설명했더니 성의는 웃으면서 말했다.

"형님이 모터가 필요하면 몇 개라도 그냥 가져다 쓰세요. 내가 한성모터 경리부장이잖아요."

이렇게 나를 믿어주는 사람들이 있다고는 꿈에도 생각하지 못했었다. 이분들이 도와줘서 계획한 대로 모든 준비를 마쳤다.

우리집 마당에서 쇠를 녹이고 다음날 새벽부터 이미 세내어 빌려 놓은 리어카에 싣고 경기공업학교로 갔다. 리어카는 한경창에게 끌게 하고 나와 박정선은 뒤에서 밀고 갔다. 이른 아침 수위가 교문을 열어

메질 많이 해야 황금으로 빛난다.

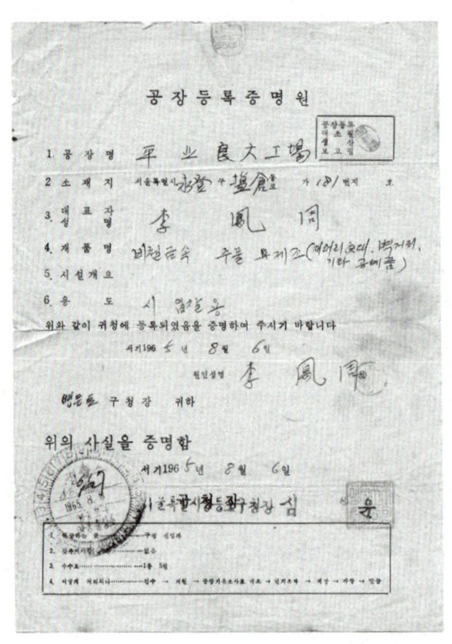

다시 남청양대공장을 세우고 일을 할 수 있어서 기쁘고 감사했다.

주어서 하루 종일 네핌질과 우김질을 해서 리어카에 싣고 염창동 우리 집으로 왔다. 신촌고개가 멀고 길었다. 학교에서 집까지 거리가 약 16km가 넘었을 것이다. 그래도 실업자가 일이 생겼으니 힘든 줄도 모르고 즐겁게 일을 했다. 학교에서 일을 하고 온 다음날부터는 우리집에서 화독에 불을 피워 놓고 4일간 일을 해서 완성품을 만들었다. 물건은 주로 예전 거래처인 종로 유기점에 나가서 100% 현금만 받고 팔았다.

예전에 나는 시간을 내서 경남 함양군 안의면의 '징' 공장에 가서 며칠을 지낸 적이 있었다. 이곳에 가서 보니 징 공장들은 완전히 옛날식

메질 많이 해야 황금으로 빛난다.

으로 여섯 명이 밤새도록 징 여섯 개를 만들어냈다. 이 사람들이 생산해내는 징 기술은 내가 생산하던 유기 기술에 비교하면 별거 아니었다. 나는 이때 잘 팔리지 않는 유기 대신 징, 광징, 제금과 꽹과리 등 타악기를 생산할 계획을 했었다. 그래서 타악기도 만들어 보았는데 그릇들은 안 팔리고 징, 광징, 제금과 꽹과리만 팔렸다. 타악기는 생산만 하면 생산하는 대로 모두 팔렸다. 외상을 안주고 현금만 받고 판매하였다. 100관이 200관이 되고 200관이 400관이 되고 금방 자금이 생겼다. 이렇게 1년 이상 했는데 어느 날 공업학교의 공기 함마를 못 쓰게 되었다. 함께 일을 하던 동료 박ㅇㅇ의 아내가 공업학교 기계를 개인에게 세를 받고 빌려준다고 신문기자에게 제보를 하는 바람에 쓰지 못하게 되었다. 이 일로 박ㅇㅇ과는 헤어졌다.

일을 하는 데는 리어카가 필수인데 이웃의 가마니 장사에게 하루 5백원씩을 주고 빌려 쓰고 있었다. 하루는 아내가 마음이 상해서 내게 눈물을 글썽이면서 말했다. 리어카 앞부분의 받치는 장치가 문제가 있어서 전기로 용접하여 단단하게 하였는데 리어카 주인이 아내에게 이것을 가지고 마구 야단을 쳤다고 했다. 내가 전에 공장 망해 먹고 실업자로 있을 때 아내가 어린 자녀들 학비라도 번다고 호떡장사도 하고 그간 너무 힘들게 살아와서 항상 내 마음이 미안한데 아내가 이런 괄시를 당했다니 속상했다. 리어카 주인에게 달려가 한바탕 하고 리어카

메질 많이 해야 황금으로 빛난다.

를 돌려주고 새 리어카를 샀다. 그 당시 리어카 값이 쇠 열 관 값이었다. 나는 훗날 승용차도 샀지만 이때 리어카를 산 것 만큼 기쁘지는 않았다.

탁방주님께 용서를 구하고 함마를 빌리다

학교의 공기 함마를 쓸 수 없게 되니 공장 가동이 불가능했다. 이때 탁방주께서는 방짜공장은 운영하지 않고 계셨다. 그래서 전에 내가 탁방주 공장에서 일할 때 썼던 공기 함마가 마당에 보관 중이었다. 은인 중에 은인, 스승 중에 스승, 나의 제 2의 아버지 같은 분을 내가 배신하고 독립한 꼴이었지만 탁방주 내외를 찾아가 부탁할 수밖에 없었다.

"아이들하고 먹고 살자니 함마가 필요합니다. 전에 제가 쓰던 함마를 빌려주십시오. 지난날 배신한 것은 제 욕심이 아니요. 제가 고지식하여 동료들의 사정에 그리 했습니다."

나는 탁방주 내외에게 지난날의 일에 대해 사과를 드리고 용서를 구했다. 나는 이전에도 탁방주님의 생신이면 찾아뵙고 인사를 드리기도 했지만 탁방주께서 내 부탁을 들어주실 지는 자신이 없었다. 왜냐면 어쨌든 내가 내 생명의 은인이고 스승이고 아버지 같은 분을 배신했으니 말이다. 이윽고 탁방주께서 입을 여셨다.

"처음에는 괘씸하고 분했다. 그때 상황을 생각하면 이해가 간다."

메질 많이 해야 황금으로 빛난다.

이렇게 용서를 해주시면서 나를 격려해주셨다. 함마는 빌려주는 것을 허락하니까 전권을 맡긴 탁광윤에게 가보라고 하였다. 탁방주께서 나를 이해하고 용서를 해주시니 그간 납덩이처럼 무겁게 내 마음을 누르고 있던 것이 싹 사라졌다.

나는 그길로 날아가듯 뛰어 신촌에 있던 동화공예공업사로 갔다. 그간 내내 마음을 누르고 있던 빚이 없어졌기 때문에 구름 위를 나는 것 같았다. 나와 탁광윤사장은 연령차는 있었지만 서로 마음으로 친근하게 여기는 뭔가가 있었다. 나는 탁사장에게 내 자초지종을 이야기 하고 탁방주님께 허락을 받았으니 함마를 빌려달라고 했다. 기계를 마당에 세워두는 것보다 전에 내가 쓰던 기계이니 내가 쓰고 월 30만원씩 지불하겠다고 했다.

염창동에서 안양으로

당시 염창동 우리집 대지가 본래 20평에 건물 10평이었는데 마당을 파고 슬레이트를 지붕에 얹어 함마 기계를 차리고 동력 20K를 신설하고 전화도 신청해서 완벽한 공장체계를 갖추고 일을 시작했다.

당시 손위 처남(= 오규선 형님)은 딸 둘과 아들 하나를 두었는데 사업을 해도 안되고 해서 집에서 놀고 있었다. 손위 형님이라서 내 아래에 와서 일을 하라고 말 할 수가 없었다. 큰 딸 보경이가 나서서 외삼촌

메질 많이 해야 황금으로 빛난다.

을 설득하여 우리공장 경리담당으로 모셨다. 처남의 월급으로 생활비
와 자녀들의 등록금을 대주었다.

살림집 겸 공장에서 약 2년을 공장 운영을 하고 집 근처의 안창만
장로의 땅 60평과 집을 맞바꾸고 땅 60평을 더 샀다. 120평 땅에 건
평 50평으로 주택 25평과 공장 25평을 지었다. 집도 새 집이요 작지
만 공장도 새 건물이라서 흐뭇했다. 자녀들은 고등학생과 대학생이 되
었다. 자녀들에게 남과 같이 뒷받침 못해준 것을 생각하면 항상 미안
하다. 그러나 2남 2녀 모두 이 사회에서 훌륭하게 제 역할을 하고 열
심히 살고 있는 것은 모두 하나님의 축복이라고 여기며 늘 감사하고
있다.

전과 달리 빚도 없고 더 바랄 것이 없었지만 나는 또 공장을 확장했
다. 공장을 확장하기 위하여 안양, 수원과 평택까지 시간만 되면 공장
터를 찾아보았다. 아무리 찾아도 마땅한 터를 못 찾았는데 처남이 안
양시 박달동 여자고등학교 자리를 보고 와서 추천을 했다. 가서 보니
건물은 낡았지만 한가한 곳이기에 공장하기엔 만족스러웠다. 한 필지
가 1천2백 평 정도였는데 전부 살 돈도 없었고 한 필지 땅 모두가 필
요하지도 않았다. 반만 잘라 사기로 하였는데 땅주인 이덕재란 분이
나한테 왜 반만 사느냐고 물어서 돈이 없다고 대답을 했다. 그분 말씀
이 한 필지 모두를 사고 나중에 돈이 생기면 달라고 했다. 그러나 나
는 본래 소견이 좁아서 그런지 싫다고 하고 반만 사겠다고 고집했다.

메질 많이 해야 황금으로 빛난다.

그래서 길가 쪽이 아닌 산 쪽을 선택하였다. 외진 쪽을 선택한 것은 염창동 집이 길가에 있으니 상이용사, 경찰과 소방관들이 들락거렸는데 나는 이게 싫었다. 나중에 생각을 하니 경계도 모르고 도로 생각도 안 하고 그냥 산 쪽 땅을 산 것이다. 나중에 재건축을 하자니 도로가 없어서 허가가 안 나서 후에 또 3억 원 이상을 들여서 땅을 사서 도로를 냈다. 그나마 그 도로는 안양시에 기부하는 조건으로 도로를 내서 재건축 허가를 받을 수 있었다. 안양 박달동에 공장이 완공되면서 1960년부터 1979년까지 19년 동안 살림집과 공장을 겸하던 우리 살림이 집과 공장으로 완벽하게 분리될 수 있었다. 120평이었던 염창동 집과 공장을 팔아서 경기도 시흥시 시흥3동에 대지 75평의 2층 선물을 사고 이사를 하였다. 안양 박달동의 공장은 수리하고 살림할 방 등을 꾸려서 처남(: 오규선) 가족이 이사해서 살게 했다. 처남은 그간 여러 해 동안 공장을 돌보면서 경리 업무를 봐 줘서 내가 제품 생산에만 몰두할 수 있게 해 주었다. 사람은 죽은 후에 그 진가를 안다고 한다. 이 처남 형님께서 공장 일을 봐 주던 시기가 참 행복했다. 이 형님은 별세한 지 오래되었지만 늘 생각이 나는 고마운 분이다.

안양 박달동 공장 터를 살 때도 나는 부동산 전망과 물정을 몰라서 손해를 보았다. 시흥으로 이사를 오고 나중에 보니 내가 팔고 온 염창동 120평 부동산 가격이 시흥의 집 가격 보다 많이 올라 있었다. 결과적으로 내가 염창동 집과 공장을 팔고 시흥의 집을 산 것이 손해를 본

메질 많이 해야 황금으로 빛난다.

셈이다. 나는 오로지 방짜공장 운영에 관한 것만 신경을 쓰고 살았기 때문에 세상 물정에 어두워 손해를 본 것이다. 어떻게 보면 세상 이런 저런 물정에 관심을 안 갖고 오로지 내가 하는 일에만 신경을 집중하고 살았으니 편하게 지내온 삶이라고도 할 수 있다.

일본 천황 신궁에서 일본 '바가다'를 외치다

1979년에 처음 일본에 가 보았는데 이때 40여 년 전에 헤어졌던 사촌형과 만났다. 이 형은 나보다 다섯 살이 많고 이름은 이봉오이다. 이 형은 그때 일본에서 일제 시대에 지은 일본 성(姓) 가야먀(香山)로 불리고 있었다. 사촌형의 아내(이하 사촌형수)는 아버지가 제주사람인데 성은 강씨였다. 나와 사촌형과 1930년대 헤어졌다가 처음 만나는 것이니 대략 40년 만의 재회였다. 사촌형은 우리말은 알지도 못했고 조금도 할 줄 몰랐다. 자녀는 3남 1녀를 낳아 키우고 있었는데 딸이 아주 미인이었다. 사촌형님 내외와 자녀들은 내가 체류하는 7일 동안 내게 아주 극진히 대접해주었다. 이때 사촌형 가족에게 받은 환대를 일일이 글로 적을 수 없어서 아쉽다.

하루는 사촌형님의 큰 딸이 승용차를 운전하여 우리를 동경 역에 데리고 갔다. 차를 주차시킨 후 신간센 열차(: 우리나라 현재 고속전철(KTX)과 같은 급행열차)를 탔다. 열차를 타고 가서 경도역에 내렸다. 역에 내리

메질 많이 해야 황금으로 빛난다.

니 관광차가 대기하고 있다가 우리 일행을 모두 태워서 경도 시내 관광을 종일 시켰다. 저녁에 역에서 신간센을 타고 동경 역에 내려서 주차해 놓았던 승용차을 타고 사촌 형님 집에 돌아왔다. 우리나라는 그 당시만 해도 이러한 관광형태는 생각할 수 없었고 생각하더라도 불가능했다. 우선 교통편이 그리 될 수 없었다.

하루는 사촌형님과 같이 동경 시내 구경을 나섰는데 천황이 사는 집이라면서 궁성을 가리켰다. 물론 궁성 내부는 아니지만 주변에서 관광하는데 마음이 이상했다. 어린 시절 초등학교 다닐 때 매일 아침 조회 때나 무슨 행사가 있으면 차렷 자세로 '사이게이레이'를 하던 생각이 났다. '사이게이레이'는 최고의 경례란 뜻으로 몸을 구십도(90°) 각도로 구부려 절 하는 것이다. 그때는 천황을 상징적인 존재로만 알았는데 천황이 산다는 궁성에 내가 직접 와 보니 마음이 이상했다. 일본인 관광객들 앞에서 나도 모르게 흥분하여 일본인들을 "바가다"라고 욕을 했다. 바가다는 멍청이란 뜻이다. 우리나라가 해방된 다음에 당신네 일본인들이 북한에서 심한 학대를 받은 것을 모르냐고 떠들어대니까 관광 온 일본인들이 내 앞에 모여 들었다. 나는 갑자기 서투른 일본말로 연설을 했다. '1945년 8월 15일 해방되고 나서 북한 당국이 일본인에게 행한 학대는 상상도 할 수 없을 정도였다. 내가 일일이 열거하지 않아도 당시 북한에서 학대받고 귀국한 일본인 작가가 "내가 넘은 삼팔선"이란 책을 저술 출판한 적이 있다. 이 책은 우리 한국어로

메질 많이 해야 황금으로 빛난다.

도 번역 출판되어서 나도 읽어보았다. 우리집이 정주에서 평양 가는 국도 주변에 있어서 그 국도로 귀국하는 일본인 무리들을 많이 보았는데 그 책 속의 내용이 내가 목격한 것과 똑 같다. 그 당시를 생각하면 일본 정치인들이 잘못해서 일본 국민들이 많은 희생을 당한 것이다. 우리민족도 36년간 일제의 지배를 받으며 학대를 받았다. 해방 후 많은 일본인 노약자들이 학대 받던 것을 나는 목격했고 그 점을 불쌍하게 여긴다. 그렇게 북한에게 학대 받은 일본이 북한과 교류하는 것이 못마땅하다. 그래서 일본인들을 향해서 "바가다" 라고 욕을 한 것이다.' 나는 이렇게 내 주위에 모여든 일본 관광객들에게 떠들었고 청중들은 진지하게 내 말을 듣고 있었다. 물론 이일은 내가 미리 계획하고 의식하고 한 행동이 아니었다. 그냥 부지불식간에 옛날 일이 생각나서 북한과 일본이 교류를 한다니 흥분해서 떠든 것이다. 사촌형이 걱정되는지 나에게 그만하고 가자고 했다. 나중에 형님 말씀이 곳곳에 조총련들이 많다고 했다. 조총련들이 자기네의 정권을 욕하는 것을 들었다면 나에게 무슨 해코지를 할 수도 있었다. 다행히 이때 운 좋게 아무 사고도 나지 않았다. 나는 이후에도 여러 차례 일본에 있는 사촌형님 댁에 갔다.

메질 많이 해야 황금으로 빛난다.

세계 제일의 방짜 심벌 회사 질디안에서 일하다

미국 보스톤에 있는 질디안
사는 세계 제일의 방짜 심벌
제조사이다. 나는 오랫동안
이 회사에 가 보고 싶었는데
1981년 미국에 성경 연수를
갔을 때 이 회사를 방문할 수
있었다.

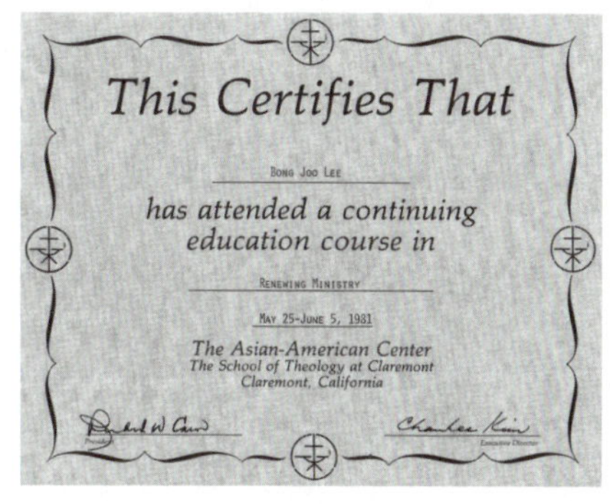

1981년 미국에 성경 연수 가서 받은 수료증

이 방문 후 질디안 회사의 사장과 중역들이 우리집과 안양공장을 방
문하였다. 이때 질디안 사장단은 우리 공장 작품들을 여러 개 구입해
갔다. 질디안 사장은 우리 공장을 방문한 후 나를 비롯해서 우리공장
에서 일하던 이병섭과 박정선 등 기술자 한 팀 모두를 미국 질디안 회
사에 취업시켜주기로 했다. 질디안 사가 세계 제일의 방짜 심벌공장이
라고 해도 우리나라 징 제조 기술이 필요했던 까닭이었다. 나는 늘 미
국에 이민을 갈 마음이 있었다. 가장 큰 이유는, 남들처럼 자식들을
미국에 유학 보낼 형편은 안 되므로 이민이라도 가서 자식들을 공부시
키려고 했다. 그래서 아내도 요리학원에 다니면서 미국 이민을 준비하
기도 했다. 그러나 몇 번이나 이민 갈 준비를 했지만 실패를 했다. 그
런데 질디안 회사측에서 우리 가족 이민에 필요한 서류는 모두 책임지
겠다고 적극 나서니 기쁘고 반가웠다.

메질 많이 해야 황금으로 빛난다.

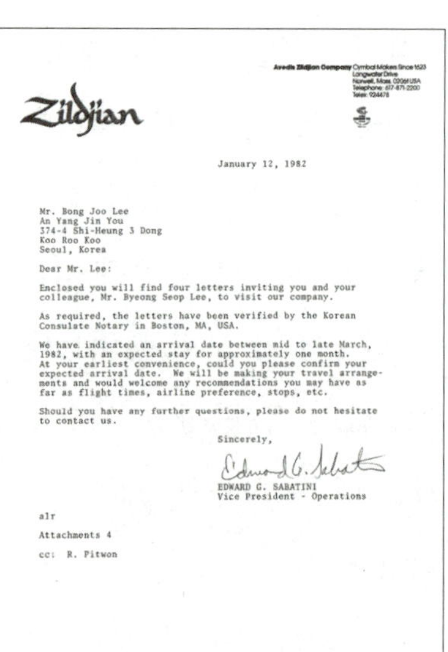

세계 최대 최고의 방짜심벌 제조사인
질디언에서 우리 납청양대공장 대표인
나와 내 동료 기술자들을 초청했다.

질디안사와 교류하면서 합의를 한 것이 있었다. 그 합의에 따라서 우선 방문 목적으로 나와 기술자 한 팀이 그 회사에 가기로 했다. 질디안 측에서 우리 모두에게 초청장을 보내주어서 비자 신청을 했는데 모두 거절되고 나에게만 비자가 나왔다.

이렇게 되어서 할 수 없이 1982년도에 나 혼자 미국 보스톤 질디안사에 갔다. 나로서는 1981년도 미국 성경 연수 중에 방문한 뒤로 처음이다. 1981년도 질디안 회사에 찾아갈 때는 뉴욕에서 버스를 타고 약 네 시간을 갔는데 보스톤에는 한국인이든 일본인이든 동양인은 한사람도 보이지 않았다. 1981년도 방문 때 와는 달리 나는 큰 집게 등 내가 일하는데 필요한 공구들을 챙겨서 갔다. 공구들을 김포 비행장에

메질 많이 해야 황금으로 빛난다.

가지고 가서 비행기에 실어서 보스톤 공항에 내렸다. 비행기에서 내리니 그곳 시각으로 새벽인데 질디안 회사 직원이, 한국에서 보지 못했던 큰 자가용을 가지고 마중 나와 있었다. 큰 자가용에 공구들을 싣고 차에 탄 후 질디안 회사로 안내되어 갔다. 미국 호트와트에 있던 탁사장의 사위가 연락이 돼서 내 통역을 맡아 주었다. 숙소는 지금 생각하니 모텔인데 약 한 달간 모텔에서 잠자고 출퇴근은 질디안의 기술 부장 다니엘파크가 담당해주었다. 질디안 작업장에서 일을 하기 위해 구조를 개선하고 일할 준비를 했다. 이렇게 구조를 개선하고 준비를 마치는데 일주일이 걸렸는데 이후에는 통역은 돌려보냈다. 질디안 사에서 일을 하는 동양인은 나 한명이었고 말을 통하지 않지만 서로가 같은 분야의 기능인이기에 눈치로 일을 하면 통역은 없어도 지장이 없을 것 같았다. 매일 다니엘파크가 언제나 내 옆에서 붙어서 생활했다.

매일 시내 식당에서 다니엘파크와 점심을 먹는데 종업원이 꼭 내게 무엇을 먹겠냐고 물었다. 눈치를 보니 생선 종류냐 고기 종류냐 이런 것을 묻는 것 같았다. 통역도 없으니 나는 메모지에 얼른 붕어 모양을 그리면 내가 미쳐 붕어 모양을 다 그리기도 전에 종업원이 OK하면서 내가 원하는 음식을 가져다 주었다. 지금이야 영어는 잘 못해도 생선이나 소고기 등은 표현할 수 있지만 이때는 아무것도 몰랐다. 한국에서 미국 보스톤으로 올 때는 5월 초여서 여름옷만 가지고 왔다. 미국 보스톤의 날씨가 한국과 비슷하다는 연락을 받고 왔는데 하루는 아침

메질 많이 해야 황금으로 빛난다.

에 일어났는데 숙소 출입문이 열리지 않았다. 간신히 밖을 내다보니까 주차되어 있던 자동차들이 눈 속에 묻혀 있고 족히 1m도 넘는 눈이 쌓여 있었다. 아침과 저녁을 사 먹던 식당에도 가지도 못하고 이틀을 숙소에서 간식거리로 식사를 해결했다.

내가 묵던 숙소는 질디안 회사 근처로 보스톤 전철 종점이었다. 내가 질디안 회사에서 일할 때 보면 이 회사는 휴일이 많았다. 나는 휴일이 되면 혼자 전철을 타고 말로만 들어 보았던 하버드 대학교를 찾아갔다. 하버드대학교 건물은 대개 붉은 벽돌로 지어져 있었다. 대학교 내 어떤 건물은 무슨 용도인지도 모르면서 건물마다 일곱 바퀴를 걸어 돌면서 '미국에 취업 이민 와서 우리 2남 2녀들이 이 대학교에서 공부하게 되기'를 기도했다.

질디안 회사에서 나와 일하는 미국 분들하고 손은 잘 맞지 않아도 며칠 노력한 결과 징 몇 개가 완성됐다. 징이 완성되자 기술부장 다니엘파크와 회사 사람들이 환호하면서 오늘은 일찍 일을 끝내자고 했다. 다니엘파크는 나를 자기 집에 데리고 가서 집 구경을 시켜 주었다. 집 안 바닥에 카페트가 깔려 있었고 실내에서도 신발을 벗지 않고 생활하는 것이 신기했다. 다니엘파크는 기분이 좋아서 나를 메인크라호가 있는 관광지로 안내해서 관광을 시켜 주었다. 저녁에는 보스턴에서 가장 유명한 레스토랑으로 나를 데리고 갔다. 그런데 이 레스토랑에 가 보니 이 식당은 내가 매일 저녁을 사 먹던 곳이었다. 이 날 나는 바다가

메질 많이 해야 황금으로 빛난다.

재 등을 양껏 맛있게 먹었다. 나는 그동안 이 식당이 그렇게 유명하고 고급음식점인 것도 모르고 매일 저녁을 사 먹은 것이다.

질디안에 가서 일을 하면서 공구 기계 설치와 특히 프레스 로라를 사용하는 방법을 배웠다. 질디안 공장 마당에 직원 주차장이 있었는데 이 주차장에는 승용차가 약 70대 가량 서 있었다. 우리나라는 언제나 이렇게 될 수 있을까 하며 부러워했다. 물론 지금은 우리나라도 기능인들이 자기 승용차를 갖고 있다.

질디안 사에서는 종업원들은 꼭 서서 일하며 오전에 한 번 오후에 한 번 5분씩 커피타임을 가졌다. 작업 시간에는 담배 피우는 사람이 한 사람도 없었다. 그래서 나도 한국에 돌아와서 우리공장에서 오전 10분 오후 10분 정해진 시간에 커피를 마시고 작업 시간에는 절대 담배를 피우지 못하게 제도적으로 정착 시켰다.

질디안 회사에 와 보니 1981년도에 질디안 회장단이 우리 안양공장에 왔을 때 사 갔던 대징과 종 등 여러 가지 작품이 이층 전시실에 전시되어 있었다. 이 전시실에는 세계 각 나라의 징 등 각종 타악기들이 전시되어 있었는데 당시 이 전시관에 전시된 징 중에서 대만제 징이 가장 컸다. 그러나 이 대만제 징은 신주 용접을 한 것이어서 평은 좋지 않았다. 전시실에는 우리 안양 공장의 징 여러 개가 진열되어 있었는데 품질이 가장 우수하다고 했다. 전시관은 현관 로비 층이 30평 정도이고 로비 층 양쪽으로 세 개 층으로 되어 있었다. 질디안 회사 회

메질 많이 해야 황금으로 빛난다.

장의 조상은 터키사람인데 질디안 1세대가 사용하던 공구와 작업 모습이 맨 위층에 흑백 사진으로 전시 되어 있었다. 다음 층에는 질디안 2세대가 쓰던 공구와 작업 모습을 담은 사진들이 걸려 있었고 맨 아래층에는 3세대가 사용하던 공구와 작업모습 사진이 걸려 있었다. 나는 이 전시관을 보고 새로운 각오를 다졌다. 나도 내가 쓰던 공구는 하나도 버리지 않고 보관하다가 질디안 회사 사람들처럼 전시하고 작업 기술과 방법을 후세가 계승할 수 있게 하겠다고 결심했다.

비자기간이 만료되어 한국으로 돌아왔다. 이후에도 나는 계속 미국에 취업 이민을 갈 마음을 먹고 있었지만 미국 이민법에 따라 절차를 밟다보니 마음처럼 속히 진행이 안 되었다. 이듬해 1983년 작업 중 사고로 한 쪽 눈을 잃고 국가문화재로 지정되면서 이민의 꿈을 완전히 접었다.

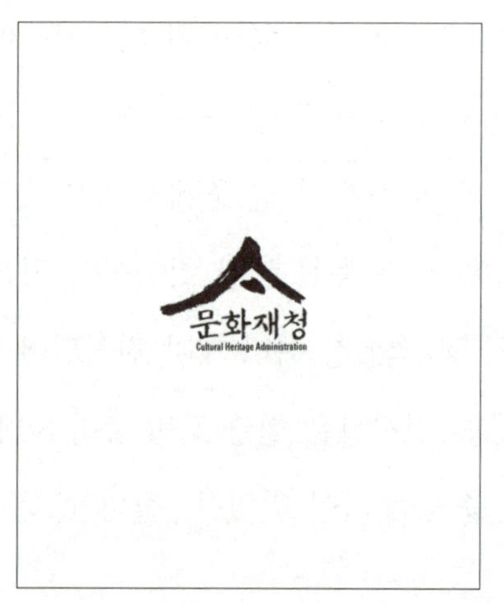

메질 많이 해야 황금으로 빛난다.

인간문화재가 되고 오른쪽 눈을 잃다

1982년경에 나는 전승공예대전에 작품을 출품했는데 문공부장관상을 타게 되었다. 덕분에 우리 방짜공장이 신문과 방송에 알려졌고 1983년에 나는 중요무형문화재로 지정받았다.

1983년 안양 공장에서 우김질을 하는 과정에서 파편이 눈에 박히는 사고를 당했다. 서울명동성모병원에 입원을 했는데 파편이 눈알 안쪽 뼈에 깊이 박혔기 때문에 오른쪽 눈을 제거하는 수술을 받고 의안을 했다. 당시 강상우 목사와 강병규 등 고향사람들, 내가 속한 전승공예협회의 회원들과 교우들이 병문안을 와서 나를 위로해 주었다. 퇴원을 해서 집에서 요양을 하는데도 감리교 전국연합회 회장 유상렬 회장과

중요무형문화재 제77호 방짜 유기장으로 지정받은 사실이 주요 신문에 보도되었다.

메질 많이 해야 황금으로 빛난다.

고성구 장로, 장상용 장로 등 많은 분들이 방문하여 나를 위로하여 주었다. 나는 나를 위로해준 분들에게 이런 말을 하였다.

"하나님께서 눈을 두 개 주신 것을 감사한다."

만일에 눈이 하나만 있었다면 아주 보지 못할 것을 두 눈을 주셨기에 볼 수 있으니 다시금 하나님께 감사드리지 않을 수 없었다.

중요무형문화재로 지정받고 난 후에 일본에 갈 기회가 있었다. 이때에도 사촌형님 댁을 방문했다. 늘 내게는 혈육에 대한 그리움이 있었다. 사촌형님과 지바현 이란 곳에 투망질 하러 갔다. '부전자전'이라고 우리 백부님(: 큰아버지)이 투망을 잘 하고 투망 그물도 잘 만드는 분이었는데 사촌 형님도 투망을 좋아했다. 하루는 자가용을 타지 않고 개인택시를 하루 대절하여 지바현 구경도 하고 물고기도 잡고 돌아오고 있었는데 사촌형님께서 택시 운전기사에게 내가 한국의 중요무형문화재라고 자랑을 했다. 갑자기 택시 기사는 택시를 한적한 곳에 세우더니 나에게 하차하라고 했다. 나는 영문도 모르고 차에서 내리니 기사가 무작정 꿇어앉은 자세로 엎드려 큰 절을 했다. 나는 영문도 모르고 일본인 택시기사로부터 큰절을 받은 것이다. 택시 기사의 말이 '내 평생에 내 차에다가 인간국보(: 일본에서는 중요무형문화재를 이렇게 부른다)를 태운 것을 평생의 영광으로 여기겠다'고 했다. 일본인들이 인간국보에 대한 예우가 우리나라보다 좋다는 말을 들은 적이 있지만 이렇게 대단

메질 많이 해야 황금으로 빛난다.

한 줄은 몰랐다. 이때만 해도 한국은 중요무형문화재에 대한 인식과 대우가 낮았다.

이 사촌형님과의 추억은 1996년 봉용형님을 모시고 형님 댁에 가서 상면한 것이 끝이었다. 이 사촌형님은 1998년 일본 자택에서 세상을 떠났다.

유기전문판매회사 대왕과 청와대

1983년 '뿌리깊은나무' 라는 이름의 판매회사에서 반상기를 만들어 공급해달라는 제안을 해 왔는데 나는 '너무 작은 것을 무엇 때문에 하느냐'며 거절하였다. 얼마 후에 이 회사 손영호란 분이 찾아와서 다시 반상기 납품을 부탁했다. 나는 또 작은 것은 돈 벌이가 안 된다고 거절하였다. 그러나 손영호씨는 다시 또 여러 번 찾아와서 '작은 것이라도 돈 벌게 하면 되지 않느냐'고 나를 설득했다. 그때 장남 형근이 대학교를 마치고 군대를 제대하고 공장에서 같이 일하고 있었는데 상의를 해서 계약을 했다. 계약서에는 무조건 반상기는 한 달에 20세트 이상, 제기는 한 달에 10세트 이상, 수저는 한 달 300 세트 이상 3가지 품목만 계약하고 계약금은 모두 현금으로 받았다. 다음 달부터는 1개월 어음으로 지급 받는 것으로 하고 한 달 생산량을 무조건 판매회사가 인수하고 대신 나는 다른 곳에는 한 개도 안 팔기로 하고 기간은 1

메질 많이 해야 황금으로 빛난다.

년으로 해서 계약을 체결했다.

처음에 나는 이 회사의 능력을 의심하였다. 한 달 안에 이 많은 물량을 어디에다 모두 팔 수 있을까 하는 의구심을 가졌다. 그런데 이 회사는 한 달 동안 계약한 분량의 두 배 이상을 판매했다.

이 회사가 판매하는 것을 보니 가격은 우리에게 사 간 가격의 네 배 가격으로 부가세를 포함해서 팔았다. 판매도 기술이 있어야 되는구나 하고 감탄했다. 주식회사 대왕은 본래 그룹회사다. 대왕원양어선주식회사, 대왕건설축산 등 여러 회사를 거느리고 있었고 당시 사옥은 관훈빌딩이었다. 이 빌딩 12층 120평에서 매일 판매사원을 모집하고 약 200명 정도 되면 유기와 판매에 대해 교육했다. 나도 이곳에 가서 유기에 대하여 몇 번 강의를 했다. 이 회사는 내가 강의하는 내용을 녹음하였다가 다른 신입사원들에게도 계속 가르쳤다. 이 대왕주식회사가 한두 가지만 하면 잘 될 것을 너무 여러 가지 사업을 하니 문제가 생겼다. 손영호 사장이 그 회사에서 좋은 대우를 받고 있으면서도 회사를 나가 다른 회사를 차리는 등 여러 문제가 생겨서 이 회사는 망했다. 나는 이 회사와 약 4년 정도 계약 판매를 하다가 그만두었다.

이 회사와 일을 하다가 다음과 같은 일도 있었다. 하루는 청와대에서 내가 만든 반상기를 사겠다고 해서 나는 대왕에서 구입을 하라고 했고 가격은 170만원 정도라고 알려주었다. 그런데 어느 날 문화재관리국에서 내게 청와대에 와서 해명을 해달라고 부탁을 했다. 부탁을

메질 많이 해야 황금으로 빛난다.

받고 청와대비서실에 갔더니 장비서 라는 사람이 기분 나쁜 말을 했다.

"어느 놈인가 한 놈은 도적놈이 아닌가?"

이야기를 들어보니 청와대에서 반상기를 사려고 문화재 관리국 직원(= 당시 정 여사라고 하는 여직원)에게 문의를 하니 안성유기 가격을 보고 30만원이라 하였다. 그런데 청와대에서는 납청 유기를 구입코자 한다고 하니 가격은 내가 대답해 준 대로 170만원이라고 보고를 하였다. 비서실에서는 문화재관리국이 허위보고를 하였다고 야단을 친 모양이다. 그래서 문화재관리국에서는 나더러 해명을 해달라고 부탁을 한 것이다. 도적놈이라는 표현을 들으니 기분이 좋지 않았다. 나는 장비서에게 견본을 보자 하니 금방 견본을 가져 왔는데 보니 옥바리 쟁첩이다. 그릇 굽에 낙관을 보니 '이봉주 공방'이라고 우리 공장 낙관이 새겨져 있었다. 장비서는 내게 "당신네 작품이 맞지 않냐" 며 나를 다그쳤다. 그래서 나는 문화재관리국에서 제시한 반상기 가격은 주물기법으로 만든 것이고 내 작품은 방짜기법이기에 가격 차이가 난다고 설명을 해주었다. 그리고 나는 대왕주식회사와 계약을 할 때에 다른 곳에는 하나도 절대 팔지 않기로 했으니 사려면 대왕에서 사라고 하고 돌아왔다. 그 뒤 청와대는 대왕주식회사와 잘 협의를 하여 내 작품을 샀다. 이렇게 해서 청와대 비서실과 문화재관리국의 문제를 해결한 일도 있었다. 이 일이 인연이 되어서 그 후에 장비서가 안양공장에 직접 와

메질 많이 해야 황금으로 빛난다.

서 전두환 대통령 식기와 전대통령 손자의 식기 등을 주문했고 나는
그릇들을 제작해서 판매한 적이 몇 차례 더 있었다.

안양 공장부지가 600평 가량이었지만 공장을 확장할 계획을 세웠
다. 1988년에 성환읍 율금리에 배 밭 6,000여 평을 사서 그해 10월에
건축허가를 받고 그 이듬해인 1989년 6월 30일 준공예배도 드렸다.
이곳은 공장 4동과 부속건물 1동이었다. 그러나 공장 직원들이 성환
공장으로 옮겨 가는 것을 거부했다. 성환은 이때만 해도 교통사정이
안 좋았다. 그래서 할 수 없이 원매자에게 이 공장 시설을 되팔았다.

납청산업 성환공장기공예배

때 : 1989년 3월 10일
곳 : 경기도 평택군 성환읍 율금리
주최 : 납 청 산 업
Tel. 0343 49—2825

납청산업 성환공장 기공식 예배순서

시간 : 오후 3시 00분		사회 : 최병기목사
묵 도	…………………	다 함 께
찬 송	………… 379장 …………	다 함 께
기 도	…………………	송강호장로
성 경	………… ( ) …………	사 회 자
설 교	…………………	이흥준목사
연 혁 소 개	…………………	이삼손전무
환 영 사	…………………	내빈중에서
축 사	…………………	〃
답 사	…………………	이봉주장로
찬 송	………… 434장 …………	다 함 께
축 도	…………………	이흥준목사

1989년 6월 30일 성환공장기공예배를 드렸다.

메질 많이 해야 황금으로 빛난다.

대왕주식회사도 유기 판매 사업을 안 하니 다시 시중에 제품을 판매했다. 그러나 일을 하여도 늘 피곤하고 어려웠다. 전과 달리 경쟁업체가 여러 군데 생기니 타산도 안 맞았다. 외상으로 거래하고 배달도 해야 하고 여러모로 어려웠다. 오랫동안 나를 도와 공장 관리와 경리 일을 보아주던 처남은 연세가 많아져서 건강관리도 해야 하므로 이삼손이란 분을 전무로 모셔 사무를 보게 했다.

아내가 9년을 투병하다 회갑 날 운명하다

1992년 1월 21일 아침 6시 30분, 나는 늘 새벽 여섯시 반이던 집을 나서 공장으로 출근을 했다. 늘 하듯 내가 아내에게 공장에 다녀오겠다고 하니 아내가 고개를 끄덕였다. 집을 나서면서 하늘을 보고 감사기도를 드렸다. 아내가 한 달 전 1991년 12월에 서울대림성모병원에 입원을 했을 때, 나는 아내가 이제 그만 운명을 하는구나 싶었다. 평생 고생만 하던 아내는 9년 전인 1983년 병원에 입원을 했다. 우리 2남2녀의 자녀들을 모두 공부시키고 결혼을 시켜서 이제 좀 편안하게 사는가 싶었는데 아내는 그만 병이 들어 눕고 말았다. 돈이 있어도 고칠 수 없는 병이라고 했다. 1983년부터 병원에 입원도 하고 가정에서 간병도 하면서 9년이란 긴 시간을 아내는 투병을 해 왔다. 아내가 예전처럼 건강하게 일어날 수만 있다면……. 아니 그것이 아니더라도 이

메질 많이 해야 황금으로 빛난다.

렇게 살아서 내 곁에만 있어 주어도 힘이 되는데……. 이것만이라도 감사하자 하고 기도를 드렸다.

예감이 이상해서 공장 작업을 서둘러 끝마치고 나는 열 시 경에 얼굴도 닦지 않고 급하게 차를 몰아 집으로 향했다. 자동차로 30분 걸리는 거리인데 이상한 예감 때문에 차를 급하게 운전해서 25분 만에 집에 도착했다. 아내에게 '나 공장 갔다 왔어'하니까 아내는 눈빛으로만 알겠다고 대답을 했다. 그러나 이미 아내의 눈동자는 초점이 흐려져 있었다. 이날은 아내의 회갑 날이었으므로 잔치는 안하지만 둘째아들 내외가 휴가를 얻어 집에 와 있었고 큰 딸과 작은 딸도 집에 와 있었다. 나는 공장에서 미처 씻지를 못하고 집에 왔으므로 우선 목욕을 하고 먼저 점심을 먹었다. 아들 며느리와 딸들이 식사를 하는 동안 나는 아내를 지켜보았다. 전에도 몇 차례 내가 했던 말을 되풀이 하고 아내의 확답을 들었다.

"이 세상에서 아무리 죄를 많이 지었어도 끝까지 하나님만 믿고 의지하면 구원을 얻는다는 사실을 믿지?"

아내는 내 말을 알아듣고 말은 못 하지만 고개를 끄덕였다. 아내의 숨결이 전 보다 빨라졌고 손발도 차가와졌다. 아내의 안색과 피부색도 점점 변하고 있었다. 지난해 12월 대림성모병원에 입원하였을 때 운명했더라면 이런 고통은 당하지 않을텐데……. 퇴원하고 집에 와서 한 달 가량 더 살면서 통증으로 고통만 더 당하는 것 같아서 가여웠다.

메질 많이 해야 황금으로 빛난다.

아내를 처음 만나고 지금까지 아내와 함께 살면서 겪었던 기쁨과 슬픔, 행복과 불행이 아내의 눈빛을 바라보는 내 눈 앞으로 빠르게 스쳐 갔다. 평생 나 때문에 고생만 한 아내인데……. 눈물이 흘렀다.

마침 식사를 마친 자녀들이 아내 곁에 왔기에 나는 옆방으로 물러났다. 옆방에서 쉬고 있는데 밥하는 할머니가 급히 나를 불러서 아내에게 가 보니 아내는 이미 의식을 잃고 운명 직전이었다. 장남 형근에게 급히 집에 오라고 연락을 하였다. 곧 아들과 딸들이 오열하는 소리가 들렸다. 아내는 이렇게 자기 회갑 날 저 세상으로 돌아갔다. 아내는 그간 오랫동안 투병을 해 왔지만 설마 오늘 자신의 회갑 날에 운명을 할 것이라고는 생각도 못했다. 아내가 운명을 한 후 장남이 헐레벌떡 집 안으로 들어왔다. 장남은 '왜 미리 알리지 않았냐'며 운명을 지켜보지 못한 것을 안타까워했고 슬피 울었다.

나는 비통에 잠긴 자녀들을 불러 모아 앉히고 아내의 장례 절차에 대해 이야기 했다. 장의사는 부르지 않는다. 수의는 따로 하지 않고 한복으로 한다. 입관은 가족들이 정성껏 한다. 장지는 정주동산으로 한다. 입관과 장례의식 집례는 내 고향 의연교회 출신인 강상우 목사에게 부탁한다. 이렇게 장례 절차를 정한 후 나는 전통공예보존협회, 전통공예기술보유자, 친목회 등과 일본과 미국 등에 꼭 알려야 할 사람만 연락하라고 일렀다.

장례 기간 동안 예상 밖으로 조문객이 많았다. 방명록에 기재된 조

메질 많이 해야 황금으로 빛난다.

문객만 사백 명이 넘었다. 대형 화환만도 십 여 개가 넘었고 국내외에서 받은 조의전문도 십 여 통이 넘었다. 장의차에 약 30명, 관광대형버스 35명, 봉고와 승용차에 탄 사람이 30명으로 약 100여명의 분들이 장지까지 우리 가족과 함께 해 주었다. 장지인 정주동산은 경기도 포천군 청산면 장탄리 묘지이다. 이곳은 아내가 생존해 있을 때 아내의 뜻에 따라 미리 마련해 놓은 곳이다. 나는 장례식을 마치고 그날 저녁 친척과 자녀들에게 당부를 하였다. 내가 죽거든 아내의 무덤에 합장하고 묘소를 잘 보존하고 있다가 우리나라가 통일이 되면 나의 고향에 이장하라고 했다. 장례 기간 내내 피곤했지만 잠을 자다가 밤에 몇 번이나 깨어났다. 아내가 누워있던 방과 내 방은 텅 비어 고요했다. 다른 식구들도 각자 자기 방에서 여러 날 동안 피곤한 몸을 뉘여 자고 있다. 텅 빈 방에 혼자 누워있으니 밤은 길고 만감이 교차했다.

아내는 1932년 1월 21일 오재준 씨의 1남 1녀 막내 외동딸로 서울에서 태어났다. 일찍이 어머니를 여의고 홀아버지 아래 컸으며 여덟 살 위의 오빠의 사랑을 받으면서 컸지만 혼자 자란 탓에 외로웠다. 6.25 전쟁 피난지에서 나를 만나 1952년 4월 3일 결혼했고 이 해 피난지 제주교회에서 세례를 받았다. 아내는 1965년에 출석하던 염창감리교회에서 집사가 되었고 1981년에는 교회(염창감리교회)권사로 피택되었다. 1982년 발병해서 10년 가까이 투병하다가 1992년 1월 21일 만 60세 자신의 회갑 날 세상을 떠났다. 아내는 나와 만나 결혼해서 살면서

메질 많이 해야 황금으로 빛난다.

2남 2녀의 자녀를 낳았고 자녀들이 낳은 손자손녀는 모두 일곱 명이다. 어떻게 이런 짧은 글로 아내의 생애를 기록할 수 있을까만, 아내가 낳아 기른 우리 자녀들과 이 자녀들이 낳은 손주들을 통해 아내의 삶이 길이 이어지리라고 믿는다.

아내가 운명한 지 5일째 되는 날 25일, 음식을 만들어 가지고 아내 묘소에 가서 예배를 드렸다. 예배를 마친 뒤 나는 가족들의 수고를 칭찬하고 위로하였다. 그 동안 9년 동안 아내를 간호하느라고 가족 모두가 최선을 다하였다. 아내가 운명한 것은 하나님의 뜻이니 순종하자고 자녀들을 위로했다.

1970년대 후반 용인민속촌에서 아내와 찍은 사진이다. 우리는 어려운 시절 결혼해서 결혼식도 못 올렸었다.

1960년대 서울 남산 식물원에 가서 아내와 막내 형만과 함께 찍은 사진이다.

메질 많이 해야 황금으로 빛난다.

장남의 독립

안양공장은 건물이 너무 낡아서 무너질 염려가 있어서 새로 지으려니 진입로가 없어 건축허가도 안 난다고 했다. 시화공단에 새로 공장을 지을 요량으로 대지 1,000평을 매입하였다. 대지 1,000평에 건평으로 사무실 150평, 공장 304평을 완공하고 건축비는 민명식 장로님이 은행에서 담보 대출하여 갔다. 1994년 2월26일에 시화공단 공장 준공예배를 드렸다. 준공예배는 1988년 성환공장 준공예배를 드린 후두 번째이다.

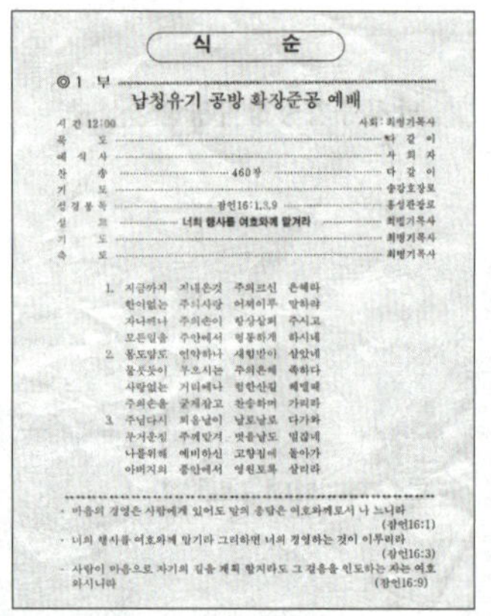

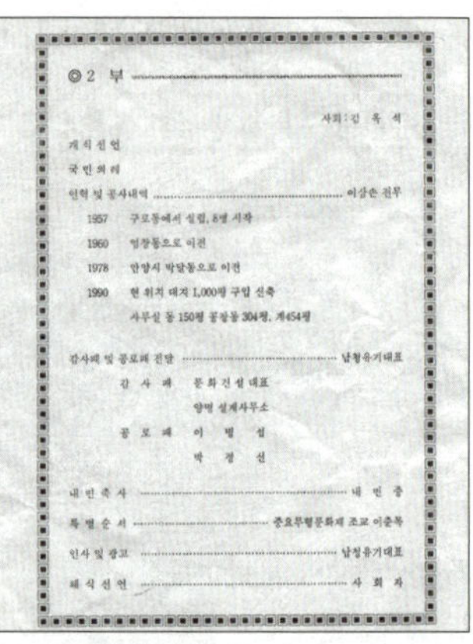

시화공단으로 이사 와서 제품 생산은 많이 하였지만 경쟁사가 여러 군데 생겨서 가격경쟁과 외상거래 등 경쟁에 휘말려서 공장 운영에 애로가 많았다. 특히 담보 대출금을 상환하고 직원들 퇴직금 등 앞으로

메질 많이 해야 황금으로 빛난다.

도 갚아야 할 돈이 약 6억이었다.

이보다 앞서 장남은 북 공장을 시작했는데 경험이 없으므로 계속 손해만 보고 있었다. 그 당시 장남은 북 공장에 집중하느라고 방짜 공장에는 신경을 쓰지 못 했다. 나는 장남에게 한 가지만 선택하라고 하였다. 전적으로 내 뜻에 따르든가 아니면 독립을 하라고 했다. 장남은 안양공장에서 북과 장구만 하기로 결정함으로써 내 공장에서 독립을 했다.

북을 생산하기 위해서는 오동나무 100%를 중국에서 수입하는데 차라리 중국에서 장구통을 반제품화하여 들여오는 것이 더 경제적이었다. 그래서 장남의 아파트를 담보로 하여 미화 20만 불을 대출받아서 중국 청도에다 대지 1,000평 사서 공장 1동을 세웠었다. 중국 청도에 공장을 개설한 것은 중국의 인건비가 한국 보다 15배-20배 정도 쌌기 때문이다. 중국 청도 공장을 시작할 때 전부터 사귀어서 알고 지내던 연변박물관 직원이던 김욱현 씨를 현장책임자로 해서 공장 일은 잘 진행되고 있었다. 그래서 안심하고 중국 청도 공장일은 장남에게 일임했다. 왜냐하면 나는 시화공장을 짓느라 은행 빚도 있었기 때문이다. 중국 청도공장을 장남 형근에게 맡겨 주고 담보대출금도 갚게 했다. 그런데 갑자기 미화 환율이 많이 올라서 장남이 큰 어려움을 겪었다. 하지만 장남 내외가 열심히 노력하여 대출 원금도 모두 상환하고 지금도 북과 장구 공장뿐만 아니라 방짜공장도 아주 훌륭하게 운영하고 있다. 이것을 보면 늘 흐뭇하고 감사하다.

메질 많이 해야 황금으로 빛난다.

1.6미터 특대 징을 만들다

1991년 협회 차원에서 중국의 연길 박물관과 용정박물관 등을 방문한 적이 있다. 이때 천진 징 창을 처음 방문 이후 여러 번 천진 징 공장을 방문하면서 자매 결연 했다. 처음에는 징 공장 대표 왕대중 소광장 부공장장 등 몇 분을 안산공장에 초대했고 나중에는 천진 징 창의 기술자들을 한 번에 세명 정도씩 정식으로 초대하여 안산 공장 연수생으로 일을 시켰다. 중국인으로 납청유기 연수생으로 다녀간 사람이 30명은 넘었다.

이 과정에서 세계에서 가장 큰 징을 제작할 계획을 세웠다. 우리 시설을 가지고는 세계 최대의 징을 제작 할 수 없었고 누가 주문한 것도 아니므로 일부러 시설을 하자니 자본이 없었다. 그래서 차선책으로 자매 결연을 맺고 교류를 하고 있는 천진 징 공장의 시설을 이용하기로 했다. 나는 기술을 대고 천진 징 창 쪽에서는 시설을 대고 징 두 개를 만들어서 한 개는 내가 갖고 또 한 개는 천진 징 창에서 갖고 연료비와 인건비는 양 쪽에서 똑같이 1/2씩 내기로 합의했다. 1994년 초 일부 공구를 천진 징 창에 가지고 가서 김문호, 최종구, 손기주, 김욱현 등과 천진 호텔에 투숙하면서 작업했다. 이 작업에는 중국인들도 여러 명 참여했다.

이일은 내게 원대장으로서 평생 한 일 중에 가장 책임이 무겁고 힘든 일이었다. 용해하는데 몇 번이나 실패했다. 중국인들이 나의 지시

메질 많이 해야 황금으로 빛난다.

대로 하지 않아서 실패했다. 물판은 아무리 같은 방짜쇠라도 바둑은 옆에서 보았을 때 바둑알 모양처럼 만들어야지 넓은 직사각형처럼 만들면 백번을 해도 실패한다. 처음에 중국인들이 바둑의 측면을 직사각형으로 만들어서 몇 날 며칠 시간과 연료만 낭비하고 실패했다. 그래서 나는 원대장인 내 지시대로 따르지 않으면 포기한다고 선언을 했고 그 결과 원대장인 내 의견대로만 하겠다고 합의가 되어 다시 시작했다. 바둑 한 개 무게가 한국의 농악 징이라면 보통 3.4Kg정도이다. 그러나 만들고자 하는 징은 중량이 한 개가 100Kg인데 두 장을 겹쳐서 작업하는 것이므로 200Kg이 넘는다. 이 중량의 쇠를 벌겋게 달구는 것도 문제이지만 화독에서 꺼내어 함마 무루 위에 옮겨 놓는 것도 문제이다. 쇠를 옮겨 놓는 시설을 해서 힘센 사람 여섯 명 이상이 들어야 한다. 벌겋게 달구어진 쇠덩어리 가까운 곳에서는 화상을 입을 수도 있어서 여간 조심하지 않으면 안 된다. 화독에서 끄집어낸 쇠를 식기 전에 함마질을 해야 한다. 원형으로 자를 때에는 3cm 두께로 벌겋게 달구어진 쇠를 식기 전에 작두로 오려내야 한다.

이 작업은 나 밖에 할 수 있는 사람이 없었다. 힘만 세다고 되는 일이 아니고 힘, 요령과 정신이 일체(一體)가 되지 않고는 불가능하다. 호텔에서 일찍 아침 식사를 하고 택시를 타고 현장에 가서 판 늘리는 작업을 하고 저녁이면 숙소에 와서 자며 며칠을 일해서 겨우 한 개를 완성 시켰는데 마침 그 날이 주일이었다. 교회도 못 가고 이제 담금질만

메질 많이 해야 황금으로 빛난다.

하면 성공인데 마지막 담금질 직전의 열처리 과정에서 중국인 한 명이 실수를 하여 마지막 순간에 불량이 났다. 이 순간 나도 모르게 땅 바닥에 털썩 주저 앉아 버리고 말았다. 내 나이 칠십 노인이었지만 기력은 젊었을 때와 다름없이 건강했는데 이 순간은 너무 절망한 나머지 제대로 서 있을 수가 없었다. 여러 날 고생을 하고 많은 시간과 비용을 날렸다. 이렇게 한참을 땅바닥에 주저 앉아 있는데 '이만 포기를 할까' 하는 생각이 들었다. 하지만 '아니다, 다시 시작 하자'는 마음이 들어서 다시 정신을 가다듬고 다시 시도했다.

　하루는 통역이 '내일 중국 중앙 정부 요직에 있는 분들이 방문한다'고 내게 말해주었다. 천진 징 창 중역들은 높은 분들이 오신다고 웅성되면서 나의 작업에는 관심도 기울이지 않았다. 징 창에 방문할 분은, 우리나라로 치면 상공부장관쯤 되는 모양이다. 높은 분이 온 당일에도 작업장에서 일하고 있는데 중국의 관리들에게 나를 인사 소개시켰다. 통역이 하는 말이 한국의 기능인이 세계에서 제일 큰 징을 만든다고 하니 중국 관리들이 방문한 것이라고 했다. 중국 관리들이 중국에서 제일 큰 징인 150몇 센치 짜리 제작할 때를 생각하면 160센치 짜리는 불가능할 것이라는 말을 남기고 돌아갔다.

　그러나 나는 몇 번 실패 끝에 성공하여 마침내 징 두 개를 만들었다. 이때가 1994년이다. 천진 징 창과 합의한 대로 징 한 개는 한국으로 가져오고 또 한 개는 천진 징 창에 주고 왔다. 그러나 후에 천진 징 창

메질 많이 해야 황금으로 빛난다.

에서 나에게 자기네에게 주고 온 징을 인수해 가라고 연락을 해 왔다. 천진 징 창에 가서 보니 징을 잘 관리하지 못해서 징이 깨어져 있었다. 나는 징의 깨진 부분을 잘라내고 가져와서 가은 납청유기 창고에 보관했다. 내가 1994년도에 중국 천진 징 창에서 만들어서 한국으로 가져온 징은 아주 깨끗하고 흠이 없다. 게다가 이 징은 방짜 기법으로 만든 징 중에서는 당시 1994년에는 세계에서 가장 큰 징이었다. 이 징은 2007년 5월 대구방짜유기박물관에 기증하였는데 이박물관에서 내가 기증한 다른 유기 작품 1480여점과 같이 잘 진열되어 많은 사람들에게 위용을 보여주고 있다.

마침내 찾은 유기의 이상촌 경북 문경 가은

1995년부터 2003년까지는 시화공단에서 공장을 경영하였다. 그러나 시화공단은 공기가 나빠졌고 환경이 점점 나빠졌다. 유기는 공기가 나쁘고 환경이 안 좋으면 변색이 되어 못 쓴다. 또 시화공단에서는 유기 기술자들을 양성할 수 없었다. 그래서 2000년부터 시화공단을 떠날 결심을 하고 새로운 공장 장소를 물색하기 시작했다. 약 2년에 걸쳐 장소를 물색한 끝에 마침내 찾은 곳이 현재 2011년 내가 살고 있는 경북 문경시 가은읍 갈전리 801-1이다. 부지는 약 4만평인데 기존에 이곳에 있던 건물 약 800평은 헐어 버리고 농지 약 9,000평을 대지로 전환해서 허가를 냈다. 건물 조감도와 같이 공방 약 400평, 기숙사 150평 기타 건물 등 현재 약 600평을 건축하였다.

이 엄청난 일을 처리하는데 아내의 역할이 컸다. 나는 시화공장에서 공장 일을 하고 있었지만 아내는 혼자 낯선 땅에 와서 황무지를 개척했다. 대지를 만들고 건축을 감독하는 등 고생을 많이 했다. 특히 건축공사를 맡은 회사가 너무도 속을 썩였는데 아내가 병이 나서 죽지 않은 게 기적이다.

이참에 땅을 사고 건축하는 일에 대해 적으니 참고하길 바란다. 집이나 공장 등을 건축할 땅이라면 먼저 그 땅의 허가 여부부터 확인을

메질 많이 해야 황금으로 빛난다.

해야 한다. 후일에 알았는데 문경시장을 지낸 박ㅇㅇ 시장이 지금의 공방 부지를 샀다가 건축허가를 못 내서 법정소송까지 해서 물렀다고 했다. 시공업자를 잘 만나야 한다. 문경 가은에 건축을 하면서 업자를 잘못 만나서 고생을 했다. 나중에는 시공업자와 계약한 금액은 완불하였는데도 추가로 1억 4천만 원을 더 달라고 해서 공인감정사에게 1,300만원을 들여 감정한 결과 2,280만원만 더 지급하라는 감정결과를 받기도 하였다. 집에 하자가 너무 많아서 하자 보수를 해주고 2,280만원 찾아 가도록 시공사에게 내용증명을 보냈더니 민사소송을 걸어서 약 2년 걸쳐서 재판을 하고서야 끝이 났다. 물론 시공사가 재판에 졌고 시공사가 추가로 요구한 공사비 1억 4,000만원은 수리비가 많이 들었기 때문에 주지 않는 것으로 끝내 버렸다. 건축에 대해서 문외한이었기 때문에 어려움이 많았는데 특히 시공사가 막판에 추가 돈을 요구했을 때 1천3백만 원이나 주고 전문가(= 공인감정사)의 도움을 받았던 것이 결국에는 돈을 절약하고 번 셈이 되었다.

2003년 6월 이곳 경북 문경 가은의 공방이 준공되고 공장 이사를 했는데 5톤 트럭 약 50대 분량의 짐을 옮겨서 현재의 공방을 꾸렸다. 현재 유기 공방에는 현재 2011년 20명이 일을 하고 있다. 이곳은 시화 공장을 판 돈으로 부지를 마련했고 부족한 건축비는 은행에서 대출을 받았다. 은행대출금은 대출을 받은 지 2년 만에 모두 갚았고 본래 계

메질 많이 해야 황금으로 빛난다.

획한 대로 원만하게 잘 진행되고 있다.

　그간 나는 여러 곳에 위치한 공장에서 일을 했었고 공장도 여러 곳에 차렸다. 서울 후암동과 북아현동 공장에서는 탁방주님 아래에서 일을 했고, 그 뒤 염창동, 구로동, 안양과 시화공단을 거쳐 여기 경북 문경 가은에 자리 잡았다. 이곳이 내 인생의 마지막 종착지가 될 것이다. 지금 공장은 나에게는 가장 합당한 위치이다. 이 고장은 청정지역으로써 공기는 물론 환경이 매우 좋다. 또한 고속도로가 잘 발달된 덕에 서울 약 2시간, 대구 1시간 30분 거리이고 전국 웬만한 곳에서도 서 너 시간이면 모두 오갈 수 있다. 부산 울산 구미 포항 등 도시는 물론 서울 대전 광주 목포 등의 도시 중앙에 위치하고 있어 사통팔달 편하다. 공방 대지 대부분이 황토라서 건강에도 좋고 공사하기에도 좋다. 특히 공방 주변에는 소나무가 가득 차 있어 싱그럽고 경관이 아름답다. 또 염창동, 안양공장과 시화공단의 공장 보다 규모가 엄청나게 확장되었다. 공방 내부에서도 무거운 물자들은 지게차로 나를 수 있어서 매우 효과적이다. 화물차도 있고 승용차도 두 대나 있어서 편리하다.

　이 모든 것은 나 혼자 했으면 불가능했을 것이다. 나 혼자 하는 것보다 우리부부가 함께 판단하고 부부가 가지고 있는 강점들을 발휘할 수 있게 서로가 서로를 도왔기 때문에 가능했다. 아내는 앞날을 예견하는

메질 많이 해야 황금으로 빛난다.

안목도 훌륭하고, 나보다 대외관계 일을 처리하는 능력이 뛰어나다.

공방 건축 감독도 잘 했고 지금의 공방시스템을 만든 것도 아내이다.

아내와 결혼한 지가 올해(2011년)로 16년이 되었다.

이 모든 것은 우리 부부가 함께 판단하고 부부가 가지고 있는 강점들을
발휘할 수 있게 서로가 서로를 도왔기 때문에 가능했다.

메질 많이 해야 황금으로 빛난다.

지금 가장 행복한

나는 월남하기 전에 고향 이북에 아내가 있었다. 내가 월남을 하면서 아내와 헤어지게 된 것이 그만 영영 이별이 되고 말았다. 아내는 남편도 없이 나의 가족과 함께 북에서 살았으며 2008년도에 소천했다는 소식을 나중에 들었다.

1990년대에 북한을 방문했던 지인을 통해 얻은 사진이다. 어머니, 아내 김익찬과 동생들이다.

메질 많이 해야 황금으로 빛난다.

어떻게 할 수 없는 시절을 살아오면서 오화선을 만나 결혼을 했고 함께 살면서 낳은 2남 2녀 자녀들이 모두 잘 자라서 모두 사회에서 중요한 역할을 하고 있다. 아내(오화선 권사)는 어려운 시절에 나를 만나서 평생 고생만 하며 자녀들 모두 공부시켜서 결혼도 시키고 좀 편하게 사나 싶었는데 그만 병이 들었다. 1980년대부터 1991년까지 십 년 가까이 병을 앓다 예순 한 살에 이 세상을 떠났다.

나는 아내가 죽은 후 앞으로 재혼은 하지 않겠다고 가족들에게 그 이유를 설명하기도 했다. 나는 이미 나이가 많고, 재혼했는데 나나 아

메질 많이 해야 황금으로 빛난다.

내나 병이 들면 또 고통을 겪어야 하고, 북한에도 첫 번째 아내가 살아 있고, 재혼한 친구들의 가정을 보니 불편한 점들이 많았다.

아내가 죽은 후 장남 부부는 내게 함께 살자고 했지만 거절했다. 나는 유기 작품 활동을 계속 하고 싶었기 때문에 공장으로 숙소를 옮겼다. 아내가 세상을 떠난 해(1992년)부터 1996년 까지 나 혼자 공장에서 자취하며 지냈다. 공장을 안양에서 시화공단으로 옮기고 나서는 일시적이지만 장남은 북공장에 집중을 했기 때문에 방짜공장은 나 혼자 운영해야 했다. 나는 새벽부터 공방에 들어가 일을 하니 사무실의 일에 관여할 수가 없다. 사무실을 지켜줄 사람이 없고, 있다 해도 모두 가족이 아닌 남이니까 물건을 훔쳐 가거나 공장에 손해를 끼쳐도 속수무책이었다.

어느 날 대구의 소목장 엄태조 씨가 음식 솜씨가 뛰어나고 그릇에 관심이 많은 분이라고 내게 사준자 여사(이하 사여사)를 소개했다. 사여사는 전통음식을 연구하고 지도하는 분이었다. 처음에 사여사는 우리 공장의 개발부장으로 공방 일을 시작했다. 함께 일을 하니 사무실의 일에도 도움이 되고 물건이 없어지는 것도 방지할 수 있었다. 결국에는 서로에게 도움이 되겠다고 판단하여 1996년 12월 남산에 있는 지화자란 음식점에서 최병기 목사의 주례로 결혼식을 올렸다. 공방작품

메질 많이 해야 황금으로 빛난다.

활동에서는 내가 우수하지만 대외관계와 경영에서는 사여사가 뛰어나다. 문경 가은으로 공방 장소를 선택하기까지 2년이나 걸렸는데 나 혼자 판단하는 것보다 내외가 판단하니 효과적이었다. 아내는 건축 감독도 잘했고 앞날을 예견하는 안목도 훌륭했고 계획된 일을 잘 진행했다. 어느새 결혼한지가 16년이 되었다. 문경 가은에 공방을 건축할 때는 공사 자금이 자꾸 들어가고 도중에 공사를 그만 둘 수도 없는 상황이라서 걱정이 되고 조심스러웠다. 그러나 공사를 시작하고 나니, TV연속극 「상도」와 「대장금」 등 인기 드라마에 유기와 연장 등을 빌려주었다. 또 청와대 부시 대통령 만찬과 아셈회담 등 중요한 행사에 우리 공방 그릇을 빌려주기도 했다. 이 과정 중에서 방짜 그릇의 우수성이 과학적으로 증명되어 TV와 신문 등에 대대적으로 보도가 되었다. 방짜그릇이 좋다는 것이 과학적으로 증명이 되니 우리 방짜공장 그릇에 대한 인기가 높아졌다. 방짜그릇은 대장균과 O157이란 균이 멸종된다. 꽃도 다른 꽃병 보다 방짜그릇에 꽂으면 더 여러 날 간다. 이런 내용이 KBS TV 수요기획을 통해 방영 되었다. 이런 연구 발표와 홍보는, 내가 했더라면 불가능한 일들인데 하나님께서 은혜로 많은 분들이 방짜유기에 대해 바르게 알고 소중하게 여기는 계기가 되었다.

아무리 은혜를 많이 받아도 선용을 하지 못하면 헛일인데 아내는 이런 기회를 잘 활용할 줄 알았다. 아내는 경리직원과 같이 유기의 가격

메질 많이 해야 황금으로 빛난다.

을 적정가격으로 인상했고 외상으로 작품을 주지 않았으며 작품은 최고급으로 제작하게 했다. 이와 같은 우리의 원칙을 각 거래처에 통보하니 외상을 안준다고 심하게 항의를 했다. 그러나 이 원칙을 지키고 일을 진행했다. 수 십 년째 계속 거래를 해 오던 거래처가 약 60개 정도였는데 모두 거래를 끊었다. 이 과정에서 외상값은 포기할 수밖에 없었다. 간혹 기존 외상값을 모두 수금해 주는 거래처도 있었다. 마침 방짜유기의 좋은 점들을 TV에서 프로로 방송하니 원매자들이 많아졌다. 우리가 세운 원칙대로 일을 진행하니 점점 고객이 많아졌고 납청유기의 진가가 알려지니 우리 작품을 사는 원매자들도 많아졌다. 지금까지 남의 물건 외상으로 안 사고 내 작품도 외상으로 안 주는 것이 정착되니 창고에도 작품이 가득하고 재료도 전보다 넉넉해졌다. 이렇게 하여 공방 직원들의 후생조건도 좋아지고 환경도 새롭게 바뀌었다. 이 모든 것이 아내의 혜안과 노고 덕분이다.

2004년에는 아내에게 '유기 상차림'에 대해 지도를 받은 요리사들이 국내 요리경연대회에서 좋은 성적을 거두었다. 2007년도에는 국제요리사 경연대회를 준비할 때도 도움을 요청하여 새롭게 창작한 그릇들을 제작하여 빌려주었다. 이 결과 국제대회에서도 좋은 결과를 거두었다. 이일로 납청유기의 진가가 요리 전문가들에게도 널리 알려지게 되었다.

메질 많이 해야 황금으로 빛난다.

나의 아내 사준자

　내가 일평생 살면서 가장 행복한 때는 바로 지금이다. 현재와 같은 여건이 앞으로 어떻게 변화할지 나는 알 수 없지만 현재가 가장 행복하다. 부모님 댁에서 신앙생활을 하다가 죽을 각오로 삼팔선을 넘었다. 또 6.25 전쟁을 겪었고 국군 생활하면서도 죽을 고비를 몇 번이나 넘겼다. 탁방주 공방에서 고용살이를 하다가 스물 아홉 살 때 공장 주인이 되었다. 처음에 월 8부 이자(: 100만원을 빌려 쓰면 이자가 매월 8만원이다)로 돈을 빌려 공장을 차리고 이자와 불경기로 돈에 시달리면서 일평생 살아왔다. 지나온 길은 정말 굴곡이 많았다.

메질 많이 해야 황금으로 빛난다.

　내가 이글을 쓰면서 가슴이 메인다. 내가 이곳 대한민국에서 이처럼 자유롭고 풍요로운 생활속에 살면서도 북에 두고온 형제들에게 마음껏 도움을 주지 못하는 것이 어쩔수 없는 운명인가 보다.

　지금 생각하면 이 모든 것이 내가 선택한 결과가 아니고 하나님의 섭리 속에 이루어진 은혜라는 것을 깨닫는다. 성경 민수기에서 낮에는 구름기둥으로 밤에는 불기둥으로 인도해 주신 것처럼 하나님께서 나를 처음부터 지금까지 인도해 주셨다. 그리고 특히 내 평생이 하나님의 인도하심으로 이루어진 삶이라는 것을 깨달을 수 있게 해 주신 하나님께 감사드린다. 나는 평생동안 하나님의 사랑을 받았던 사람이다. 앞으로도 하나님께서 영원까지 나를 인도해주실 것을 알기에 나는 행복하다.

메질 많이 해야 황금으로 빛난다.

메질 많이 해야 황금으로 빛난다.

09

나의 신앙 이력서

우리 부모님이 기독교 신앙을 갖게 되면서 이혼의 위기를 넘기고 가정을 지키고 우리집안 친척들 모두를 전도했다는 이야기는 앞에 썼다. 나도 기독교 신앙을 가진 덕분에 월남하기 전 신앙심도 깊고 좋은 집안의 여자와 결혼을 했었다는 이야기도 이미 썼다.

나는 고향의 이언교회를 다니면서 어린시절과 청년시절을 보냈다. 1948년 월남한 후에는 남산에 있던 성도교회와 평양 출신들이 많이 모이는 교회에 다녔다. 그러나 6·25전쟁을 겪으며 국군에 입대하여 군 후생사업을 한답시고 술과 담배를 했고 담배가 인이 박힐 정도였다. 1957년경 구로동 공장에서 갑자기 감전사고가 났다. 이 사고를 수습하면서 하나님께서 나에게 강하게 역사하셔서 여러 해 동안 나가지

메질 많이 해야 황금으로 빛난다.

않던 교회에 다시 출석하게 되었다. 구로동감리교회에 나가기 시작하면서 술과 담배를 끊느라 애를 먹었다. 나는 술과 담배를 끊지 못하는 분들이 이해가 된다.

내가 청소년 시기와 청년 시절 교회를 다닐 때는 교회 환경이 지금과는 달랐다. 지금은 교회 앞 중심에 강대상이 있고 남녀가 같은 문을 이용해서 출입하지만 내가 월남하기 전 교회 다닐 때는 남녀가 출입하는 문이 달랐다. 교회 안에 들어가서도 교회 강대상을 중심으로 좌우에 남녀신도가 각각 나눠 앉았다. 교회 예배실 중앙에는 천으로 쳐서 남녀 좌석이 서로 보이지 않게 해 놓았다. 누나 부부가 출석하던 모안이 교회는 아예 교회 건물을 지을 때 남녀구역을 구분되게 짓기도 했다. 예배 분위기는 엄숙하였다. 주일은 농사일은 물론 아무 일도 하지 않고 쉬었다. 정주 5일 장날이 주일인 때는 장도 서지 않을 정도였다. 교인들은 가게 문을 열지 않았고 교인들이 주일에는 물건도 사지 않았으므로 상거래가 되지 않았기 때문이었다. 이렇게 철저하게 주일을 지켰다. 1946년 11월 3일은 북조선최고인민회의 대의원(: 오늘날 대한민국으로 말하면 국회의원) 선거일이었다. 이날은 주일(= 일요일)이었다. 장로회 총회에서는 이 선거일이 주일이라고 해서 기독교 성수주일에 어긋난다고 투표에 참여하지 않기로 결의하고 각 교회에 결의사항을 전달해서 실천하게 했다. 이 선거는 대의원으로 미리 정해놓은 피선거인에

메질 많이 해야 황금으로 빛난다.

게 찬성하냐 반대하냐를 묻는 방식이었다. 검은 통에는 부표(즉 반대표) 하얀 통에는 찬성표를 넣는 방식이었다. 이때 나는 평소에 열심히 뜨겁게 신앙생활을 하던 분이 협박에 못 이겨 투표를 하는 것도 보았고, 평소 열심히 신앙생활하는 분은 아니었지만 협박에도 불구하고 담대히 맞서 투표에 참여하지 않는 분도 보았다. 당시 내가 다니던 교회(이언교회)는 농촌교회로서 건물은 약 30평이고 교인은 약 30명 정도 였다. 100% 투표 참여 목표를 이룬다고 저들이 심하게 위협을 했다. 처음에는 주일성수를 하겠다고 투표에 참여하지 않은 교인들이 많았으나 점점 더 거세어지는 협박에 못 이겨 거의 투표를 했다. 대성동에 사시던 김창신 장로님이 끝까지 투표를 하지 않았고 우리 동네 침향동에서는 우리 어머니만이 투표에 참여하지 않았다. 순교를 각오하고 신앙생활을 하시던 부모님과 그때 그분들의 모습을 나는 지금까지 신앙의 본보기로 삼고 있다.

해방 후에는 해방의 기쁨과 감사로 낡은 교회를 헐고 새로 건물을 짓는 교회가 많았다. 우리 교회(이언교회)도 낡아서 비가 새는 형편이었다. 당시 어른들이 교회건물을 새로 짓기로 해서 헌금도 하고 교인들이 헌신 노력하여 예배당을 전 보다 크게 지은 기억이 난다. 옛날 내가 어릴 때 부터 청년시절까지 선대들이 한 신앙생활을 지금의 신앙생활과 비교하면 너무 대조적이다.

메질 많이 해야 황금으로 빛난다.

나는 1948년 12월 월남하여 남산에 위치한 성도교회에 나갔다. 월남한 교인들은 신의주 사람들의 경우는 대개 영락교회, 평양 사람들의 경우는 주로 성도교회에 나갔다. 월남한 신의주 사람들이 영락교회를 설립했다면 월남한 평양사람들은 성도교회를 설립했다고 보면 된다. 1950년 6·25전쟁이 발발하던 때부터 나는 여러 해 동안 교회에 나가지 않다가 다시 교회에 나갔다. 구로동 공장 부근에는 감리교회가 있었다. 장로교회에 가려면 버스를 타고 가야했기 때문에 가까운 감리교회에 나간 것이 내가 감리교인이 된 계기이다. 1958년경 감리교 집사가 되고 1959년에는 권사가 되었다. 1960년염창동으로 이사 와서 염창교회에 나가기 시작했고 1973년 3월 감리교 장로가 되었다. 집사가 되고 권사가 되고 장로가 되는 것은 어떠한 벼슬이나 명예가 아니다. 이런 직분은 더 무거운 짐을 더 성실하게 지라고 맡기는 것이다.

1980년대에는 강서지방 장로연합회 회장 강서지방 평신도 총무 등 전국 남선교회연합회 임원회에도 참여한 일이 있다. 이 과정 중에서 기억에 남는 일이 있다. 그 일은 제주도 애월면에 수산감리교회 개척위원장을 맡았던 일과 경남 통영군 삼양면 풍화리교회 개척위원장을 맡은 일이다. 당시 서울시내는 교회 건물이 너무 많다고 평이 안 좋았던 때였다. 한 건물에 교회가 둘 씩 있는 곳도 있었다. 그 당시 서울에서 개척교회 하는 것은 어렵지 않았다. 교회 건물 2층이나 3층에 전세

메질 많이 해야 황금으로 빛난다.

내가 장로로 취임할 때 찍은 사진이다.

나의 장로취임식에 북한 이언교회출신 사람들이 참여해 축하하고 기념촬영을 했다.

메질 많이 해야 황금으로 빛난다.

나 월세로 임차하면 별 어려움이 없었으므로 교회 간판이 난립되고 남의 교회 교인을 끌어오는 등 부끄러운 짓을 하던 시기였다. 이러한 시기에 땅끝까지 이르러 내 증인이 되라는 말씀에 의거하여 교회가 없는 곳을 찾아서 개척하기로 교회에서 결의하였다.

개척교회를 설립할 장소를 물색하던 중 우리 교회 중직들이 여행 중 제주도 중산간 지방에 있는 수산초등학교 분교를 방문했다. 그 학교에 방문하여 '교회 나가 본 학생이 있으면 손 들라'고 하였더니 한 명도 없었다고 했다. 전교 학생은 200명 밖에 안되었다. 처음에는 그 학교와 염창교회가 자매결연을 하고 아동도서보내주기운동을 시작하였다. 이 학교가 있는 동네에는 토속종교가 강해서 기독교가 들어가기 어려웠다. 그래서 교회 건물을 지으려 땅을 사면 동네 토속 종교 측에서 방해를 했다. 할 수 없이 또 다른 곳에 땅을 사서 건물을 간신히 지어 놓았는데 교회에 교인이고 학생이고 한 명도 안 나왔다. 학생이 교회에 나왔다 하면 학생의 부모들이 아이들을 혼내곤 하니까 어려움이 닥쳤다.

나는 그 당시 공장을 운영하느라 꽤 바쁜 시기였다. 요즘은 교회에서 출장비 정도는 부담하지만 그 당시는 그런 것이 없었다. 있다 해도 자기 돈을 여비로 쓰고 다니는 것이 마음이 편했다. 그 당시 제주도를 비행기 타고 열 두번이나 왕복했다. 여비도 많이 들었지만 공장 일을 제껴 놓고 가는 것이 힘들었다. 제주 비행장에 내려서 버스를 타고 한

메질 많이 해야 황금으로 빛난다.

림에 내려서 비포장도로를 한시간이나 걸어야 개척교회에 도착할 수 있었다. 이렇게 시간과 여비를 희생하면서 봉사하니 모든 교인들이 힘을 모아 주었다. 호랑이도 자기 새끼를 이뻐해주면 좋아 한다. 그래서 우리 염창교회는 작전을 세웠다. 1년에 한번씩 5.6학년 학생을 여비를 대주고 서울구경을 3박4일 동안 시켜주었다. 이 일을 하기 위하여 교인들이 힘을 모아서 대형버스를 구입하였고 숙소는 1가정에서 2명씩 숙식을 제공했다. 홍성관 장로님은 여학생 3명의 숙식을 제공하면서 KBS방송국, 남산, 국회, 백화점 등을 견학 시키는 일을 몇 년 동안 진행하셨다. 개척교회추진위원장의 입장에서 보면 전체 교인들이 협력하지 않으면 성공하지 못했을 것이다. 대략 3년 정도 이 일을 계속하였는데 한번은 교장선생이 학생들과 함께 와서 간증을 하였다. 교장은 교인은 아니었지만 정중히 인사를 하고 간증을 해 주셨다. '본래는 제주도에서도 중산간 시골 분교라서 알아주는 곳이 없었는데 염창교회에서 지원하여 주어서 자매결연도 맺고 도서도 보내주고, 서울 견학도 시켜 주신 덕분에 그간 참가 자격도 주지 않던 제주도 전체 학교 글짓기 대회에 수산분교에 참가자격이 주어졌는데 참가한 결과 전교생이 200명 밖에 안 되는 학교에서 제주도 1.2.3등 모두를 차지했다'고 간증을 했다. 교장 선생의 이 같은 간증 덕분에 그동안 어려운 가운데서 교인 모두가 개척교회를 설립하고 협조한 보람을 느꼈다. 그리고 낙심치 말고 더욱 더 단합된 모습으로 수산리 개척교회 사업을 계속하는

메질 많이 해야 황금으로 빛난다.

계기가 되었다.

　동리 어른들도 잘 협조하였지만 담임 교역자를 파견하려고 하니 자원자가 없었다. 누가 제주도 산간 지방 교인도 없는 교회에 가려고 하겠는가. 각 방면으로 노력하면서 담임자를 찾던 중 강인현 장로의 사위(: 현재 대전 중앙감리교 담임 목사 안승철이다)를 보내기로 했다. 강장로의 사위는 그때 막 신학교를 나온 신혼의 젊은 전도사였다. 이 젊은 전도사가 황무지 같은 교회에 파송 되어서 성공적으로 이 사업을 진행했다. 안승철전도사가 이 교회에 부임하고 나서 전도하는 방식이 특이했었다. 그 당시 제주에는 4ㆍ3사건으로 남자들은 대부분 희생되어서 할머니 혼자 사는 집이 많았다. 안전도사는 항상 가정마다 다니면서 도와 줄 일을 찾았다. 할머니 혼자 사는 가정의 전구도 갈아 주고 농민들의 손이 못 미치는 곳에 벽에 못도 박아 주고 환자가 있으면 시중을 들어주었다. 이렇게 해서 몇 년 사이 기독교를 반대하는 동네가 이제 안승철 전도사가 없으면 못 사는 동네가 되었다. 이런 과정을 거쳐서 수산교회가 생겼다. 이후 안승철 목사는 제주읍교회에서 봉사했고 그 후 전국적으로 유명한 목사가 되었다.

메질 많이 해야 황금으로 빛난다.

염창교회가 개척 설립한 수산리교회 약사

북제주군 애월면 수산리

1979년 14명 답사

물매학교 200명 전교생

1980. 2. 29 대지 231평 2,079,000원 매입

1980. 3. 30 안승철 전도사 파송

1981. 5. 8 헌당예배

2004년 현재 장년 28명

내가 두번째로 개척교회위원장을 맡았던 경남 통영군 삼양면 풍화리도 전혀 기독교가 들어가지 못한 곳이었다. 토속 종교가 얼마나 심했던지 교회 지을 땅을 샀다가 짓지 못했다. 바닷가 길 옆에 강씨 성을 가진 사람이 있었는데 이 집 부인이 이 동네의 유일한 교인이었다. 이 부인은 당시 충무교회 교인이었다. 그 동네에는 1년에 한 번씩 동리에서 제사를 지내는 전통이 있었는데 제사 기간에는 버스도 못 다니고 학교도 쉬는 곳이었다. 당시 여기에 가려면 버스로 통영까지 가서 약 2시간을 걸어야 도착할 수 있었다. 자가용이 있을 때도 아니었다. 이곳에도 교인들이 합심하여 교회 건물을 지었는데 교인은 없었다. 우선 전도사를 파견해야 했지만 제주도 수산리나 풍화리 같은 곳은 어느 전도사도 가려고 하지 않았다. 마침 같은 교회 문선길 장로님이 본래 신학공부를 하시던 분이어서 협의해서 풍화리 교회 담임전도사로 파송을 하였다. 이곳 역시 제주도 수산리와 마찬가지로 학생들이 교회에

메질 많이 해야 황금으로 빛난다.

나오면 부모들이 학생들을 혼내곤 하였다. 풍화리는 1년에 한번씩 교회 대형버스를 이용하여 3박 4일씩 서울구경을 시켜주었다. 방송국, 백화점,신문사,국회 등을 관광시켜 그분들의 시야를 넓혀 주는 사업을 해서 성공하였다.

염창교회가 개척 설립한 풍화리 교회 약사
경남 통영군 삼양면 풍화리(: 현재 주소는 경남 통영시 삼양읍 풍화리이다)
1982년 3월 강흥길 113평 매입
1983년 건평 36평 건축비1,196,000원 헌당예배

메질 많이 해야 황금으로 빛난다.

10

회고록을 마치면서

교훈과 당부-후손들에게

나는 한 평생 살아오면서 여러 가지 사건을 겪었다. 일제 강점기에 교육을 받았고 일본 군사 훈련도 받았으며 잠시나마 북한 정치 제도 속에서도 살았다. 1948년도에 홀몸으로 사선(死線) 38선을 넘어와서 6.25전쟁과 9.28수복을 서울에서 겪었다. 전쟁터인 서울에서 피난도 못 가고 전쟁을 겪었고 대구와 제주도까지 피난을 가서 살았다. 오늘날까지 늘 고향에 두고 온 어머니와 혈육들에 대한 안타까운 심정으로 살았다. 이제 내 나이를 감안하면 내 생이 얼마 남지 않은 것을 생각하면서 후대들에게 당부하고 싶은 말이 있어서 여기에 적는다. 나는 지식인도 아니고 학자도 아니지만 아래에 내 당부는 한평생 내가 살아오면서 겪은 일들에서 얻은 교훈이다. 후손들이 이 교훈을 명심하고 실천하길 바란다.

메질 많이 해야 황금으로 빛난다.

1. 누구든지 창조주 하나님을 믿길 바란다. 특히 우리 가문은 선대 때부터 예수님을 믿음으로써 구원 받고 복 받은 집안이라는 것을 명심하길 바란다.

2. 늘 현재만 생각하지 말고 장래를 생각하며 살기 바란다.
   나는 한 평생 현재의 안위보다 더 나은 장래를 위해 도전하면서 살아왔다. 내 후손들도 나처럼 살기 바란다.

3. 호주가 정착을 잘해야 당대도 잘살고 후손들도 잘 살 수 있다.
   내 고향과 같이 죽도록 열심히 일해도 홍수와 흉년이 드는 고장에는 정착하지 말라.

4. 형제와 친척 간에 화목하게 지내야 복을 받는다.
   형제나 친척 간 이견이 있으면 의견을 제시하되 서로 생각이 다르면 반드시 높은 사람의 의견을 따르도록 하라.

5. 부부는 항상 함께 살아야 한다.
   아내는 부모님의 의견 보다는 남편의 의견에 따르길 바란다.

6. 한강 이남에 거주하길 바란다.
   낮은 지대보다 높은 지대에 거주하라. 침수 가능성이 있는 낮은 지역을 거주지로 삼지 말아라.

메질 많이 해야 황금으로 빛난다.

나의 오랜 꿈 유기박물관 설립

나는 오래전부터 내 고향 정주 납청에 유기 박물관을 설립하기를 꿈꾸었다. 그러나 내 나이 아흔을 바라보니 내가 살아서 이 꿈을 이룰 수 있을지 자신이 없다. 내가 죽은 후에라도 나를 대신해서 내 고향에 방짜유기박물관을 세워주길 바란다. 나는 한평생 유기일을 하면서 유기 작품을 한 점 한 점 모아왔다. 시화공단에서 공장을 하고 있을 때는 지하창고에 작품을 보관하였는데 어느 해 창고가 물에 잠기는 바람에 큰 고생을 하였다. 그 후 충청북도 괴산군에 있는 폐교를 임대해서 보관을 하느라고 많은 돈을 쓰기도 했다.

지금 정착한 문경에 박물관을 건립하려고 박물관 건립 허가를 마쳤지만 박물관을 운영하기에는 행정절차가 매우 까다로웠다. 박물관을 짓고 운영하기에는 자금도 충분하지 않고 나도 나이가 많으니까 박물관 관리가 힘들 것 같았다. 앞으로 관리할 것까지 감안하고 내 작품을 영구 보전할 수 있다면 기증하는 것도 좋은 방법이라고 판단했다. 그래서 2000년도 당시 대구시장인 문희갑 시장과 합의하여 대구시에 무상으로 기증하기로 약정을 했다.

이 박물관 이름은 방짜유기박물관이다. 박물관은 대구광역시 동구 도학동 399번지에 부지 5,400평 지하 1층과 지상 2층 건물로 연건평

메질 많이 해야 황금으로 빛난다.

1,130평이고 약 140억 들여서 2007년 완공했고 그해 5월25일 개관식을 했다. 보통 박물관은 도자기를 비롯해서 여러가지가 전시되지만 이곳 방짜유기박물관은 주로 나의 작품을 전시한 곳이다. 옛날 식기들, 타악기 특히 1988년 올림픽 폐회식에 기증해서 사용했던 승무바라 400쌍 중 일부, 특대 방짜 징 1개, 부시 대통령 청와대 만찬 때 쓰였던 기물, TV 드라마「상도」와「대장금」등에 사용하였던 기물, 공구 등 1,480점의 나의 작품이 전시되어 있다.

처음 문희갑 시장과 약속한 것은, 박물관도 짓고 내 유기작업장, 전통음식점 안에 내 유기 매장과 나의 사택도 마련해 주기로 하였다. 하지만 시간이 흘러 시장도 바뀌고 관계 공무원들도 바뀌다보니 처음 약속은 지켜지지 않았다. 현재는 박물관 안에 우리 매장만 개설 운영하고 있다. 처음 기증할 때부터 내가 기증한 물품은 대구시측과 박물관 전시 용도로만 쓰기로 약속을 하였다. 만약 박물관이 문을 닫거나 내가 기증한 물품을 다른 용도로 쓰면 돈을 지불하거나 내 유족에 반환해야 한다는 조건을 공증했고 공증서류도 보관되어 있다. 이 점을 나의 자녀들은 명심하기를 바란다. 후세가 내 작품들을 보고 유기 발전에 참고가 될 수 있게 해 주길 바란다.

메질 많이 해야 황금으로 빛난다.

*참고: 대구 방짜유기박물관 기증 서류

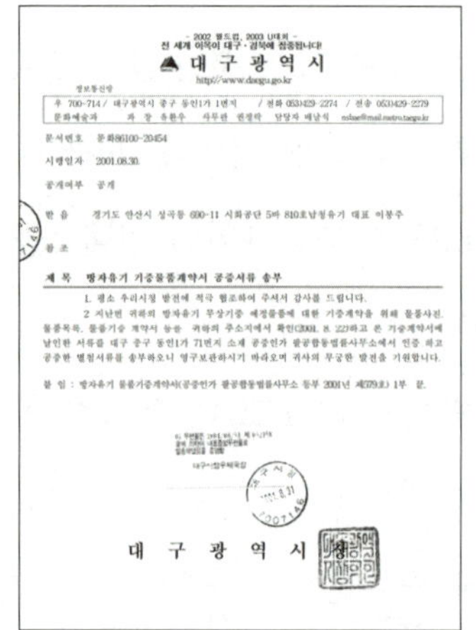

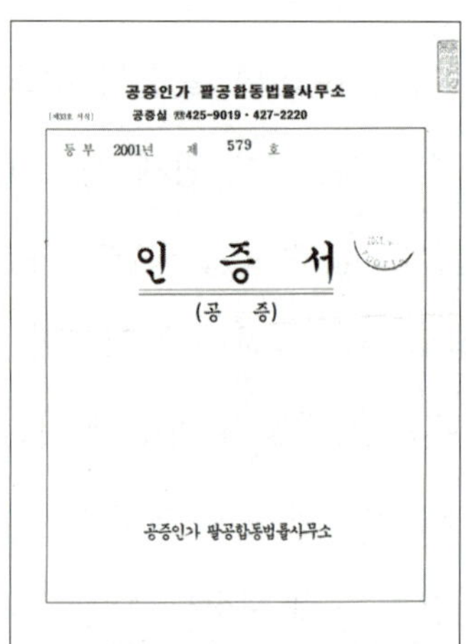

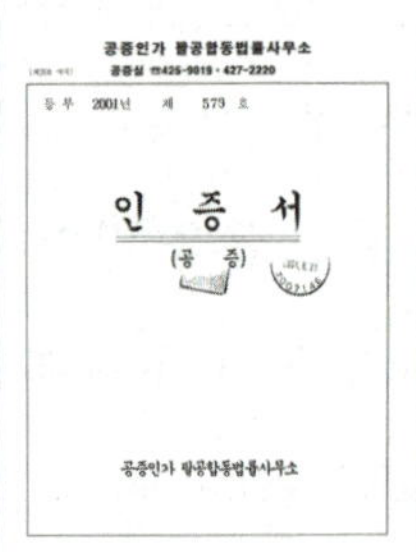

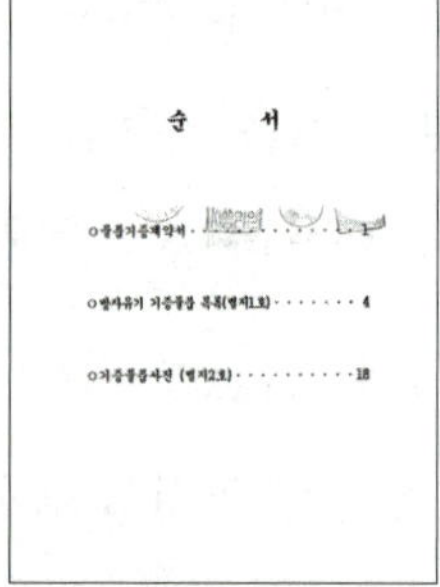

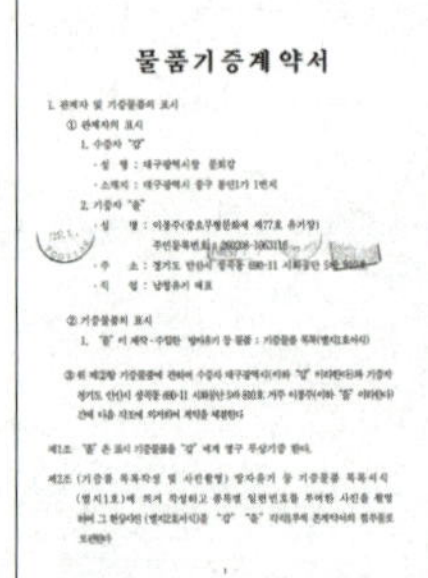

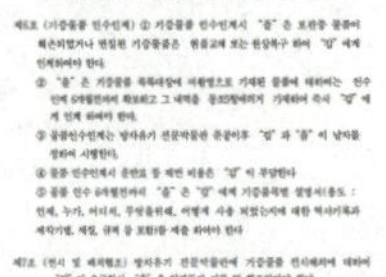

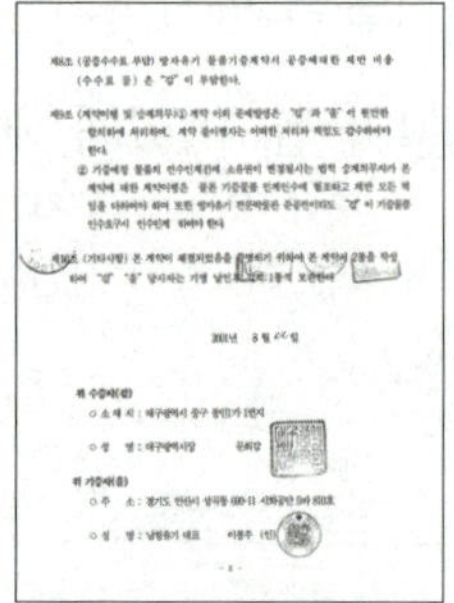

메질 많이 해야 황금으로 빛난다.

조상의 기록 족보를 찾아서

나는 평안북도 정주군 덕언면 침향동 발산부락에서 태어나 월남하기 전인 스물두 살까지 이곳에서 살았다. 나는 어렸을 때부터 매년 가을 시제를 드리러 집안 어르신들과 함께 우리 조상들의 묘소가 많은 곳에 갔다. 그때 시제를 드리면서 집안 어른들에게 배우고 본 것을 지금도 잘 기억하고 있다. 우리 집에서 약 8km 정도 떨어진 곳에 독장동이 있는데 이곳에 우리 조상들의 묘소가 있다. 독장동은 정주 읍에서 독장산 쪽으로 큰길로 가다가 왼쪽의 시골길로 가면 우리 조상들의 묘소와 비석들이 있다.

어느 해 가을 독장동에서 시제를 지낼 때 이정인 오촌 숙부께서 어느 묘소를 가리키면서 이야기를 해 주셨다. '이묘에 묻혀 있는 할머니 덕분에 우리 집안이 생존할 수 있었다. 어느 때 난리가 나서 모든 장정들을 군인으로 끌어가던 때인데 7대 외아들을 군인으로 끌어가려고 했다. 그 할머니께서는 이를 막으려고 관리에게 사정을 하셨다. 7대 외아들인데 군인으로 끌려가 죽으면 집안의 대가 끊기니 제발 끌어가지 말라고 간곡하게 사정하셨다. 할머니의 사정 이야기를 들은 관리는 할머니에게 7대 외아들을 새단에 묶어 벽에 세워놓는 방법으로 위장을 하라고 했다. 관리가 알려준 방법대로 난리 동안 7대 외아들을 보호할 수 있었다.'그래서 우리 집안은 육촌 이내의 친척만 있고 그 외 친척은 없다고 설명해주셨다. 지금도 독장동에 우리 조상들의 묘소와

메질 많이 해야 황금으로 빛난다.

비석들이 남아 있고 잘 보존되어 있는지 궁금하다. 조상의 묘소들이 예전 내가 어릴 때 본 것처럼 무사히 남아 있길 바란다.

월남을 한 후 1948년 12월에 안동에 출장을 갔다가 그곳 노인들과 상면하는 과정에서 족보 때문에 창피를 당한 일이 있었다. 안동 노인들이 내게 '어느 이가냐?'고 묻기에 '전주 이씨'라고 대답을 했더니 '전주이씨 무슨 파냐'고 물어서 대답을 못 했다. 그랬더니 나랑 마주 보고 앉아 있던 노인들이 돌아앉았다. 안동 지방이 양반의 풍습을 가장 중요시 여기는 지방이라는 것을 나중에 알았지만 이때의 창피함은 잊을 수가 없었다. 우리 고향에서는 어르신들이 왜 족보에 대해 교육하지 않았는지 모르겠다.

세월이 흘러 가정을 이루고 살기가 좀 나아지니까 우리 조상들의 내력을 알고 싶어서 족보를 찾았다. 1980년대부터 고모부(= 고 허운보 씨)와 함께 당시 서울 남산에 있던 국립도서관에 수없이 출입하면서 족보를 찾으려고 애썼다. 놀라운 것은 우리 동네 이경근 씨네 등 신라 이씨 등은 일정시기에 제작된 족보가 보관되어 있었는데 우리 집안의 족보는 찾지 못하였다.

이때부터 몇 해 지나서 전주 이씨 대동 보감을 작성한다고 해서 남의 집안의 족보에 우리 집안 족보를 기록하였다. 이때 나는 내가 기억

메질 많이 해야 황금으로 빛난다.

하는 범위 내에서 우리 조부 3형제 6촌 4촌 등을 기록해달라고 부탁하였다. 이 족보는 상, 중, 하 세권인데 시조 41 파조 19대로 기록되어 있다. 나는 이 족보 책을 여러 권 구입하여 형님 댁에 보내고 일본 동경의 사촌형 봉오형님 댁과 미국에 사는 봉전의 집에도 직접 가지고 가서 전달하였다.

도서관에 다니며 많은 시간과 노력을 들였는데도 진짜 우리 족보는 찾지 못했다. 2006년경에 황해도 출신 황운화 씨의 소개로 당시 건국대학교 이백훈 교수를 만났다. 이 교수는 전주 이씨 씨족관계의 일에 중요한 직책을 갖고 있는 분으로 우리 공방에도 몇 차례 방문을 하였고 우리 족보를 찾아주려고 애를 써 주던 분이다. 확실하게 족보를 찾아주면 현상금 1천만 원을 사례하겠다고 관계요로에 공고한 적도 있었지만 아직 찾지 못했다.

종묘에서는 매년 5월 첫 번째 일요일에 조선왕조 제례를 드린다. 2007년도에 이백훈 교수의 특별한 배려로 우리 내외가 제례를 참관했다. 2009년도에는 다른 파의 어느 정도 근사한 족보에 우리 족보를 붙이는 것이 어떠냐는 제안도 받았다. 하지만 나는 진짜 족보를 찾으면 그 족보에 기록을 하고 진짜 족보를 못 찾으면 형편 그대로 후손에게 전하는 것이 좋겠다고 생각하여 거절하였다.

앞으로 누구와 인사를 나눌 때 무슨 파인지는 모른다고 대답을 하는 것 보다는 조선왕조 9대 성종임금의 13번째 왕자 영산군의 14대손 이

메질 많이 해야 황금으로 빛난다.

봉주로 통하는 것이 좋다고 여긴다. 나는 진짜 족보를 찾을 때까지 이렇게 지내겠다. 2009년 5월 3일 일요일 장남 형근 내외와 손자들과 함께 정락원에서 거행하는 제례 행사에 참가도 해보았다. 나는 앞으로도 우리 집안의 족보 찾기를 게을리 하지 않을 것이다. 그리고 내가 죽더라도 우리 후손들이 우리 집안의 족보를 찾아 족보에 바르게 기록해주길 바란다.

탁창여 선생님의 공적비를 세우면서

나를 낳아주시고 길러주신 부모님 외에 내가 곤경에 빠졌을 때에 나를 붙잡아 살려주시고 나의 평생 직업인 유기업을 가르치시고 인도하여 주신 분은 은인 중의 은인이신 고 탁창여 선생 내외분이다. 탁창여 선생님 내외분은 이미 고인이 되셨지만 어떻게 하면 조금이라도 그 은혜를 보답할까 궁리하다가 우리 내외가 근검절약 하여 자금을 마련하여 공적비를 세워 고 탁창여 선생 내외분을 후대에게 알리는 것이 마땅하다는 마음이 들었다. 그래서 여러 해 동안 계획을 세우고 자문을 받고 실험을 거쳐서 방짜기와를 직접 제작하고 비각을 2008년도에 완성하고 가까운 친척과 고 탁창여 선생의 후손들이 모여서 공적비 건립 기념 예배를 드렸다.

메질 많이 해야 황금으로 빛난다.

〈개요〉

비각 상량식 2005. 5. 20

문경시 가은읍 갈전리 807-1

1. 비각건평 10평
2. 여와 1,132×2.3kg = 2,603kg
   부와 966×2kg = 1,932kg
   막새 192×2kg = 576kg
   합계 2,290장   5,111kg

공사기간 준비 실험 2년
         제작 시공 1년

2005년 10월 23일 작성 향년 80세

방짜기와 이봉주 공방 제작
비각 건립 목수 장연복
기와 조립 김영구

유기장 이봉주, 사준자 내외는 근검절약하여 마련한 자금으로 선생님의 공적을 후대에 알리고 싶어서 공적비를 이곳에 세웁니다.

공적비 준공 2008. 5. 17

공적비문

[공적비문 본문은 흐려서 판독이 어려움]

대한민국 중요무형문화재 제77호 유기장 이봉주 외 사준자

2008년 5월 16일

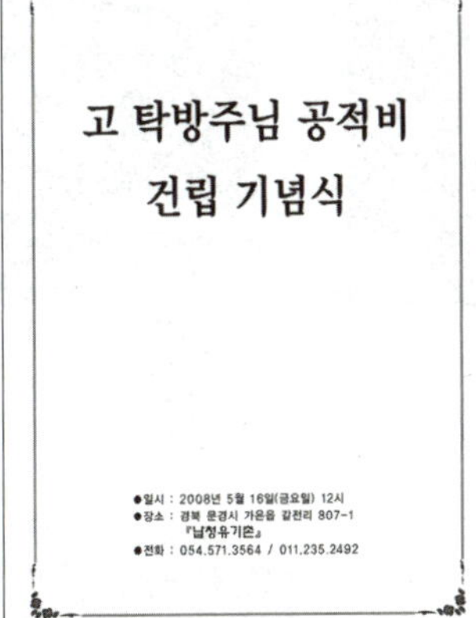

고 탁방주님 공적비 건립 기념
식/순

사회 : 황인섭 목사

1. 묵 도 ·······························다같이
2. 찬 송 ············ 248장 ············다같이
3. 기 도 ·····························김성의장로
4. 성경·말씀 ··························황인섭목사
5. 공적 사실과 인사 ····················이봉주내외
6. 감사장 수여 ························대목장
7. 축 사 ····················송자 박사(전문교부장관)
8. 유족 대표 인사 ················탁승호·양미옥 대표
9. 광 고 ·····························이봉주
10. 폐 회 ····························사회자

메질 많이 해야 황금으로 빛난다.

탁창여 선생님 내외 사진이다.

메질 많이 해야 황금으로 빛난다.

아버지 회고록에 덧붙여

이형만(중요무형문화재 77호 방짜 유기장
이봉주 선생의 아들)

사람에게는 누구에게나 부모님이 존재한다. 남자는 아버지를 여자는 어머니를 많이 닮아간다고 한다. 어렸을 때는 몰랐는데 나이가 조금씩 들면서 사람의 목소리나 외모로 부모자식 관계를 알 수 있었다. 누구에게나 그렇듯이 아버지에 대해 자랑스럽게 여기는 것도 있고 부끄럽게 여기는 것도 있을 것이다. 세월이 아무리 흘러도 잊혀지지 않는 일이 있다.

내가 아주 어렸을 때, 그러니까 권투선수 김기수의 경기를 형과 함께 라디오로 중계방송을 듣던 시절이니까 1966~67년경으로 기억된다. 이때 우리는 서울 영등포구 염창동 187번지에서 살았다. 이때 일로 내겐 평생 잊지 못하는 기억이 있다. 나는 여섯 살 때부터 아버지의 일을 도와 징 공장에서 불을 올리고 내리는 풀무질을 했다. 당시엔 징 공장은 가내 수공업의 형태였고 우리 가족 모두 공장 일을 도왔고 배달도 다녔다. 내가 일곱 살이던 어느 추운 겨울날, 나는 아버지와 함께 택시를 기다리고 있었다. 아버지는 여러 개의 징을 담은 무거운 마대 자루를 들고, 난 어렸기 때문에 꽹과리들 담은 자루를 들고 있었다. 지금의 서울 강서구 염창동 나이아가라 호텔에서 100M정도 떨어진, 당시 양촌 길로 불리던 비(非)포장도로였다. 종로에 있는 만물상에 가

메질 많이 해야 황금으로 빛난다.

려고(당시에는 종로에 종로만물, 한일만물 등 징, 광징과 꽹과리를 거래하는 곳이 있었다) 택시를 기다리고 있었다. 평소에는 차비를 아끼기 위해 큰 길로 가서 버스를 타는데 짐이 많고 추우니까 택시를 타려고 한 것이다. 그런데 택시 기사들이 우리부자의 행색과 짐들을 보고는 차를 세우지 않고 그냥 지나갔다. 당시 징, 꽹과리를 만들기 위해서는 항상 석탄, 망치와 집게 등을 만지므로 옷은 검정투성이였다. 상품인 징과 꽹과리 등은 마대나 새끼줄로 만든 가마니에 넣어 배달을 했다. 그러니 택시에 실으면 차 안이 더러워 졌을 것이고 우리 다음에 다른 손님을 태우기가 부담이 가서 그런지 세우는 택시마다 우리 부자를 보고는 그냥 지나쳐 갔다. 그때마다 아버지는 큰 소리로 항의했고 택시 기사는 못 들은 체 하며 그냥 도망치듯 달아났다. 그렇게 택시 몇 대를 보내고 나서야 마음씨 좋은 택시 기사를 만나서 배달을 마칠 수 있었다. 나는 당시 아무것도 모르는 일곱 살 어린아이였지만 아버지의 마음을 조금은 헤아릴 수 있었다. 7살 아들이 보는 앞에서 일종의 거절과 무시를 받았으니 보통 사람 같으면 자신의 직업을 부끄러워할 수도 있었다. 그러나 나는 아버지가 한번도 본인의 일에 대해 후회하거나 좌절하는 것을 본 적이 없다. 오히려 항상 자부심을 갖고 자신의 일을 좋아하셨다. 이렇기 때문에 아버지가 평생 방짜 장인으로 살아올 수 있었다고 나는 생각한다. 어렸을 때 나는 양복에 넥타이를 매고 머리에 기름을 바르고 출근하는 아버지를 둔 동네 이웃집 아이들이 부러울 때가 있었다. 하지만 아버지는 본인이 하는 일을 자랑스럽게 생각했고 일하는 것을 즐기셨다. 나중에 아버지께서 중요무형문화재가 되고 난 후 일본에 다녀오셨는데 일본 택시기사가 아버지에게 땅바닥에서 큰 절을 했다고 말씀해주셨다. 이 이야기는 이 책에도 기록되어 있다. 아마도 택시 승차를 거부당하던 아버지를 기억하고 있는 내게 위로와 자부심을 주기 위해서 이 이야기를 해주신 것 같다.

1980년대 초반으로 기억된다. 아버지께서 대한민국 중요무형문화재로 지

메질 많이 해야 황금으로 빛난다.

정되신 1983년 이전의 일이다. KBS에서 인기 프로그램에 부친의 작업이 소개된 적이 있다. 당시 인기 아나운서 김동건씨가 진행을 했는데 부친의 작업 장면이 영상으로 나오기 전에 이런 말을 했다.

"오랜 세월 동안 한길을 걸어오신 분이 있습니다. 오늘 이분이 한 일을 소개하자니 저희들이 많이 숙연해 집니다."

TV에 소개된 장면은 아버지가 뜨거운 불 앞에서 집게를 잡고 땀으로 흠뻑 젖은 채 망치질을 하는 작업 모습이었다. 보통사람들은 천직으로 어려운 일을 하지 않기에 아나운서가 그런 말을 한 것이다.

국·내외 유명 연예인이나 예술인들이 인터뷰때 마다 하는 말이 있다.

"자기 일을 좋아해야 합니다."

'You have to like your job' 평범한 말이지만 매우 중요한 말이다. 화려하고 쉽게 할 수 있는 일을 찾는 요즈음 젊은 사람들에게 좋은 교훈이 되는 말이라고 생각한다. 자기가 하는 일을 좋아하지 않고는 절대로 그 일의 주인이 될 수 없을 것이다. 많은 사람들이 그래왔듯이 우리 아버지도 스스로 하는 일에 대해 자부심과 긍지를 가졌고 일을 사랑했다. 자기 일을 좋아했기 때문에 힘들 때 중도에 포기하거나 좌절하지 않아서 대한민국 중요무형문화재를 넘어 World Guinness Book에 방짜 징을 등록할 수 있었다고 나는 생각한다.

7살 어린이가 짐을 들고 아버지와 함께 택시 잡으려고 기다리다 거절 당하던 기억은 절대 즐거운 추억은 아니었다. 하지만 그런 과정 속에서도 아버지는 자신의 일을 사랑하고 아무도 거들떠 보지 않았던 방짜기술을 부단한 노력으로 전승해왔다. 그 결과 아버지는 전세계 어느 국가에도 찾아볼 수 없는 최고의 방짜기술을 우리나라와 후대에 전하는데 큰 기여를 했다. 아버지의 회고록을 읽고 나는 아버지와 방짜유기에 대한 사랑과 자부심이 더욱 더 커졌다.

메질 많이 해야 황금으로 빛난다.

2부

진실을 위하여

01

진실을 위하여

나는 육군사관학교 박물관장과 그 전부터 알고 지냈다. 이 관장의 부탁으로 학교 행사에 내가 만든 징을 빌려 주었다. 이 징은 매우 큰 것으로 지름이 무려 1m나 되는 것이다. 이 일을 계기로 이 학교 기념 행사에 초청을 받아서 육사박물관을 관람한 적이 있다. 그런데 육군사관학교 박물관을 관람하다가 나는 깜짝 놀랐다. 이 박물관의 전시품들 중에는 내가 1960년대에 제작한 징이 있었다. 나는 반가워서 내가 만든 징을 보다가 놀라운 사실을 발견하였다. 내가 만든 징이 국가보물 제864호로 지정되어 있었고 조선전기 1,586년 제작된 것이라고 설명 되어 있었다. 분명 내가 1960년대에 제작한 징인데 국가보물로 지정

메질 많이 해야 황금으로 빛난다.

되어 있으니 놀라지 않을 수 없었다. 한마디로 가짜(= 즉 내가 만든 징)가 국가보물로 지정되어 있었다. 어떤 연유인지 내가 제작한 작품이 국가보물로 조작되어 있었다. 몹시 놀라고 흥분할 일이었지만 나는 신중히 행동했다. 박물관장은 이 사실을 모르고 있었고 이전의 관장도 모르고 한 일이겠지만 진실이 밝혀지면 여러 사람이 문책을 당할 일이었다. 그러나 내가 죽은 후에라도 내 후배들이, 이봉주가 만든 것이 국가보물로 지정되어 있다면 이봉주가 가짜국가보물을 만들어 육사박물관에 판 것으로 오해를 할 것이다. 게다가 나는 평생을 솔직하게 산 사람인데 잘못된 것을 알고도 바로 잡지 않는다면……. 그러나 나는 여러 사람이 문책을 당하고 나와 친하게 지내는 박물관장이 다치는 것을 원치 않았다. 이렇게 고민을 하면서 몇 년을 지내다가 나는 관리당국에 민원을 제기했다. 이봉주가 1960년대 제작한 징이 국가보물로 지정이 되어 있으니 진상을 조사해 달라고 하였다. 이 결과 관계기관에서 여러 각도로 조사한 끝에 진실이 밝혀지고 각 신문에 보도되었다.

우리나라에서는 유기 제조 기법을 보존하기 위하여 1983년도 국가중요무형문화재 제77호로 방짜유기 이봉주, 주물유기 김근수, 반방짜 윤재덕을 세 분야의 문화재로 지정하였다. 1982년 국가에서 당시 김종태 씨와 예용해 씨 두 분에게 용역을 맡겨서 전국의 유기분야를 조사했다. 이 조사 결과를 문화재위원회가 검증한 후 결정한 것이 "유기

메질 많이 해야 황금으로 빛난다.

조선일보 2008년 7월 11일 금요일 제27228호

보물 864호 '金鼓' 알고보니 가짜
〈금고〉

壬亂 아닌 1960년대 제작

보물 제864호로 지정된 육군박물관 소장 금고(金鼓·사진)가 1960년대에 만들어진 가짜였음이 22년 만에 밝혀졌다. 지름 61㎝의 청동 징인 이 금고는 그동안 임진왜란 당시 수군(水軍)의 지휘용으로 쓰였던 것으로 생각돼 왔다.

문화재청은 "지난 3월 '내가 만들어 팔았던 금고가 명문이 새겨진 채 문화재로 둔갑했다'고 알려 온 사람이 있어 정밀 조사에 들어간 결과 상당히 문제가 있음이 드러났다"고 10일 밝혔다. 다음달 문화재위원회 심의를 남겨두고 있으나 보물 지정 해제가 확실시된다. 이 경우, 지정문화재가 의도적인 위조품임이 드러나 지위를 박탈당하는 것은 지난 1996년 국보 274호였던 거북선 별황자총통(龜黃字銃筒)의 지정 해제에 이어 두 번째가 된다.

이 금고는 육군박물관측이 1985년 개인에게서 구입한 것으로, 이듬해 3월 14일 보물로 지정됐다. 문화재청은 조사 결과 ▲금고의 명문(銘文)에 '삼도대중군사령선(三道大中軍司令船)에서 사용했고 1586년(선조 19년) 제작됐다'고 했지만 삼도(경상·전라·충청도)를 통괄하는 삼도수군제도는 1593년 이전엔 없었고 ▲당시 지휘관의 배는 '사령선'이 아니라 '좌선(座船)'이란 용어를 썼으며 ▲고리를 달기 위한 구멍이 기계로 뚫은 것처럼 깨끗하게 처리됐고, 명문 새김도 전통적 음각이 아닌 현대적 기법이 보였다고 밝혔다.

유석재 기자 karma@chosun.com

조선시대 보물 쇠북 '금고' 가짜로 드러나

문화재청 정밀조사

조선시대 삼도대중군사령선에서 사용했다는 쇠북인 '금고'(金鼓·1986년 보물 제864호로 지정·사진)가 가짜임이 밝혀져 보물 지정이 해제될 전망이다.

문화재청은 10일 "한 공예전문가가 '금고가 후대에 제작됐다'는 문제를 제기해 지난 수개월간 정밀조사를 실시했다"며 "금고의 명문에는 '삼도대중군사령선 승전금고(三道大中軍司令船 勝戰金鼓)' '만력14년 병술년(1586년)'이라고 돼 있으나 삼도수군제도는 1593년에 나타난 것"이라고 밝혔다.

문화재청 동산문화재과 손명희 학예연구사는 "쇠북에 고리를 달기 위해 뚫은 구멍이 전통적 방법이 아닌 기계로 부공한 것처럼 아주 깨끗하게 처리돼 있다. 또 금고면 녹의 분포도가 고르게 퍼져 있어 다른 청동유물의 녹과 차이를 보인다"고 말했다. 명문을 새긴 방식도 한 자씩 끌로 쳐내려가는 전통적 음각 기법이 아니라, 파내어 새긴 듯한 현대적 기법이 엿보인다는 조사 결과가 나왔다.

한편 4월에는 보물로 지정됐던 윤봉길 의사의 유품 중 연행사진 2매와 친필액자 3점이 진본이 아닌 인쇄본으로 밝혀져 보물 지정에서 해제됐다. 또 1996년에는 '거북선 별황자 총봉'이 가짜로 밝혀져 국보에서 해제된 바 있다.

백성호 기자 vangogh@joongang.co.kr

장에 대한 보고서"다. 이 보고서의 목적은, 유기제작의 현대적 기계작업이 아닌 전기나 기계가 없을 때 우리 조상들이 했던 기법의 원형을 보존하는 것이었다. 정부에서는 1983년 6월 1일자로 세 분야를 지정하였고 1983년 12월『문화재대관이란』책자로 완벽하게 기록해 놓았다. 2002년도에 문화재청에서는 유기제작기법 등을 영상과 도서 등으로 새로 기록하였다. 당시 나는 안산에 현대식 철근 콘크리트 건물에서 공장을 하고 있었는데 촬영감독이 내게 공장을 옛날식 공방 건물로 지으라고 했다. 이때 나는 공방을 경북문경시 가은읍으로 옮기는 중이었고 내가 소유한 땅이 4만평이나 있었지만 감독이 요구하는 대로 "옛날공방"을 새로 건축하였다. 감독이 요구하는 대로 하는 것이 옛날 방짜기법으로 유기를 제작하는 취지에 맞는 일이어서 적극 협조했다. 자금 사정도 좋지 않았지만 반영구적으로 보존하기 위하여 당시 1억 원 이상을 들여 옛날식 공방을 건축하였고 옛날기법으로 제작 시

메질 많이 해야 황금으로 빛난다.

연을 하여 완벽하게 영상과 도서로 기록할 수 있게 하였다. 그 후 어느 날 문화재연구소에서 영상물을 시사 상영한다고 해서 우리 내외가 참여했다. 방짜유기, 안성유기와 반방짜유기 세 분야의 국가중요무형문화재가 모두 한자리에 모인 가운데 영상물을 시사했다. 그런데 영상물을 보니 반방짜는 '원형기법이 아니고' 새로운 방식으로 제작 시연해서 영상물로 기록했다는 것을 발견했다. 나는 그 자리에서는 이 문제점을 공개적으로 지적하지 않고 시사회 후에 제작 작가 안○○ 교수에게 물어보았더니 안○○ 교수가 반방짜 유기는 옛날 원형 방법으로는 못한다고 하여 할 수 없이 그렇게 했다고 대답했다. 나는 이때 '이건 아니다'라는 생각이 들었다. 막대한 국가 예산을 들여 제작한 영상물과 도서가 옛날 원형 기법이 아닌 방법을 옛날 방식이라고 기록하고 인정한다면 많은 사람들이 진실과 거짓을 혼돈할 것이다. 이 시사회 후 문화재연구소에서 내게 공문을 보내왔다. 이 공문 내용은 내가 시연한 방짜유기제조기법을 기록한 영상물과 도서를 교육 자료와 국내외 홍보물로 사용할 수 있게 허락을 해 달라는 것이다. 나는 가짜로 제작된 것(앞의 반방짜)과 내가 시연한 옛날식 방짜유기기법이 같이 취급되는 것을 허락할 수 없다고 거절하였다. 나는 이때부터 거의 7년간 이 문제를 바로 잡으려고 투쟁하였다. 문화재청장에게 이메일을 보낼 일이 있었는데 나는 메일에 다음과 같이 써서 이 문제점을 바로 잡기를 요구했다. '이봉주 내가 2007년도에 죽었다면, 국가보물 864호(앞

메질 많이 해야 황금으로 빛난다.

에서 말한 육군사관학교 박물관에 전시된 전시품)가 후손들에게 진짜 국가보물로 보여졌을 것이다. 2002년 문화재연구소에서 제작된 영상물과 도서는 가짜를 진짜로 교육하고 홍보하는 꼴이다. 당장에는 번거롭고 불편하겠지만 잘못된 것이 확실하므로 고쳐야 한다.' 2002년 부터 이렇게 투쟁을 한 끝에 마침내 사실이 언론에 보도되었다.

제77호 유기장 세 분야 가운데 반방짜 보유자 한ㅇㅇ 씨가 원형보존 차원에서 일하지 않아서 업자들이 민원을 제기했다. 그래서 문화재청에서는 2007년 12월 현장실사를 하였는데 이때의 실사위원들이 잘못된 보고를 하는 통에 민원이 해결되지 않고 문화재청장에게까지 확대되었다. 그래서 2008년 11월에 재차 현장실사를 하게 되었다. 윤열수 교수, 곽동해 교수, 고승관 교수 등 세 교수와 기능인으로 나와 김수영 등 다섯 명과 문화재청 김영회 사무관이 이틀간 실사를 했다. 실사 첫날, 교수인 실사위원들은 각자 카메라를 가지고 여덟 시간 꼬박 사진을 찍었다. 그날 저녁 일과를 토의하는 시간에 나는 '교수인 당신들은 하루 종일 열심히 가짜를 찍었다'고 말했다. 나는 내가 미리 준비한 유인물을 나눠 주면서 공부하고 내일 만나자 하고 헤어졌다. 다음날 아침, 내가 나눠 준 유인물을 읽은 교수들은 전날 자기네들이 속은 것을 알고 오늘은 현장에 가서 원형대로 하라고 요구하기로 했다. 나중에 현장실사 결과를 종합해 보니 모두가 '원형대로 하지 못 한다'는 결

메질 많이 해야 황금으로 빛난다.

2008년 11월 17일 월요일 52판　　　　제27337호　　　　조 선 일 보

"기능 보유안한 인간문화재 해제" 결정

문화재위원회 "반방짜 놋그릇 작업 흔적없다"
당사자는 "두드리는 기법 가진 것 맞다" 항변

인간문화재 공예인에 대해 '기능을 보유한 사람이 아니므로 인간문화재에서 해제해야 한다'는 문화재위원회의 결정이 내려졌다.

문화재위원회 무형문화재공예분과(위원장 박대순)는 지난 7일 회의를 열고 중요무형문화재 제77호 유기장(鍮器匠) 보유자 중 한 사람인 한모(60)씨를 중요무형문화재 보유자(인간문화재)에서 해제하는 절차를 밟을 것을 의결했다. 문화재위원회 측은 지난달 전남 보성의 한씨 공방에서 실사를 벌인 결과 ▲실제로 작업을 한 흔적이 없고 ▲유기장 기능이 없는 것으로 판단되며 ▲전수자 양성이 확인되지 않는다는 등의 이유로 이와 같이 의결했다고 밝혔다.

문화재청의 심의·자문기구인 문화재위원회가 이와 같이 결정함에 따라 문화재청은 곧 한씨의 보유자 인정 해제 예고 사실을 발표한 뒤, 30일 간의 의견 수렴 과정을 거치는 절차를 밟을 것으로 보인다. 이후 문화재위원회가 최종 해제를 의결할 경우 이를 문화재청장이 확정 발표하게 된다. 이에 대해 한씨는 본지와의 통화에서 "두드리는 기법으로 놋그릇을 만드는 기능을 지닌 것이 사실인데, 억울한 일을 당했다"고 말했다.

한씨는 지난 1997년 반방짜유기 기능을 인정받아 중요무형문화재 보유자가 됐다. 반방짜유기는 절반은 주물로, 절반은 방짜기법(녹인 쇳물로 덩어리를 만든 뒤 망치로 쳐서 그릇을 만드는 기법)으로 만드는 놋그릇이다. 한씨가 대표이사로 있는 D전통공예는 포장지에 '대한민국 정부 지정 중요무형문화재'라는 문구를 적거나 한씨의 낙관을 찍은 유기 제품을 생산해 서울의 대형 백화점, TV홈쇼핑, 인터넷 쇼핑몰 등을 통해 유통시켜 왔다.

유석재 기자 karma@chosun.com

론을 내렸다. 이 사건을 마무리 짓는 문화재위원회 청문회에 참석하라는 공문을 받은 나는 청문회 답변서를 유인물로 준비했다. 청문회에 참여한 나는 청문회 회장의 양해를 구하고 준비한 유인물을 배포하고 간단하게 끝내고 왔다. 이렇게 해서 중요무형문화재 제77호 한ㅇㅇ은 해제되었다. 한ㅇㅇ씨는, 개인적으로 생각해 보면 애석하고 안 된 일이다. 하지만 나는 한ㅇㅇ씨에게 아무 감정이 없었다. 내가 내 나이에 개인에게 욕먹는 것을 겁내거나 누구에게 사적인 감정이 있어서 이런 행동을 한 것은 아니다. 나는 단지 가짜가 진짜가 되어 후대로 이어지는 것을 막는 것이 내 임무라고 생각했기 때문에 이리 한 것이다.

안성유기 김근수 선생은 일찍부터 명예보유자로 되어 있어서 주물기법 유기장을 새로 지정해야 했다. 문화재청에서는 문화재위원 추원교 교수, 곽동해 교수와 유기장인 나를 현장실사위원으로 위촉 구성하

메질 많이 해야 황금으로 빛난다.

였다. 안성유기 공방의 조교 김수영 씨가 실사에 응하였다. 실사를 마친 후 나는 심사보고서에 다음처럼 썼다.

"김수영 씨 외에도 기술자들이 많지만 김수영 씨는 부친인 김근수 선생의 대를 이어 기술자가 되었고 자기 공방과 시설을 갖추고 있다. 항상 공방에서 기능공으로 일하고 있으며 이웃사람들에게 칭찬을 받는 사람이기에 중요무형문화재 유기장 77호로 추천한다."

물론 나의 이런 실사보고서 이외에도 여러가지 절차와 평가에 따라 김수영 씨는 77호 유기장으로 결정이 되었다. 내가 추천한 사람이 유기장이 되니 나도 기쁘고 김근수 선생도 몹시 기뻐했다. 김수영 씨 내외가 우리 집에 찾아와 감사의 인사를 했다. 나는 새 유기장이 된 김수영 씨에게 앞으로 진실되게 자기 임무를 다하라고 당부했다.

메질 많이 해야 황금으로 빛난다.

02

유기 제작기법의 변화와 발전

1. 글을 시작하면서

나는 내 기억력이 더 나빠지기 전에 내가 살던 세대의 유기의 현황과 그간의 발전사를 기록코자한다. 나는 1991년 1월 30일 "납청양대"라는 책을 발행하였다. 그 뒤 1995년 12월 10일 재판을 하고 2010년 6월 1일 4판을 발행하였으니 이 책이 꽤 많이 보급된 상태다. "납청양대"는 주로 유기의 역사, 성분, 공구와 전통기법 등을 후손들에게 전하자는 목적으로 기술하였다. 지금부터 기록하는 내용은 위의 책과 중복되는 부분도 조금 있는데 이것은 앞으로 말할 내용을 이해시키기 위한 참고 자료이다.

메질 많이 해야 황금으로 빛난다.

2. 양대와 방짜

내가 1948년 12월 월남하여 탁방주의 공방인 '서울양대'에 입사했을 때 남쪽에서는 방짜라고 칭하여야 알고 양대라고 하면 사람들이 알지 못했다. 북에서는 동 16냥 1근에 석 4냥 5돈을 합급해서 단조하여 만드는 그릇을 '양대'라고 했고 주물유기는 '통쇠'라고 했다. 그리고 주물유기공장은 '통점'이라고 했고 양대공장은 '놋점'으로 불렀다. 남한에서는 지금도 양대를 '방짜'라고 부르고 있다.

3. 북한 양대공장의 최후

납청에는 1945년 우리나라가 일제에 해방되기 전까지 김복초, 김병철, 김응호, 최재성, 이병제, 임창원과 통합유기 등 약 20개 공장이 있었다. 해방되고 나서 북한에서는 1948년 고 임창원(2004년 작고) 씨의 공장이 문을 닫으면서 오랜 세월 동안 전승되어오던 방짜유기 문화가 끝이 났다. 내가 1995년 경에 임창원 씨를 만나 북한에서 공장을 그만 둔 경위를 물어 보았다. 어느 날 갑자기 정주 경찰서에서 모든 것을 몰수하고 심문했다고 했다. 경찰은 계획경제체제에서 당의 허락 없이 유기공장을 운영한 것과 노동법위반이라는 죄목으로 공장을 폐쇄하고 운영을 정지시켰다. 해방 당시 대부분의 사람들은 계획경제, 자유경제와 노동법 등에 대해서 잘 알지 못하였다. 양대(방짜)공장은 월급제가 아니고 생산한 양대(제품)의 근수를 인건비로 곱해서 임금을

메질 많이 해야 황금으로 빛난다.

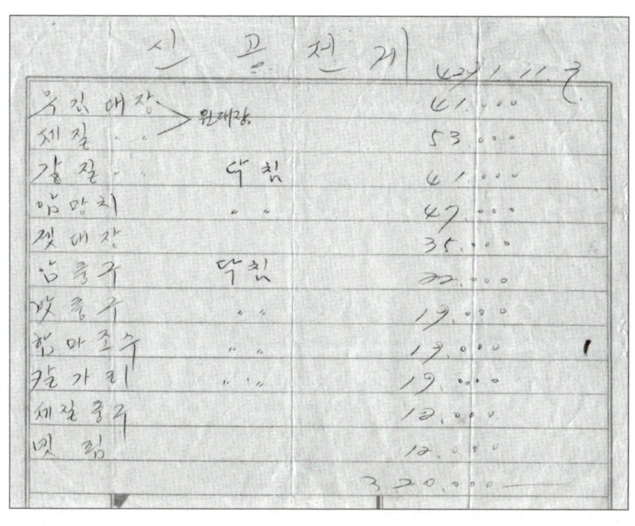

신공전계: 옛날 전통식 유기 임금 계산 방식.

계산했다. 임금은 5일에 한 번 계산하거나 한 달에 한 번 계산해서 받았고 용돈이나 생활비 등이 필요하면 가불을 하였다. 계산을 보는 날이면 '생산근량 X(곱하기)인건비'로 임금 금액을 계산해서 원대장이 점주에게 받아 자기 아래 일꾼들에게 분배했다. 성수기에는 밤이고 낮이고 일을 했으므로 인건비를 많이 받았고 비성수기에는 몇 달 며칠을 휴업해도 인건비는 일절 받지 않았다. 이런 계산법과 임금 방식이 오랫동안 지속되어왔고 이 방식이 방짜 공장의 상식이요 전통이었다.

그런데 갑자기 해방이 되고 공산당이 집권을 하면서 이런 방식이 노동법에 위배되고 당의 허락 없이 공장을 운영했다는 이유로 공장을 폐

메질 많이 해야 황금으로 빛난다.

쇄했다니 참으로 어처구니가 없었다. 이 때문에 북한 지역에서 오랫동안 계승·발전되어 오던 방짜유기 문화가 한순간에 사라지게 되었으니 애석한 일이다.

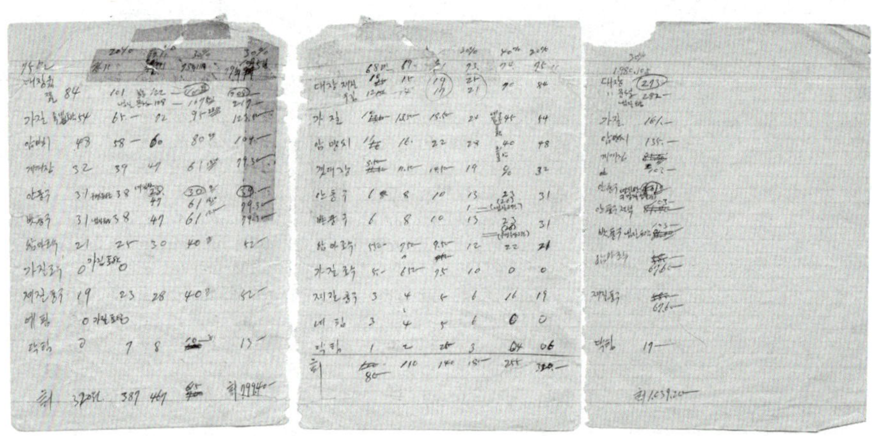

옛날부터 인건비를 배분하던 방식대로 기록해놓은 장부이다.

메질 많이 해야 황금으로 빛난다.

다음은 납청의 옛날 모습(그림지도)과 그 후 납청의 변화를 알 수 있는 사진(1990년 납청의 모습을 찍은 사진)과 그 사진을 설명하는 편지글이다.

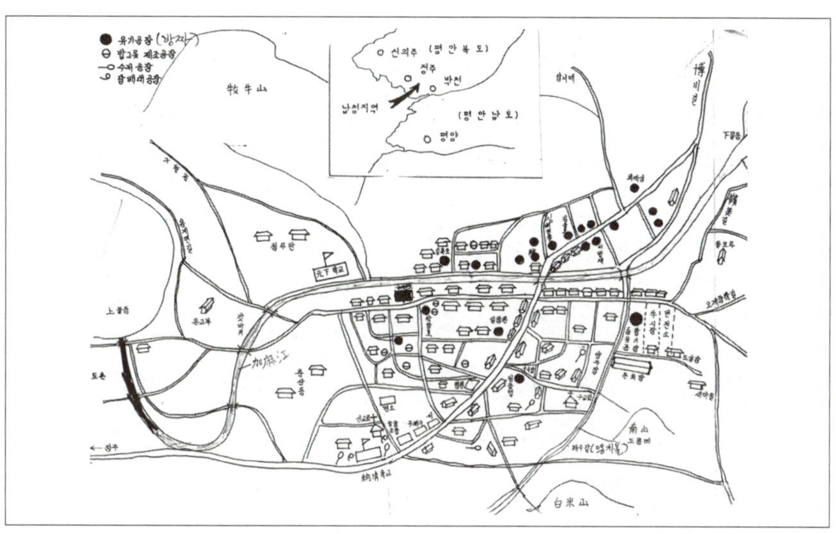

중앙에 보이는 다리가 해방 후에 건설된 다리이다. 이 다리가 박천에서 정주로
이어지는 새 다리이다. 옛날에는 우리집 앞을 지나 정주로 갔는데 이 다리가
건설된 후로는 남산 앞으로 해서 정주까지 갈 수 있다고 한다.

메질 많이 해야 황금으로 빛난다.

(중간생략)

43년 만에 방문한 고향 한마디로 다 표현 할 수가 있겠고 글로 다 쓸 수 있겠는가?

납천이는 옛날 형적을 찾아 볼 수 없고 새로 농가 같은 집이 들어서 있고 옛날 양조장 놋
그릇 회사(점심때 싸이랜 불든 곳)도 형적이 없고 양조장은 일개군에 일개씩 있게 되어서
안주에 양조장이 이전하고 납천이는 농촌 같은 기분이 드렀네. 삼형제 바우(돌)도 없어지
고 삼형제 바우가 어디냐고 물으니깐 돌이 다 제거되고 물만 옛날과 변함없이 흐르고 있
었네.

옛날 면사무소 우체국 주재소는 사진에 보는 것과 같이 깻모루에서 가산편쪽으로 오는 긴
중간 삼형제 바우 좀 지나서 그 전 문전이 고읍 가든 길과 가산편 쪽으로 긴 세멘트 다리
를 놓고 그 다리를 건너서 가산편 쪽(그 전에는 집이 없었음)에 모든 관공서가 있고 납청
이 중요 시가지로 되어 있었네. 중요 시가지라 하지만 배급주는 곳이 있고 상점 술집 등이
없고 한산 하여 보였네. 목우산을 사진 두장을 찍어서 필림을 보내니 한장에 다리가 좀 보
이는데 그건 너 가산편쪽이 중요 시가지이네. 도롱매는 과수원이라고 해서 나무를 전부
자르고 마실 사과나무를 심었고 역은 정주역다음 고읍역, 그다음에 역인데 령미가 운전역
이 되고 령미는 없어졌네.

납천이 주소는 운전군(군청소재지가 그전령미) 청정리, 이러케되고 정주군 마산면이든 마
산면(면단위)은 없어졌네. 목우산을 새말(나 살던 곳)에서 찍었는데 앞에 보이는 집들은
새말 집들이네.

거기 있는 사람 말을 들으니까 납청이 잇는 집을 전부 가산편 쪽으로 전부 이주 시키고 남
천이 집터는 전부 농토로 만든다고 말하였네.

1990.10.23

캐나다에 거주하던 Y.K.KIM 이 박성현씨에게 보낸 편지 중에서

메질 많이 해야 황금으로 빛난다.

4. 남한의 유기업과 탁창여 방주

이남에도 방짜공장이 있었는데 징과 꽹과리를 주로 생산했고 이 분야가 발달되어 있었다. 아주 먼 옛날에는 몰라도 해방 전후 시절에는 전국의 양대는 모두 납청 것이었다. 또 납청에서는 징과 꽹과리 등은 거의 만들지 않았다. 삼팔선이 가로막히니 양대를 남한에 보급할 길도 없고 북한에서는 양대공장을 못하게 했다. 이런 시기를 사업의 기회로 삼은 사람이 있었으니 그 사람이 고 탁창여 방주이다. 탁창여 씨는 평북 박천군 서면 운포동 출신인데, 이분이 내게 들려준 말에 의하면, 이분은 황해도에서 보부상도 했고 가게도 했는데 어떻게 하다가 빚을 지게 되고 빚에 몹시 시달리다가 이남으로 왔다고 했다. 이분은 남한에 와서 유기행상을 하다가 서울에 정착하여 유기가게를 시작하였다. 소성기(: 주발과 대접 종류)등은 이남에서도 얼마든지 구할 수 있지만 양대는 구할 수 없으니 궁리 끝에 납청 지역의 대장들을 월남시켜서 양대공장을 차렸다고 했다. 이것이 남한에서 양대공장이 시작된 계기이다.

탁창여 씨(이하 탁방주)는 처음에 서울 용산구 후암동 당시 수도여고 옆에 조광기계라는 철공소의 공기 함마를 빌려서 쓰기로 하고 양대공장을 시작했다. 이 조광기계라는 철공소는 해방 전 일본인들이 소유하고 곡괭이와 삽 등과 광산용 공구 등을 생산하였던 공장이었다. 해방이 되자 이 철공소를 송재근이란 자가 불하를 받아 사용하고 있었다. 이 철공소에는 공기 함마 10마력짜리가 두 개가 있었는데 탁방주는

메질 많이 해야 황금으로 빛난다.

송재근에게서 공기 함마 한 대를 세 내어 쓰기로 하고 공장을 시작했다. 이때는 전력사정이 좋지 않아서 발전기를 이용하여 전기를 생산해내는 발전기사가 따로 있었다. 북에서 생산해서 남으로 오던 양대가 품절되고 탁방주가 남한에서 함마로 대야와 양푼 등을 생산해냈는데 호황을 이루었다. 이것이 남한 전국에 양대가 보급되게 된 경위이다.

그 후 청량리에 이병제(본래 납청에서 양대공장을 하던 분이었다) 공장이 생겼다. 1947년 부터 1950년초 까지 호황을 이루어 김찬규 대장이 하루 쌀 두 가마 값을 벌었다. 1950년 6월25일 전쟁이 시작되고 휴전까지 약 3년간은 모든 양대 공장이 문을 닫을 수밖에 없었으므로 양대는 생산되지 않았다.

5. 휴전 후 남한의 양대공장들

1953년 경 다시 서울에 사람들이 모이기 시작하자 영등포 양남동에 박은항, 이제화와 박희섭 등이 해방 전 일본인들이 사용하던 함마를 이용하여 양대 공장을 설립했다. 1951년 1·4 후퇴로 납청지방에서 월남한 이들이 많아 대전에 한 곳 김천에 한 곳 등 납청양대를 만드는 공장이 다섯 군데 정도 생겼다.

영등포 양남동 공장은 박은항이 점주인 동시에 방주였고 원대장은 박은항 박은각 형제 둘이 원대장이었다. 이제화는 남한에 와서 원대장

메질 많이 해야 황금으로 빛난다.

이 된 사람으로 방주 겸 원대장이었다. 박희섭은 본래 가질대장이었는데 원대장 겸 방주였고 박진섭이란 자가 사무를 보았다.

청량리공장은 김봉섭 대장이 점주이고 이병제 노인이 방주였다. 대전의 공장은 김농도 대장이 점주이고 몇 명이서 동업한 것으로 알고 있다. 김천의 공장은 김보근이 원대장이고 그의 형인 김석운이 가질대장, 김보근의 아들 김재인이 제질을 배워서 제질을 하여 짝대장이었다.

탁방주는 9·28수복 후에 북아현동 북성초등학교 정문 앞에 있던 둘째 아들 탁광봉 집에 공장을 차렸다. 집의 바람 벽을 헐고 전기 시설을 하고 원효로 중고 기계상회에서 반파된 함마를 사 와서 함마기사(이름이 김봉삼)에게 수리를 시켜서 공장을 차렸다. 이 공장은 이때부터 1957년도까지 최고의 수입을 올렸다.

6.양대와 납청 출신 사람들

한 가지 특이한 것은, 북에서 월남한 많은 분들이 거의 표준말을 쓰지만 나는 월남한지 50여년이 지나도 고향 사투리를 쓰는 것이다. 이 이유는 월남하여 처음 일을 시작하고 10여 년간은 함께 일하는 공장 구성원들이 모두 납청 출신이기 때문이다. 손이 맞지 않으면 작업이 불가능하므로 납청 출신들뿐이 없었다. 항상 고향사람들하고만 생활

메질 많이 해야 황금으로 빛난다.

하니 말씨가 달라지지 않았다.

7.연료의 변화

오랜 세월 동안 연료는 소나무 숯만 사용해 왔다. 1960년 박정희 정권이 들어선 후 산림보호법에 의하여 숯을 구울 수 없게 되었다. 그래서 1961년에 전국의 유기공장들은 연료 때문에 문을 닫았다. 각 가정은 난방과 취사를 위해 연탄을 땠는데 이 연탄 가스로 인해 유기들은 색이 변했다. 연탄가스에도 변색이 되지 않는 양은과 스텐레스 그릇을 유기 대신 사용했다. 이렇게 숯을 연료로 쓸 수 없고 유기를 대체할 수 있는 새로운 그릇이 나와서 유기공장들은 거의 동시에 문을 닫았다. 이때부터 약 25년 동안 유기기술자들은 전업을 했고 숫자가 줄었고 유기 기술을 새로 배우는 사람이 없었다. 전통 기술이 단절될 수밖에 없는 위기였다. 양대공장에서 사용하는 연료는 반드시 소나무 숯이어야만 했다. 참숯은 불똥이 튀고 부숴졌다. 불똥이 튀면 화상도 입을 뿐 아니라 쇠도 잘 달구어지지 않았다. 소나무 숯이라야 쇠도 잘 달구어지고 빠르게 일할 수 있었다.

오랜 세월 동안 소나무 숯만을 연료로 써야 했기 때문에 어려움이 많았다. 나는 1960년경 구로동에서 공장을 하고 있었다. 이때 기사는 김봉삼이라는 분이었는데 이분은 납청 출신이었다. 이 당시 공기 함마가 고장이 나면 김봉삼 기사를 불러 수리를 부탁하곤 했다. 어느날 나는

메질 많이 해야 황금으로 빛난다.

이분에게 용해를 하는데 숯이나 석탄 말고 다른 연료가 없겠냐고 물어보았다. 그런데 이분이 다른 연료로도 할 수 있다고 장담했다. 그때까지만 해도 양대 공장 연료는 숯과 석탄 밖에 없었다. 그래서 새로운 연료를 개발할 필요가 있었다. 그런데 김봉삼 기사가 숯과 석탄이 아닌 다른 방법으로 할 수 있다고 장담을 하니 도전 의욕이 생겼다.

그 당시는 흑연 도가니 30번 짜리(: 30번은 쇠 중량 30kg을 담을 수 있는 도가니를 말한다) 두 개를 로 안에 넣고 기름버너로 불을 쏘면 도가니와 도가니 사이로 불이 나가서 불이 팽팽 돌도록 되어 있었다. 모든 분들이 김봉삼 기사는 '까마귀 꿩 잡아먹을 궁리 한다'(: 속담으로 가당치도 않은 생각이란 뜻이다)고 수군거렸지만 나는 김봉삼 기사에게 얼마면 하겠느냐 물었고 기사는 30만원이면 된다고 해서 담판을 지었다. 나도 될지 안 될지 모르니 계약금은 없고 성공하면 요구하는 액수의 두 배를 주겠다고 했다. 이 제안에 김봉삼 기사가 응해서 새로운 시도를 했다. 당시 모든 사람들이 안된다고 했고 만약 내가 계약금을 주었는데 실패하면 나만 손해를 보게 되기 때문에 성공하면 요구 액수의 두 배를 주겠다고 한 것이다. 숯이나 석탄으로 하면 한 시간이면 한 도가니를 용해하는데 한 시간 삼십분이 지나도 용해가 안 되었다. 주위에서 구경을 하던 사람들도 이렇게 될 줄 알았다고 비웃었지만 김봉삼 기사는 이를 개의치 않고 두 시간 만에 성공을 해 보였다. 그 다음 도가니부터는 숯으로 하는 것보다 빠르고 힘도 안들이고 효과적으로 용해를 해

메질 많이 해야 황금으로 빛난다.

낼 수 있었다. 이렇게 처음으로 연료 대체를 성공적으로 하고 약속대로 60만원을 지불하였다. 이 일이 있은 후 부터 누구도 숯을 연료로 써서 용해를 하지 않았다. 우김질과 제질은 소나무 숯이 없으면 잡목 숯을 구해서 일을 하였는데 당시 숯 한 트럭을 사면 일주일 정도 사용할 수 있었다.

우김질과 제질의 연료가 숯에서 다른 것으로 대체된 것은 1961년 경 강서구 염창동 공장에서였다. 이 공장 옆에 스텐식기를 주물하는 성이용이란 사람이 있었다. 스텐레스는 고온고열이 아니면 용해가 불가능하다. 스텐을 녹이려면 약 20cm 폭의 로를 내화벽돌로 약 60cm 정도 높이로 쌓아 올리고 무연탄으로 흑연 도가니의 스텐을 녹였다. 이때 환풍기 바람이 세게 나오니까 불꽃이 위로 많이 올라오는 것을 보고 내가 실험을 해 보았다. 불꽃 위에 방짜 쇠를 달구어 보니 잘되었다. 다만 불편한 점은 숯과 달리 대야 몇 개를 제질하고 나면 석탄 재를 꺼내야 했는데 이 일이 상당히 험했다. 그래도 그때는 숯을 구할 수 없는 시대였으니 당분간 이렇게 석탄을 사용했다. 이런 시도와 노력을 계속 한 결과 제질과 우김질의 연료로 경유를 쓰게 되었다.

8. 유기가 진유공예품으로 만들어지다

1961부터 1962년까지 이 기간은 유기 산업의 최악의 시기였다. 1962년 산림법이 제정되고 나서 도시는 물론 농촌까지도 화목이 아니

메질 많이 해야 황금으로 빛난다.

고 연탄을 때는 시대가 되었다. 연탄을 때니 유기는 변색이 되었고 변색이 된 그릇은 쓸 수 없으므로 사람들은 오래된 유기든 새 유기든 거의 모든 유기를 고물상에 팔았다.

이런 불경기가 계속되던 중 탁방주 장남 탁광윤이 유기 쇠를 이용해서 진유공예품을 만들어 미국 등에 수출하는 길을 개척했다. 진유는 놋쇠라는 말과 같은 말이다. 놋쇠로 각종 공예품 견본을 만들어 미국에 가져가 보이고 수출의 길을 연 것이다. 옛날 식기나 대야 등을 주문받아 만들 때는 몇 십개가 고작이었는데 진유공예품을 수출을 하니 주문 단위가 몇 만개씩 되었다. 그래서 탁광윤의 회사는 급작스럽게 무역부를 신설하고 본격적으로 유기공예품을 생산하고 수출하는 회사가 되었다. 자기 공방의 수 십 명의 인부가 생산하는 양으로는 수출 물량을 맞출 수 없었다. 전에 유기 기술이 있던 분들은 작은 공방을 차리고 이 회사의 하청을 받아서 진유 공예품을 생산 수출했다. 이렇게 탁광윤의 회사(동화공예사)가 급성장하였고 수출도 많이 해서 정부에서 표창도 많이 받았다. 그 뒤 대광공예와 조선유기 등 여러 회사가 설립되었고 우리민족이 오랫동안 사용해 왔던 식기들은 수 십년간 유기공예품으로 만들어져 해외로 나갔다.

9.유기 대신 농악기를 만들다

양대가 안 팔리고 경기가 없어서 나는 공장과 기계를 빚에 다 넘길

메질 많이 해야 황금으로 빛난다.

수 밖에 없었다. 공장을 운영할 수 없던 시기에 나는 경북 함양군 안의면의 징 공장에 가 본 적이 있다. 내가 이곳에 갔을 때 함양군 안의면에는 여섯 개의 징 공장이 있었다. 이 여섯개 징 공장의 대장들은 이용구, 최영민, 박성기, 이용득, 오진군과 오덕수 등이었다. 이 징 공장들은 모두 없어지고 2011년 현재 이용구대장의 공방만 존재하고 있다. 당시 징 공장에 가 보니 완전히 옛날식으로 밤새도록 6명이 징 6개 정도를 만들고 있었다. 내가 보았을 때 농악기인 징은 유기그릇에 비하면 기술의 수준이 평이했다. 나는 이때 유기그릇은 경기가 없으니 생산하지 않고 광징, 제금, 징과 꾕과리 등 타악기만 만들어야겠다고 계획했다.

10.로라 설치

질디안(Zildjian)사는 세계 최고의 심벌(Cymbals)제조 회사이다. 나는 1981년 미국 보스턴 인근에 있는 질디안(Zildjian)사에 가 보았다. 이때는 우리나라 형편이 아무나 외국에 갈 수 없었다. 여러 경로를 통해 미국에 갈 수 있는 방법을 모색해보았지만 여의치 않았다. 그러던 중에 이봉우 장로, 손강호 장로와 목사 등 약 15명이 미국 캘리포니아 크레이몬드신학대학에 연수를 갈 수 있었다. 나는 이 기회를 이용해서 질디안사에 가 보기로 했다. 크레이몬드 신학대학에서 연수를 받던 중 질디안에 가려고 방문 신청을 했더니 질디안사 측에서 나의 방문을 거

메질 많이 해야 황금으로 빛난다.

절했다. 질디안측이 내 방문을 거절한 이유는 한국에는 방짜기법이 없다고 알고 있었기 때문이었다. 그래서 친구인 이흥준 목사와 이 문제를 의논했더니 이목사가 도움을 주었다. 이목사는 질디안에 전화를 걸어 '한국에도 방짜기술이 있고 내가 한국의 방짜 기술 일인자'라고 소개를 했다. 이렇게 해서 방문을 허락받고 질디안 공장에 갈 수 있었다. 이 공장에 견학을 갔을 때 탁방주의 큰 손녀 탁정희가 안내와 통역을 맡아 주었는데 큰 도움이 되었다.

가서 질디안 회사의 내역을 알아보니 회사 주인은 본래 터키 사람인데 4대째 심벌공장을 하고 있었다. 공장을 견학하고 난 뒤 질디안사에서는 나를 '세계타악기개발위원'으로 부르면서 나를 알게 된 것을 기뻐했다. 이 후 미국 질디안사의 사장 일행은 내가 운영하던 안양방짜공장을 방문해서 우리나라 방짜기술의 수준을 보고 놀라워했다. 그리고 이듬해 1982년 5월 나는 한 달간 질디안 공장에 가서 일을 하면서 우리의 방짜 기술을 질디안사에 알려주었다. 이후에도 나는 자녀들과 미국을 여행하던 중에 이 공장을 방문한 적이 있다. 이렇게 해서 모두세 차례 질디안을 방문했다. 이 방문을 통해서 나도 질디안 측의 기술을 배워 올 수 있었는데 그 기술 중 하나가 바로 로라로 작업하는 것이다. 나는 우리 공장에 로라 시설을 하고 로라로 작업하기 시작했다. 옛날 우리기법은 수저와 젓가락 처럼 작은 것들도 물판에다가 하나씩 바둑을 만들어서 제조했다. 바둑을 크게 늘여서 프레스로 따서 쓰니까

메질 많이 해야 황금으로 빛난다.

능률도 오르고 무척 편했다. 그리하여 오랜 세월 동안 반드시 메로 쳐서 바둑(쇠)을 늘리던 기법이 로라로 미는 방법으로 변했다.

11. 분사땜과 산소용접

옛날에는 메질을 힘들게 하여도 구멍이 나거나 불량이 나면 모두 분사 땜해서 썼다. 옛날에는 분사 땜해서 잘 다듬으면 별 지장이 없었다. 80년대 들어서 산소용접을 해 보았지만 분사 땜을 한 것 만큼 완벽하지 않았다.

12. 계량기의 변화

모든 것이 근래에 와서 급변했는데 양대 계통에도 많은 변화가 있었다. 예전에는 쇠를 계근하려면 무거운 것은 양쪽에서 어깨에 작대기를 메고 한 사람이 저울추를 조종하였다. 지금은 계량기가 수 십 톤까지 계근하는 시대이다. 예전에는 쇠를 몇 덩어리씩 사서 쓰고 떨어지면 쇠를 녹일 때마다 사다 썼다. 지금은 한 번에 몇 톤 씩 사서 쓰는데 매년 수 십 톤을 산다.

13.공기함마

공기 함마는 1928년경 납청에서 김봉삼 기사가 기존 함마를 응용하여 개발한 것이다. 그 당시 양대공장들은 한 곳에 통합되어 있었다.

메질 많이 해야 황금으로 빛난다.

즉 여러 군데의 군소공장들이 한 곳에 모여서 운영되던 시기였다. 물론 외국에서 수입한 공기 함마가 힘이 쎄서 된다 안 된다는 논란은 있었지만 결국은 사람의 메질을 공기 함마가 대신했다. 이렇게 해서 인건비와 연료비 등이 절감되었다. 기존처럼 사람의 메질로 하던 공장들은 함마를 쓰는 공장의 경쟁력을 이길 수 없었다. 1928년경부터 1947년경까지 남한에는 함마없이 사람의 메질로 징과 꽹과리 정도만 생산되었다. 탁창여 씨가 용산 후암동에 조광기계의 함마를 빌려 쓴 것이 남한의 방짜공장이 함마를 쓰게 된 역사의 시작이다. 서울양대공장이 함마를 사용하고 있었지만 그 외 다른 남한의 공장들에서는 여전히 사람의 메질로 유기를 생산해냈다. 즉 남한 방짜공장은 납청에서 남하한 대장들보다 늦게 함마를 사용했다.

다음 글은 내책[납청양대]에서 인용하여 옮긴 것이다.

1. 제가 입문할 당시 1948년 당시는 바람을 내는 방법으로 풍구를 사용했습니다. 지금을 풍구를 사용하지 않고 전기 송풍기(후왕)으로 바람을 냅니다.

2. 연료는 오랜 세월 솔 나무 숯만 사용하였는데 지금은 솔 나무 숯이 귀하여 석유나 가스를 사용하여 용해와 가열 등을 합니다.

3. 주 원자재는 석 22%:동 78% 예나 지금이나 변화가 없습니다. 주석이 값이 비싸다고 더 많이 합금하면 안됩니다. 전에는 원재료가 귀하여 상 파동을 썼지만 지금은 주석은 말레이지아산, 동은 전기동 가장 순도가 높은 것으로 100% 조달청에서 공급받아 사용하고 있습니다.

메질 많이 해야 황금으로 빛난다.

4. 전에는 방짜 기법으로 대야, 요강, 양푼, 징 등 큰 기물만 방짜 기법으로 하였
   는데 1983년 당시부터 소비자들의 요구에 의하여 반상기 식기 등 작은 그릇
   을 생산하게 되었습니다. 작은 기물은 옛날 방식으로는 제작이 거의 불가능
   합니다. 오랜 시간이 경과하면서 옛날 기법에 새로운 공구를 개발하여 새로
   운 기법을 합하여 작은 유기 그릇까지 생산하고 있습니다. 새로운 공구라 함
   은 공기함마, 로라, 프레스, 스피닝기계(시보리기계) 등 공구를 개조하거나
   우리 용도에 맞게 설치 사용하고 있습니다.

   확실한 것은 합금비, 용해, 열간단조(: 불에 달구어 늘리는 작업), 성형, 담금질,
벼름질, 가질 등 모든 공정을 다 거쳐야 되며 아직까지도 숙련공들에 의하여
수공의 작업에서 벗어나지 못하고 있는 실정입니다.
   이러한 사실들은 1983년경부터 카달로그나 공중파 방송 방영시 공개적으로
알려온 사실입니다.

메질 많이 해야 황금으로 빛난다.

유기대장들을 회고하다

　오랜 세월이 흘러 지금은 납청 출신 대장들이 모두 타계하고 원대장으로는 나만 혼자 살아 있다. 가질 대장으로는 박정선 한사람만 생존해 있었는데 이 사람도 2008년 사망했다. 그 당시 원대장 김봉섭, 김보근, 김의선, 박은왕, 박은각, 이제화, 박경진, 박희섭, 김농도. 짝대장 이원팔과 김재인이 있었다. 이들 원대장들 각각의 개성과 기술을 내가 보고 느낀 대로 기록한다.

메질 많이 해야 황금으로 빛난다.

원대장이 되면 거적장사 한다

'원대장이 되면 거적장사 한다'는 말이 있다. 원대장은 나이가 젊고 경기가 한창 좋을 때는 돈을 엄청 많이 번다. 하지만 대부분의 원대장들은 돈을 낭비하여 부자가 못 되고 주색에 빠져서 건강도 해친다. 또 원대장이 나이 들고 경기가 안 좋으면 수입도 없어 거지 신세가 된다. 가족들에게 인정을 못 받다가 장사 지낼 때는 관 살 돈도 없어 거적(: 짚으로 만든 것)에 말아서 장사 지낸다.

김ㅇㅇ이란 점주는 양대를 만들어도 하나 같이 붓으로 그린 듯 정교하게 만들던 원대장이었다. 물론 같이 팀을 이뤄 일하는 노ㅇㅇ과 이ㅇㅇ 모두 일류였다. 김ㅇㅇ 원대장은 본처와 자녀들이 있었어도 첩을

메질 많이 해야 황금으로 빛난다.

데리고 살았다. 그는 탁방주 공방에서 나이 예순 살까지도 일을 못 하고 일찍 퇴직을 했다. 그는 여생을 투망을 만들거나 투망질하며 물고기를 잡아 팔면서 생계를 잇다가 돌아가셨다.

노○○씨는 키가 커서 별명이 로스케였다.

이준선은 키가 작아도 다부진 사람이었다. 김○○, 노○○와 이○○(가질대장) 세 분은 당대에는 일등 소리를 듣던 대장들이었지만 성공하지 못하고 불행한 말년을 보내다가 생을 마친 분들이다.

또 다른 김○○ 원대장 이야기를 하겠다. 김○○ 원대장은 내가 후암동 탁방주 공방에서 일을 배울 때부터 그곳에서 한동안 일을 하였다. 일꾼 방에서 나를 비롯해 젊은 남자들 세 명이 같이 자곤 했는데 젊은 여자 하나를 꼭 껴안고 자곤 했다. 젊은 남자들이 함께 잠자는 방인데 따로 방을 마련해 그 여자와 잠을 자면 될 것을 왜 그랬는지 참 이상한 분이었다.

이병섭이 나에게 위의 김○○ 원대장의 형에 대해 이야기해 준 적이 있다. 이 형도 원대장이었다(이하 형 원대장). 이 형제들은 해방 후 1946년경 애오개(서울 아현동에 있는 고개) 방짜공장에서 대장으로 일했는데

메질 많이 해야 황금으로 빛난다.

이 때의 이야기이다. 하루는 방주가 밀체비(밀가루를 만들어서 만든 음식)
와 영계백숙을 맛있게 해서 점심상을 차려 방에 보냈다. 그런데 형 원
대장은 '방주놈 불러 오라고' 호통을 쳐서 방주가 어쩔 줄 모르고 방에
들어갔더니 방주의 따귀를 때리며 이것이 인간대접이냐고 난리를 부
렸다. 주인이 신경써서 맛있는 음식을 마련하여 주었는데 자기 입맛에
안 맞는다고 이런 짓을 한 것이었다. 자기가 대장이라고 곤조(: 일본어
로 근성, 마음보, 성질 등의 뜻이다. 우리나라에서는 〈이 녀석은 곤조가 아주 나빠!〉
에서 처럼 〈좋지 않은 성격이나 마음보〉, 〈평상시에 드러나지 않는 본색〉, 〈나쁜 근
성〉을 가리키는 말로 쓰인다)를 부린 것이다. 방주는 원대장에게 더 잘 해
주려다가 이런 행패를 당하니 어처구니가 없고 억울했지만 참을 수 밖
에 없었다. 왜냐면 양대점을 계속하려면 이 원대장 형제 일행을 내쫓
고는 할 수 없기 때문이다. 이 형제 원대장들도 점주의 이런 사정을
알고 이렇게 곤조를 부린 것이다. 양대 공장 주인들은 간혹 이런 수모
를 당하고도 대장들을 떠받들 수밖에 없었다. 그만큼 대장의 숫자가
많지 않아서 대장들은 귀한 대접을 받았다.

　박○○ 대장은 점주이자 방주였다. 1·4 후퇴 때 월남한 사람들은
너무 가난해서 먹을 것이 없어서 할 수 없이 박○○의 공장에서 일을
하였다. 당시 이병섭씨는 박○○공방에서 일을 하던 분이다. 쇠는 밤
새 녹이는데 쇠 녹이는 조수(바깥 풍구)가 쇠를 녹이다가 깡통에 들어

메질 많이 해야 황금으로 빛난다.

있는 쇼팅(: 돼지 기름인데 용해할 때 쓴다)을 숟갈로 퍼먹었다. 그런데 이 순간 방주가 쫓아 나와 쇼팅이 든 깡통에다 함마칸에서 흘러나온 폐유를 섞어서 먹지 못하게 했다. 공방은 대부분 방주가 잠자는 방과 붙어 있는 구조라서 방주는 일간(일하는 공간)을 내다볼 수 있었다. 방주는 잠자다 말고(혹은 잠을 자지 않고 일하는 것을 감시하다가) 현장에 나와서 이 같은 짓을 했다. 피난 와서 먹을 것 없어 쇼팅으로 배고픔을 잊으려고 한 것인데……. 그 조수는 키가 크고 비쩍 마른 자였는데 이름은 기억이 안 나지만 박○○점주와 같은 고향의 박 씨였던 것으로 기억한다.

박은항과 박ㅎㅅ은 같은 마을 일가인데 고향은 정주군 남서면으로 나의 숙모 친정 동네 분들이다. 박ㅎㅅ은 가질 대장을 하다가 원대장 겸 점주가 된 사람이다. 설 명절인데 수금이 잘 안 되어서 다른 직공들은 명절 쇠라고 얼마씩 돈을 돌려주었지만 자기 동생이 방주인데도 명절 쉴 돈을 주지 않았다. 그래서 동생은 밀가루로 밀체비를 만들어서 아이들과 먹으며 자기 형을 원망하였다고 한다. 박ㅎㅅ은 수복 후 피난을 갔다 와서 갖은 고생을 다 하며 공장을 운영하였다. 수복 후 공장이 여러 개 생겨 경쟁이 심해서 어렵게 지내면서도 박ㅎㅅ은 영등포 로타리의 헌집 한 채를 샀다. 이 집은 당시 대장이던 박ㅎㅅ이 기생집에 가서 술 한 번 사 먹을 정도의 돈으로 산 것이었다. 몇 년 후 영등포 로타리가 넓어지고 그곳에 조흥은행이 들어서자 박ㅎㅅ씨는

메질 많이 해야 황금으로 빛난다.

이집 때문에 부자가 되었다. 그 후로 박ㅎㅅ씨는 방짜공장은 그만두고 한평생 편하게 살다가 돌아가셨다.

　후암동 탁방주 공방에서 내가 일을 배우기 전부터 그곳에서 일을 하시던 분 중에 김의ㅇ 대장이 있었다. 김의ㅇ 대장은 본래 재간이 많아서 별명이 재간둥이였다. 우김질을 배울 때 자기 부인의 도움을 받으며 바가지를 가지고 일을 배웠다고 했다. 힘을 안 들이고 일을 하려고 꾀를 냈고 일을 하면서도 이문을 계산하면서 불평을 하였다. 대야 한 개 만들면 대장은 얼마 벌고, 숯 한 포에 얼마인데 숯 한포에 대야 몇 개 만들면 주인은 얼마 버는데 자기는 조금밖에 못 받는다는 식의 불만을 조수인 내게 말하면서 일을 하던 분이다. 숯 한 포를 불 피워 놓았으면 숯불이 사라지기 전에 대야를 몇 개 만들고 쉬면 좋을 텐데 김의ㅇ 대장은 일부러 숯을 많이 피워놓고 주인이 손해가 나든 이익이 나든 상관하지 않았다. 이렇게 숯을 아끼지 않고 마구 숯불을 피워대니 선풍기도 없던 시절에 여름이면 더 더웠다. 탁방주 공장에서 내가 일을 배울 때에는 나의 선배요 선생이란 자리였지만 내가 구로동에 공장을 차렸을 때에는 내 공장에서 일을 했다. 이 분의 부인이 집을 몽땅 팔아 신앙촌에 바치고 난 후 이분도 함께 신앙촌에 들어가 살았는데 나중에 어떻게 되었는지 모르겠다.

메질 많이 해야 황금으로 빛난다.

김용도 대장은 납청에 있을 때에는 일등 대장이었다고 한다. 우리 어머니와 한 동네에서 자란 분이고 우리 사돈이 된다. 이분은 월남해서 대전에 가서 일 하다가 돈을 벌어서 대전 시내 목욕탕을 경영하고 있었다. 내가 염창동에 공방을 차리고 일할 때, 원대장이 부족해서 모셔오려고 대전에 가서 만나 뵈었다. 새벽에 기차를 타고 대전에 가서 김용도씨의 목욕탕에서 만났다. 말은 들어서 알고 있었지만 생전 처음 보는 분이었다. 이분은 얼굴이 곰보였다. 김대장은 내가 사정을 이야기하니 흔쾌히 합의를 해주셔서 우리 공방에 와서 일을 하셨다.

김용도 대장은 밥 먹는 것이 3분 정도 밖에 안 걸렸다. 일하다가 밥상이 방에 들어가면 즉시 방에 들어가 편히 앉지도 않고 쪼그리고 앉아서 식사를 했다. 밥을 계속 입에 넣고 짠 반찬(: 새우젓이나 젓갈류)을 한 번 입에 넣고 우물쩍 삼켜서 순식간에 밥그릇을 비웠다. 밥그릇을 비우자마자 즉시 일어나면서 물을 마시고는 작업장에 가서 또 일을 했다. 누가 시켜서 하는 것이 아니고 본래 이분의 습관이 그랬다.

풀무질꾼이 숯을 대고 풀무질을 하는데 보통 대장들은 숯이 아까우니까 적당히 숯을 댄다. 하지만 김용도 대장은 주인이 보면 처음에는 겁이 날 정도이다. 숯 한 포를 한 번에 모두 소탕에 쏟아 붓고 불을 피운다. 대개 숯은 한 번에 사분의 일(1/4)포씩 피워 놓는데 한 번에 한 포 모두 피우면 어떤 주인이든 놀랄 것이다. 그렇지만 다른 사람은 대야를 다듬으려면 세 번 달구어야 되는데 김용도 대장은 한 번 잘 달구

메질 많이 해야 황금으로 빛난다.

어 내려놓고 식기 전에 번개같이 전을 다듬어 낸다. 숯 한 포에 보통 다른 대장들은 잘해야 대야 6-7개를 제질 하는데 김용도 대장은 열 개 정도를 하니 숯을 많이 피워 놓고 해도 주인에게는 이득이다. 이렇게 성실하고 일 잘하는 대장인데 대전에 내려가서 갑자기 세상을 떠났다.

  불경기로 일감이 없을 때였지만 경북 안동의 금광유기 김금식 사장은 매년 방짜 요강을 삼백 개에서 오백 개를 주문했다. 이때 나는 혼자 원대장 역할도 하고 수금도 해야 해서 요강 주름질(을) 전문으로 하는 사람을 한 명 더 채용했다. 요강 우김질은 짧은 시간 내에 100개라도 우기지만 요강 주름질은 시간이 많이 걸리는 일이다. 이때 내가 고용하게 된 사람이 박상ㅇ이다. 이 사람은 남서면이 고향이고 박은항의 친척이다. 박상ㅇ 대장은 젊은 여자를 데리고 살았다. 당시 북한에서 월남한 대장들은 기혼자들이었지만 대부분 젊은 여자를 데리고 살았다. 박상ㅇ 대장은 가난해도 흰 양복에 흰 구두를 신는 멋쟁이로, 차리고 나서면 여자들이 줄줄 따를 만큼 인물도 좋았다. 이분은 숯불을 펴 놓고 요강 윗부분을 잘 달구어서 찬물에 조림찜질을 하면서 젊은 부인을 항상 옆에 앉아 있게 했다. 요강 한 개 주름질이 끝나면 막걸리를 주전자 채로 마셨다. 옆의 여자는 계속 막걸리를 주전자에 채워 놓았다. 지금도 이 박대장이 요강 한 개 주름질을 끝내면 주전자 째로

메질 많이 해야 황금으로 빛난다.

막걸리를 마시고 특유한 미소를 짓던 모습이 생각난다. 그 뒤 이분이 어떻게 되었는지는 모르겠다.

박선문이란 분은 겟대장이고 땜 때우는 일을 전담하는 분인데 진짜 1등 겟대장이었다. 양대 공장에서는 모든 분야가 다 중요하지만 합금 용해를 잘못하면 모두 고생을 하고 주인도 손해를 많이 본다. 용해가 잘못되면 불량이 많이 나고 땜(: 구멍이 나는 것을 땜이라 함)이 많이 나서 여러 가지로 힘들고 손해가 많다. 대장들도 생산을 많이 못해서 벌이가 안되고 주인도 연료가 배로 들어가고 제품도 깨끗하지 못해서 손해가 난다. 겟대장은 합금 용해를 제일 잘하는 사람으로 다른 사람들은 모두 땀 흘려 일해도 자기 책임을 다한 후에는 놀아도 인건비를 다 받았다. 서툰 겟대장은 계속 일하고도 주인에게 손해만 끼치고 동료 일꾼들에게도 대접을 못 받는다. 그러나 박선문은 용해를 잘해서 땜도 없었지만 땜도 잘 때워서 제품도 깨끗했다. 하지만 이분은 술만 마시면 부인한테 혼이 나곤 하였다.

앞망치 이○○씨는 평생동안 거의 나와 함께 일을 한 분이다. 노○○은 일을 깨끗이 하는 게 일등이었고, 이○○ 씨는 속도가 빠르기로 따를 사람이 없었다. 본래 앞망치는 원대장 한사람이 하는 것을 베림질 하게끔 제도가 되어 있었으나 이○○ 앞망치는 원대장 3명이 하는

메질 많이 해야 황금으로 빛난다.

일을 전부 해치웠다. 이○○ 씨는 월급만 타면 기생집에 가서 탕진했다. 한번은 월급날 저녁에 이분 부인이 나에게 전화를 해서 월급을 얼마나 타 갔냐고 물었다. 나는 이○○ 씨에게 자기가 받는 월급의 70% 정도만 받는다고 대답을 해 달라는 부탁을 받았지만 사실대로 대답을 해줬다. 나는 일부러 사실대로 부인에게 알려주었다. 왜냐면 이분이 기생집에 가서 돈을 탕진하는 것을 막기 위해서였다. 이튿날 이분은 출근을 해서 자기가 일부러 부탁하였는데도 자기 부인에게 일러 바쳤다고 내게 화를 냈다. 다른 분야 사람들은 모두 근무시간을 지켜야 했지만 이○○ 씨는 남 보다 일찍 출근하여 12시가 되면 퇴근을 했다. 하지만 누구도 따질 수 없었다. 왜냐면 이 분은 일감이 아무리 많아도 12시까지 모두 하고 할 것이 없어서 일찍 퇴근을 했기 때문이다. 내 평생 동안 이분처럼 재빠르게 일을 하는 사람을 본 적이 없다.

6·25 전쟁 후 서울이 수복되고 나서 내가 북아현동 공장에서 일을 할 때 이○ㅍ이란 분이 있었다. 이분은 경상북도 예천 출신 대장인데 당시 대장으로는 연세가 많은 분이었다. 그 당시 대장 중에 남한출신 대장은 이분 한 사람뿐이었다. 이분은 원대장은 아니고 제질만 하는 짝대장 제질대장이다. 이분은 힘이 좋고 특기는 백이양품지질인데 당시 1등이었다. 내가 우김질을 좀 서툴게 해 놓은 것도 여러 번 달구어서 똑바로 제질을 하였고 불평하지 않았다. 이분은 단점이 하나 있었

메질 많이 해야 황금으로 빛난다.

는데 술만 먹으면 일을 하지 않았다. 도급제는 일을 해야 돈을 벌 수 있다. 제질 대장인 이분이 일을 안하면 공장주인의 제품 판매계획에도 차질이 생겨 문제가 생긴다. 또 그 밑에 앞망치와 가질대장 등도 본의 아니게 일을 못하게 되어 돈을 벌 수 없다. 그래서 이분 밑의 있는 분들은 저녁이면 술을 사 가지고 이분 집에 찾아가서 내일부터 일하자고 설득을 했다. 그러면 이분은 술이 거나하게 취해서 '내일 아침부터 일하자'고 약속을 하지만 모처럼 다음날 아침에 나와서는 '해장술 한 잔하고 하세' 한다. 그래서 해장술을 사다 주면 마시고는 해장술에 또 취해서 '나 일 안 해' 하면서 집으로 갔다. 이런 일이 몇 번 반복되지만 밑에 있는 분들은 화가 나도 꾹 참고 저녁이면 또 술을 사 가지고 찾아가서 이분을 달랬다. 다음날 아침부터 꼭 일을 한다고 다짐을 하고는 다음날 아침에 작업장에 나와서는 또 '해장술 한 잔 하고' 해서 술을 마시면 일간 방에 들어가 누워 버렸다. 이분의 이런 행동을 여러 날 참고 보던 탁방주님이 일간 방에 쫓아 들어가 '이놈 새끼, 일어나 당장 나가라!' 하면서 목침을 높이 들고 머리를 까죽이겠다고 호령을 했다. 탁방주님이 큰소리로 욕을 하면서 머리를 까 죽이겠다고 하니 누워있던 이 대장은 벌떡 일어나서 말했다

"이제라도 일하면 되지 않아요."

이렇게 해서 이분의 버릇이 고쳐졌다. 이 일로 이분에게 '나 일 안 해'라는 별명이 붙었다.

메질 많이 해야 황금으로 빛난다.

김○○ 대장은 평안북도 정주에서 독장동 가는 길에 오리골이라는 마을출신이다. 힘이 세고 꾀가 없는 편이지만 돈을 많이 벌었다. 그러나 외아들을 잘못 두어서 말년에 비참하게 돌아가신 분이다.

한평생 방짜유기 일을 하면서 여러 종류의 사람들과 함께 해 왔다. 그간 내가 만난 사람들 중에는 아랫사람을 괴롭히는데 대장인 사람도 있었다. 대야를 만드는 과정 중에 닥침질이라는 것이 있다. 우김질을 해 놓은 모양 체통을 대장이 숯불에 잘 달구어서 닥침판에 올려놓으면 닥침꾼들 6명이 닥침 메로 동시에 동일한 동작으로 해야 한다. 방짜 일을 하려면 기본적으로 닥침질을 배워야 한다. 충청도에서 서울로 온 한 청년이 일을 배우기 위해 공장에 왔다. 이 청년은 잘생겼고 힘도 좋았고 방짜일을 배우겠다고 단단히 결심하고 온 사람이었다. 이 청년이 공장에 온지 몇 달이 지났는데 김원○이란 자가 이 청년을 괴롭혔다. 하루는 이 청년에게 닥침질을 배우려면 술 한 병과 오징어를 사 오라고 했다. 이 청년은 김원○이 시키는 대로 술과 안주를 사 왔다. 김원○은 자기 술잔에는 술을 따르고 청년의 술잔에는 통궤물을 담으라고 했다. 이 물은 유기를 담금질할 때 쓴 물이고 사람들이 손도 닦아서 아주 더러운 물이다. 김원○은 청년에게 귀를 잡고 자기에게 절하고 나서 통궤물을 마시라고 했다. 이렇게 해야 닥침질을 가르쳐준다고 해서 청년은 하는 수 없이 더러운 물을 마셨다. 김원○은 몇날 며

메질 많이 해야 황금으로 빛난다.

칠을 이런 식으로 청년을 괴롭혔다. 결국 이 청년은 일을 배우는 것을 포기하고 돌아갔다.

　이렇게 아래 사람, 특히 일을 배우겠다고 온 초심자를 괴롭힌 사람이 있었던 반면 탁방주는 일을 하기에는 너무도 부족한 사람들도 가르쳐서 일을 할 수 있게 했다. 탁방주는 시골에 수금을 갔다가 돌아 올 때 여자든 남자든 불쌍한 사람들을 데리고 와서 일을 시켰다. 한번은 이런 일도 있었다. 탁방주는 15-16세 된 소년을 데리고 와서 먹여주고 잠재워 주었는데 이 소년은 일명 바보이다. 탁방주 부인은 이 일이 못마땅했지만 남편이 하는 일이라서 반대하지 않았다. 어느 날 아침 이 소년이 화장실에서 탁방주를 불렀다. 탁방주님이 왜 부르냐고 하니까 이 소년은 화장지를 갖다 달라고 했다. 이때는 집 안에 수세식 화장실이 있었던 것이 아니고 집 밖 모퉁이에 재래식 화장실이 있었다. 이 소년은 휴지 정도는 화장실 갈 때 자기가 가지고 가야 하는데 기본적인 이런 것도 모르는 바보였다. 소년이 화장지를 가져달라고 하자, 탁방주 부인은 못마땅해서 눈을 흘겼지만, 탁방주는 아무 말없이 소년에게 화장지를 가져다주었다. 이렇게 지능이 낮은 사람까지도 탁방주님은 가르쳐서 부렸다. 단순히 사람을 부려 먹으려고 하는 것이 아니라 불쌍한 사람에 대한 사랑으로 일을 할 수 있게 한 것이다. 38선을 넘어와서 맨주먹 밖에 없었던 알거지인 나를 받아들여 일을 할 수 있

메질 많이 해야 황금으로 빛난다.

게 하신 것도 이런 사랑이었다.

작근법

요즘의 유기제품은 가치를 환산할 때 미터법의 중량단위인 킬로그램을 이용하여 가격을 정하여 거래가 이루어지지만 얼마전까지만 해도 양대유기는 16냥 1근의 근량법으로 모든 거래가 이루어졌는데 이것을 작근법이라고 한다.

작근법에 대해 쓰면서 우선 탁창여 방주(이하 탁방주)의 장부 기장법에 대해 쓴다. 탁방주는 늘 한복을 입었는데 두루마기는 검은색이고 두루마기 안감은 호피였다. 이 두루마기를 6 · 25 전쟁 당시 강도들에게 뺏기고 말았다. 탁방주님은 매년 설날 전에 꼭 준비하는 것이 있었는데 이게 장부책이었다. 이 장부 기장책은 한지를 접어서 깔끔하게 딱 한 권을 만드셨다. 장부는 반드시 먹물을 갈아서 붓글씨로 기장했는데 당시 사개문서(주3)라고 하였다. 이 장부에 기장한 것을 보면 1년 간의 생산량과 재고량이 한 치도 틀리지 않고 꼭 들어맞는다. 물론 그 당시도 은행 등에서 신식 장

1	0625
2	1250
3	1875
4	2500
5	3125
6	3750
7	4375
8	5000
9	5625
10	6250
11	6875
12	7500
13	8125
14	8750
15	9375
16	10000

〈별지〉

메질 많이 해야 황금으로 빛난다.

부가 일반화 되어 있었지만 탁방주님은 기장을 구식으로 기록하였다. 1980년대 학자들이 탁방주가 기장하였던 책을 구하려 노력하였지만 구할 수가 없었다. 이 장부책의 가치를 모르는 후대 사람들이 도배지로 사용하는 바람에 아까운 문화유산이 사라지고 말았다. 특히 당시에 인건비는 작품을 중량에 달아서 계산하였다. 판매 행위도 16냥 1근을 사용하였다. 탁방주가 앉은 자리에는 반드시 항상 주판이 비치되어 있었다. 주산으로 모든 계산을 하셨고 별지와 같이 작근법을 응용하였다. 나도 초등학교에서 구구단을 암기하는 것 같이 이 작근법을 암기 하였다. 지금과 같이 1단위로 계산하면 편리하므로 앞 세대의 작근법이 필요 없지만 유기를 하던 선대들이 오랜 세월 동안 이 작근법을 사용하였다는 것을 알았으면 한다.

주3 : 사개문서

사개문서(四介文書, 四計文書)는 개성상인들이 사용·발전시켰으므로 사개송도치부법(四介松都治簿法)이라고도 한다. 13, 14세기에 발생하였다는 서양의 복식 부기와 근본 원리가 같은 것으로, 서양보다 약 200년 앞선 훌륭한 치부법이다. 이것의 특징은 사개에 있다. 사개는 거래 내용을 기록하는 데 꼭 필요한 4가지, 즉 주는 사람, 받는 사람, 주는 것, 받는 것을 가리킨다. 사용되는 장부로는 일기(日記)와 장책(帳册) 및 기타 각종 보조부가 있다. 거래가 발생하면 먼저 일기에 기입하는데, 모든 거래는 사람과 사람이 주고받는 것으로 그 사람의 이름이나 상호를 써서 서술적으로 기록한다. 다음에는 장책에 거래처마다 별도의 계좌를 만들어 기입한다.

[출처] 다음 사전

메질 많이 해야 황금으로 빛난다.

3부

기록과 여행기

01
사단법인기능보존협회 이사장으로

내가 사단법인기능보존협회 이사장으로 봉사하고 있을 때 문화부장 관인 이어령 장관을 찾아가 협회 발전에 대해 여러가지 요구와 제안을 했다. 이 요구 중 하나가 문화부 장관과 전국 공예인들과의 좌담회 개최를 요구했었는데 내 요구대로 장관과 전국공예인들의 좌담회가 개최되었다. 또 나와의 면담에서 장관은 내 요구와 제안을 모두 들어주겠으니 두 단체를 통합하라고 요구했다. 그래서 나는 두 단체의 통합을 위해 노력을 했다. 이 노력의 결실이 1991년 10월 8일에 있었다.

1991년 10월 8일은 통합총회를 성공적으로 이룩한 날이다. 우리나라 전통공예인들은 크게 두 단체가 있었다. 1973년에 조직된 사단법인 전통공예기능보존협회와 그 후에 조직된 전통공예전수교육회란 단체가 있었는데 양쪽 모두에 가입한 자가 많았고 한쪽만 가입한 자도 있었다. 당시 사단법인 기능보존 협회원은 전국에 120명가량 있었고

메질 많이 해야 황금으로 빛난다.

교육회 측은 약 30명이 회원으로 있었다. 동질성이 강한 두 단체는 때로 불편한 관계에 놓이기도 했다. 당시 이어령 문화부 장관께서는 좌담회 때 양 단체가 통합하지 않으면 일하기가 곤란하다는 말씀을 하셨다. 문화재관리국에서도 통합되기를 바랐다. 1991년도에는 양측 대표들이 통합하기 위하여 여러 차례 만났다. 나는 사단법인 전통공예기능보존협회 88년 총회에서 이사장직에 당선된 뒤 최선을 다하여 일해왔다. 나는 단체장으로 사심없이 시간과 물질 즉 기부금 등을 희생하여 가며 이사장직을 하였고 전국에 산재되어 있는 공방들을 답사 방문하는 일도 부지런히 했다. 내 임기 중 협회 차원에 국내 전시도 많이 하였지만 미국 LA 88·89년 문화원 초청 전시회도 해보았다. 임기만료 약 3개월 앞두고 어렵게 이룬 통합 총회는 뜻 깊은 일이 아닐 수 없었다. 나는 이사장직을 맡고 싶은 생각이 없었다. 왜냐하면 내가 행정전문직도 아니고 내 양심껏 정의롭게 성공적으로 이루고싶었지만 일부 임원중에서 중상 모략하는 자가 있었기 때문이다. 또 65세 나이에 더 신경 쓰고 싶지 않았고 경쟁자도 생겼으며 아예 잊어버리고 인생을 좀 편하게 여행도 하며 여가를 가지고 싶은 생각이었다. 특히 아내가 중병이어서 집에 있는 시간을 많이 가지고 싶었다. 그러나 총회 날이 임박하자 내가 통합총회에서 이사장을 해야 된다는 측과 하지 말라는 측이 있었다. 나는 회원들의 뜻에 따를 것을 선언하였다. 여기에 가장 적극적으로 노력한 자는 완초공예 87년도 대통령수상작가 한순자 여

메질 많이 해야 황금으로 빛난다.

사와 나전칠기 조교 김옥선이사였다. 총회는 1991년 10월 8일 오후 3
시 삼성동 교육회관에서 개최하였다.

　식순에 의하여 나는 전임자 인사말을 하였는데 그동안 4년간 열심
을 다한다고 하였지만 잘못한 점도 있었을 것이다. 내가 전문직이 아
니므로 실수도 있었을 것이다. 어렵게 통합총회를 모이도록 하였는데
전국 각지에서 모인 회원들에게 감사한다. 끝까지 통합총회가 성공되
도록 협력을 당부한다. 짤막한 인사말과 경과보고를 함으로써 나는 사
단법인 전통공예기능보존협회 이사장직을 결말지었다. 정관 개정이
끝나고 투표에 들어갔다. 임시의장 칠기장 송방응 중요무형문화재가
진행을 잘하였다.

　임시 사회자가 이사장 투표 결과를 선포하였다. 한ㅇㅇ 1표, 원ㅇㅇ,
전 이사장 3표, 송ㅇㅇ 임시 의장 8표, 김ㄷㅎ 25표 이봉주 33표로
이봉주 이사장이 당선되었다고 선포하면서 임시의장인 중요무형문화
재 송방응은 우리 모든 회원들이 이사장을 받들어 섬겨야 한다고 널리
선포하며 맨주먹으로 의사봉 대신 테이블을 두들김으로 어렵게 통합
단체의 이사장직을 맡게 되었고 부이사장에 송방응, 정명호가 당선되
었다. 통합총회임원은 다음과 같았다.

메질 많이 해야 황금으로 빛난다.

이사장 – 이봉주

부이사장 – 송방응, 정명호

이사 – 강대규, 김철주, 한상수, 김군수, 김동학, 이영수, 정춘모,
       박욱기, 정봉섭, 한영화, 한순자, 진종만, 정수화, 박완규

감사 – 정명재, 이건

그 후에 사단법인체임으로 서울특별시 문화과에 이사 등록을 하는
데도 몇 가지 문제가 있었고 잡음도 있었다. 그러나 일이 잘되어 한국
전통공예보존협회로 법인 명의가 되어 완전 통합이 되었다. 1988년
11월 6일 사단법인 전통공예기능보존협회 이사장직을 맡은 후에 국내
각종 전시회 공방순례 70여 곳, 미국 LA 88년 한인촌 전시회, 89년
LA문화원 초청 전시회 등 다양한 사업을 했다. 그리고 당시 문화부장
관의 면담에서 현 전수회관 설치 등의 문제를 해결하고 그 외 다양한
사업도 했다. 1991년 1월 8일, 4년째 이사장 임기만료 3개월 앞두고
통합총회를 성공적으로 하여 통합 이사장직을 약 1년 후에 자진 반납
하고 임시총회를 소집하여 나전장 송방응을 당선케 하고 나는 내 공방
에만 열중하였다.

메질 많이 해야 황금으로 빛난다.

02

세계일주여행 메모

1981년 5월 25일부터 7월 27일까지 62일 동안 세계일주 여행을 했다. 아래 기록은 그 당시 내 일기 속에서 추려서 낸 기록이다. 내가 1930년대 중국 여행한 때와 2000년대의 모든 면이 달라진 것처럼 세월이 지나면 이 기록도 후대에게 참고가 될까 하여 남긴다.

이 여행은 1981년 5월 25일 김포공항에서 출발하여 7월 27일 김포공항으로 돌아왔다.

메질 많이 해야 황금으로 빛난다.

연월일	여 행 지	국가명	출발지	도착지	비행시간	환율
1981.5.27	LOSANGLES	미국	김포공항	LA	10시간 25분	1$-691원
1981.6.2	NEW YORK	미국	LA	NEWYORK	4시간 5분	100-54.7F
1981.7.5	LONDON	영국	NEW YORK	LONDON	6시간	
1981.7.6	PARIS	프랑스	LONDON	PARIS	40분	100-570F
1981.7.8	FRANKFURT	독일	PARIS	FRANKFURT	1시간	1$-2.4
1981.7.10	ZURICH	스위스	FRANKFURT	ZURICH	40분	
1981.7.11	ROME	이탈리아	ZURICH	ROME		1-1,000
1981.7.14	ATHENS	그리스	ROME	ATHENS		1-58.6
1981.7.16	TELAVIV	이스라엘	ATHENS	TELAVIV	1시간 40분	1-118.7
	CAIRO	이집트	TELAVIV	CAIRO		
1981.7.20	HONGKONG	홍콩	CAIRO	HONGKONG	로마~홍콩 17시간	
1981.7.22	TAIPEI	타이완	HONGKONG	TAIPEI	홍콩~대만 1시간	1-230元
1981.7.25	TOKYO	일본	TAIPEI	TOKYO	대만~동경 2시간45분	
1981.7.27	SEOUL	대한민국	TOKYO	SEOUL	동경~김포 1시간50분	

메질 많이 해야 황금으로 빛난다.

03
1991년 중국여행

1991년 9월 18일 중국으로 출발했다. 나는 보통 한국 사람들보다는 외국여행을 많이 했다. 열다섯 살 때 만주 신경에 갔고 1979년에는 일본을 다녀왔다. 1981년에는 미국, 영국, 불란서, 독일, 스위스, 그리스, 이탈리아, 로마, 이스라엘, 태국, 홍콩, 대만, 일본, 이스라엘 등을 다녀왔다. 그 후 1988년과 1989년에도 미국에서 전시회를 하기 위해 다녀왔다. 그러므로 이번 중국 여행 전 이미 미국은 다섯 차례, 일본은 다섯 차례, 대만도 세 차례 갔었고, 싱가포르, 필리핀, 사이판, 태국, 홍콩 등 여러 나라를 여행하였다.

중국을 여행할 기회는 전에도 있었다. 1990년에 중국에 갈 기회가 있었지만 내가 이사장을 맡고 있는 사단법인 한국전통공예기능보존협

메질 많이 해야 황금으로 빛난다.

회 회원들과 함께 가려고 미뤄놓았었다. 이번에 협회원들과 함께 가서 박물관들과 공예촌의 공방들을 탐방하기 위해 중국으로 떠났다. 원래는 열 두 명이 동행할 예정이었으나 여러 가지 사정으로 가지 못하고 강대규, 조일순, 한순자와 나 이렇게 네 명만 출국하였다. 우리는 1991년 9월 18일 인천 13부두 국제 항구에 도착하여 승선수속을 마치고 오후 4시에 승선하였다. 선실은 1등 칸이라서 침대에서 잠을 자면서 갈 수 있고 일기도 좋고 배가 컸기 때문에 편안하게 여행할 수 있었다.

출국을 한 다음날 19일 오전 11시경, 중국 위해항에 도착해서 우리를 안내해 줄 대련출신 김태철이란 분을 만났다. 이 항구에서 택시 두 대에 나눠 탔고 안대 비행장으로 향했다. 그런데 비행기 시간에 맞춰 가기 위하여 택시는 약80km로 달리다가 속도위반으로 교통경찰에게 걸렸다. 이곳의 지정속도는 30km라고 했다. 경찰에게 5원을 뇌물로 주고 달리다가 또 단속에 걸렸다. 두 번째 단속에 걸렸을 때는 뇌물을 주지 않고 그냥 통과할 수 있었다. 안대 비행장에서 비행기를 탄 후 한 시간 후 북경공항에 도착했고 택시를 타고 시내 호텔까지는 한 시간 정도 걸렸다. 호텔에 짐을 풀고 저녁에 북경 시내 전철을 타고 천안문광장을 관광하고, 유명한 약국 동인당에서 약간의 약을 샀다.

북경에 도착하여 처음으로 북경오리집에서 식사를 하였는데 예상했던 것처럼 불편한 것은 없었다. 다음날 20일 아침 일찍부터 북경 시내

메질 많이 해야 황금으로 빛난다.

관광을 하였다. 13능을 보고 천안문광장 남쪽에 있는 모택동 기념관에 가서 모택동의 시신도 보고 만리장성과 고궁박물관 등도 둘러보았다. 대부분이 내가 예상한 것보다 크고 웅장했고 중국의 역사가 아주 오래되었다는 사실을 실감할 수 있었다. 그러나 화장실은 원시적 수준이었다. 북경 시내나 만리장성 등의 화장실은 완전히 재래식이었다. 시내에는 적당한 거리를 두고 공중화장실이 있었는데 화장실에 칸막이가 없었다. 시내 어디서도 수세식 화장실은 볼 수 없었다.

21일에는 북경 비행장에서 비행기를 타고 연변으로 향했다. 네시간 정도 연변을 향해 가다가 연변 가는 도중에 있는 심양(봉천)에 멈추었다가 다시 연변 비행장에 오후 세 시에 도착했다. 도착하니 연변박물관장 정연진씨, 김욱현과 용정박물관장 우정석씨 등 여덟 명이 우리를 영접했다. 비행장에서 약 10분 거리에 있는 호텔에 여장을 풀고 연변 시내를 관광했다. 저녁에는 현지 박물관 직원들이 베푸는 저녁대접을 잘 받았다.

다음날인 22일은 추석이자 주일이었다. 1991년 9월 22일 아침, 호텔에서 간단하게 아침 식사를 하고 연변박물관을 가서 감사장을 받았다. 나는 한국에서 연변 박물관에 여러 가지 유물을 18Kg 정도를 기증한 적이 있었는데 이 박물관에서 나에게 감사장을 준 것이다. 감사장을 받고 기념촬영을 하고 박물관 직원인 강 선생이 사 준 점심을 먹었다. 이 점심식사 전에 우리 일행은 연변박물관측에 우리가 점심을

메질 많이 해야 황금으로 빛난다.

사겠다고 요청을 하였으나 거절을 당하였다. 점심을 먹고 났는데 점심 값이 박물관 돈이 아니라 직원인 강 선생의 사비였다는 것을 알았다. 이날 점심 식대가 약 150원 정도였는데 강 선생의 봉급이 한 달에 250원이라는 것을 알았다. 강 선생의 반 달치 봉급보다 비싼 점심을 대접 받은 셈이었다. 어찌나 미안하고 고맙던지…….

연변박물관은 비교적 한민족이 보존해야 할 가치 있는 물건들이 많이 있었지만 어디인지 빈약했다. 우리 일행은 언젠가는 이 연변박물관을 돕자고 결의를 했다. 얼마 전 평양에서 이 박물관 3층에서 전시회를 하였는데 이때 출품 전시된 작품들 중에 남은 작품이 지금 우리가 투숙하고 있는 호텔에 남아 있다는 말을 들었다. 나는 이 작품들 중에서 자수 한 점을 사려고 부탁하였더니 가격은 중국 돈으로 800원(: 당시 우리나라 돈으로 122,000원이다)인데 값을 깎아줄 수는 없다고 했다. 나는 그 값에라도 꼭 살 생각에 김욱현(= 연변 박물관 직원)씨에게 부탁을 하고 백두산으로 향했다. 백두산에 다녀온 다음날 24일 아침에 김욱현씨는 자수 작품 두 점을 가져왔다. 한 점에 122,000원이라도 꼭 사달라고 부탁을 한 것인데 두 점 모두를 우리나라 돈 90,000원에 사놓았다고 했다. 김욱현 씨는 정직하고 고마운 사람이다. 연변은 우리 보다 어려운 형편에 있으므로 웬만하면 내가 지불하기로 한 돈 모두를 주고 샀다고 해도 고마워했을 텐데……. 정말 자존심이 세고 정직한 사람이다.

메질 많이 해야 황금으로 빛난다.

9월 23일 아침식사를 마치고 장백산으로 출발했다. 우리가 탄 차는 관광공사의 국장 차인데 성능이 좋았고 기사는 키가 크고 건장한 중국 인이었다. 차를 타고 가는데 운전기사는 1983년 등소평이 장백산에 갈 때도 자기가 직접 운전을 했다고 자랑하면서 사진도 보여주었다. 차를 타고 다섯 시간 정도를 가니 장백산호텔이었다. 호텔 투숙 절차를 밟고 짐을 푼 후 장백산으로 향했다. 이곳부터 장백산 까지는 비포장도로였지만 아스팔트 도로 못지않았다.

장백산호텔은 꽤 컸지만 서비스는 엉망이었다. 9월 23일이었는데 이곳은 추운 곳이라 단풍이 들기 시작했고 객실은 추웠다. 하지만 호텔은 난방 스팀을 가동하지 않았고 온수도 제공하지 않았다. 나는 세계 20개 이상의 나라를 여행해보았지만 이곳 호텔처럼 불친절한 곳은 처음이었다. 호텔에서 저녁식사를 하고 물을 공급받기 위하여 종업원을 찾았는데 모두 어디 갔는지 찾을 수가 없었다. 운전기사가 모두 사교장에 모여서 춤추는 중이라고 해서 사교장에 가서 노크를 하였지만 종업원들은 나오지 않았다. 마구 항의를 한 끝에 사교장 문을 열고 들어가 보니 종업원들은 사교춤을 추느라고 정신이 없었다. 서비스를 해야 할 종업원들이 당 간부들과 어울려서 춤에 미쳐 호텔 손님들의 시중을 들지 않았다. 한 가지를 보면 열 가지를 알 수 있듯 이 꼴을 보니 사회주의가 몰락할 수밖에 없겠구나 하는 생각이 들었다. 함께 갔던 중요무형문화재 강대규 씨는 매점 점원이 자기 손목시계를 탐내니까

메질 많이 해야 황금으로 빛난다.

중국화폐 몇 개를 받고 시계를 주었고 허리띠도 탐내니까 풀어주었다고 했다. 내가 왜 그랬냐고 물었더니 강대규 선생은 그들이 딱해 보여서 그랬다고 했다. 다른 호텔에 갈 수도 없으니 할 수 없이 그곳에서 잤다.

다음날 아침 어제 타고 온 차를 타고 백두산을 향해 갔다. 우리 민족의 영산인 백두산을 오른다는 생각에 잔뜩 기대를 했다. 그런데 등산로 입구는 철문으로 막아져 있고 문은 자물쇠로 굳게 잠겨 있었다. 정상까지는 10.5km라는 이정표가 붙어 있었다. 9월이지만 눈이 덮여서 입산을 금지시킨 것이다. 더 이상 차로 갈 수도 없을 뿐더러 입산 자체가 금지되어 있으니 실망이 컸다. 산에 오를 방법이 없을까 하고 궁리를 했다. 마침 내가 안도현의 현장인 남상복의 명함을 가지고 있어서 운전기사에게 말했더니 운전기사가 그분은 두 달 전에 주장으로 승진하였다고 했다. 운전기사가 백방으로 전화연락을 한 끝에 차로 올라갈 수가 있었다. 예상하지 못했던 일이지만 남상복 주장의 덕을 크게 보았다. 거대하고 웅장한 장백산에 관광객은 우리 일행밖에 없었다.

장백산 정상을 향하여 가다 폭포에 도착하였는데 나는 갑자기 설움이 북받쳐서 그만 엉엉 울었다. 내 나이 65세인데, 스물두 살 때 '한 1년 정도만 남한에 있다 와야지' 하고 고향을 떠났는데 43년이 지나도록 고향에 가 보지 못하였다. 세계정세가 변하여 곧 고향에 갈 수 있을 것이라고는 하지만 이것도 막연한 일이다. 과거 어린 동생들의 모

메질 많이 해야 황금으로 빛난다.

습과 현재의 내 모습이 머릿속에서 갑자기 혼동이 되면서 눈물이 하염 없이 흘렀다. 고향 가장 가까운 곳에 온 것이고 어쩌면 이번이 내 생애 마지막이 될 수도 있다는 생각에 더욱 슬펐다. 중국을 돌아서 고향 가까운 곳까지 온 현실이 기가 막혀서 더 서글펐다. 폭포 물소리 때문에 나는 더 슬프고 서러워서 폭포처럼 울었다. 생각지도 않았던 감정이 갑자기 터져 나와서 울음을 그칠 수 없었다. 함께 간 일행들이 나를 위로하고 달래주어서 한참만에야 간신히 울음을 그칠 수 있었다. 정상을 향하던 발걸음을 하산 방향으로 잡아 자연 온천수에 가서 목욕을 하였다. 그제야 서럽고 슬펐던 내 마음이 전환되어서 기분이 좋아졌다.

장백산 등산로는 콘크리트로 포장된 도로였고 정상 근처까지 차를 타고 올라가서 약 50m만 걸어 올라가면 정상이다. 그러나 산소가 희박해서인지 겨우 50m를 올라가는 건데도 엄청 힘이 들었다. 나는 몇 번이나 쉬면서 올라가고 있는데 함께 간 강선생은 정상을 30m 앞두고 포기를 했다. 나는 간신히 정상에 닿았고 뒤 이어 강선생도 정상에 올라왔다. 강선생은 정상을 포기할 수 없어서 기운을 차리고 다시 올라왔다고 했다.

정상에는 그림같이 아름답고 웅장한 호수가 펼쳐져 있었다. 호수는 눈이 덮여 있었지만 그렇게 추워 보이지는 않았다. 방한복 차림을 한 안내원들이 우리를 맞아 주었다. 안내원들의 설명을 들었는데 북한에서는 산 정상까지 차로 올라올 수 있다고 했다. 안내원들은 우리 일행

메질 많이 해야 황금으로 빛난다.

에게 북한쪽 비행장도 가리키면서 안내를 해 줬다. 우리가 장백산 정상에 오른 날은 가장 일기가 좋은 날이라고 했다. 바람에 센 곳인데도 그날은 바람도 없었고 눈은 덮여 있었지만 맑았다. 안내원들이 가리키는 북한 쪽 모습이 한 눈에 들어왔다. 갈 수 없는 고향 하늘을 한참 동안 쳐다보았다. 기대하였던 대로 정상에 올라 천지를 볼 수 있어서 행복했고 즐거운 마음으로 기념사진도 찍었다.

나는 장백산을 오르기 전에는 산에 나무가 많을 줄 알았다. 그런데 산 위쪽으로 8부 능선 정도 되는 곳에는 나무가 전혀 없고 이름을 알 수 없는 신기한 풀들이 땅바닥에 깔려 있었다. 8부 능선 아래로 내려오니 여러 종류의 나무들이 있었다.

우리에게 뜻이 깊은 백두산, 하얀 눈이 덮인 백두산을 등지고 내려와서 저녁 8시경에 용정박물관에 도착하였다. 용정박물관 우정석 관장이 우리를 안내해서 박물관 구경을 시켜주었다. 박물관 측에서는 내게 감사장을 주었고 나를 박물관 명예고문으로 추대했다. 우리 일행은 박물관 측 사람들과 함께 저녁식사를 했고 선물도 교환하였다.

연변 호텔에서 하룻밤을 더 자고 일어났는데 아침 일찍 남상복 주장이 나를 찾아왔다. 남상복 주장은 전날 우리가 백두산을 등정할 수 있게 도와 준 인물이다. 내가 사귀었을 때는 현장이었는데 2개월 전에 주장으로 승진했다고 했다(*참고: 중국 행정구역은 우리나라 도에 해당하는 것이 주이고, 현은 주 아래의 행정구역이다. 주의 최고 책임자가 주장이다. 그러므로 주

메질 많이 해야 황금으로 빛난다.

장은 한인 연변자치주에서 높은 직책이다). 이분은 1991년 연초에 우리집에도 왔다. 이때 우리 두 사람은 선물도 교환하며 무척 친해졌는데 이 날 만나니 무척 반가웠다. 남상복 주장은 우리가 묵은 호텔 책임자에게 부탁을 해서 호텔 별실에 아침 식사를 마련해 주었다. 우리는 함께 식사를 하면서 여러 가지 이야기를 나누었다. 이야기를 나누면서 나는 장백산호텔 서비스의 문제를 시정하길 건의했다. 또 연변에서 백두산까지 5시간 정도 거리인데 이 사이에 위락시설이 전무한 것이 문제라고도 지적을 하였다. 또한 우리가 이곳에서 사업을 한다면 허가가 나느냐고 질문을 했더니 합작을 하면 허가가 날 수 있다는 답변도 받았다. 남상복주장이 우리 일행에게 선물을 주었다.

남상복주장과 함께 한 아침 식사를 마치고 중국 천진 징창을 방문했다. 이번에 방문하는 방짜공장은 우리가 중국에 가기 전부터 연변박물관의 김욱현 씨가 여러 차례에 걸쳐 섭외를 해 놓았다. 공장에서는 우리일행을 기다리고 있다가 반갑게 맞아 주었다. 이 방짜공장에서 예상밖의 큰 성과를 거두었다.

천진 징 공장

북경행 비행기를 타고 가서 북경공항에 내려 봉고차를 타고 천진방짜공장에 갔다. 이 공장에서 우리는 우리나라의 징과 꽹과리를 중국의

메질 많이 해야 황금으로 빛난다.

징과 바라 등과 교환하였다. 이 곳 방짜공장은 직원이 200명이었는데 지금은 150명이 일을 하고 있다고 했다. 방짜 공장 측의 창장, 부창장과 경리 등 직원 여섯 명과 우리 일행 네 명이 통역을 사이에 두고 상담을 하였다. 창장(: 방짜공장의 대표)은 퍽 다정했고 우리에게 매우 우호적이었다. 창장은 연변박물관 직원 김욱현 씨로부터 소개를 받았다고 하며 우리 일행을 대환영했다. 이 방짜 공장은 매월 10톤 정도의 쇠를 용해한다고 해서 서로의 "성분비교표"를 교환하였다. 창장은 우리 방짜 공장과 서로의 기술을 협력하길 바라며 합작 사업 이 외에도 기타 교류를 하자고 제안했다.

본격적으로 천진 공장을 견학했다. 공장 사진촬영을 허락받고 돌아보았는데 이들에게서 많은 것을 배웠다. 나는 평생 방짜 공장을 하면서 내 나름대로 시설 개수(: 건물이나 구조물, 장비 등을 고쳐 바로 잡는 것)를 한다고 했지만 이들의 사고방식에는 못 미친 것 같았다. 공장의 시설들을 보고 이들은 '통이 크다'는 인상을 받았다. 이 곳 천진 공장에서 기대 이상의 상담 성과를 거두었다.

천진 공장 측에서는 우리 일행을 시내 음식백화점으로 안내해 데려갔다. 천진 요리라는 말은 전부터 들었지만 실제 보니 천진요리백화점 거리는 대단하였다. 요리백화점은 우리나라의 서울 세운상가의 몇 배 크기에 달하는 규모에 3층 건물인데 3층 건물 양쪽 모두가 요릿집이었다. 이 요리백화점은 중국대륙에서 가장 큰 규모라고 했다. 나는 이

메질 많이 해야 황금으로 빛난다.

곳 요리백화점에서 내 평생 최고의 대접을 받았다. 나는 당뇨가 있어 과식하면 안되는 처지이지만 이때는 양껏 먹었다. 음식은 맛도 좋았고 푸짐했다. 나는 평소 술을 마시는 사람이 아니었지만 빼갈도 마셔 보았다. 천진요리백화점에서 늦은 밤까지 풍성한 접대를 받고 두 시간 반이나 자동차를 타고 달린 끝에 북경 모 호텔에 투숙을 하였다.

다음날 25일 위화원 등 시내 관광을 하고 26일 아침 한국으로 돌아오는 배를 탔다.

이번에 중국을 가보니 옛날 내가 어린시절에 갔던 때와는 많은 것들이 달라져 있었다. 1940년대 내가 중국에 갔을 때는 까마귀와 까마귀 둥지가 많았는데 이번에는 보지 못하였다. 그때는 역마차가 많았는데 지금은 자전거가 무척 많았다. 자동차는 우리나라와 비교했을 때 적었고 그것도 대부분 트럭으로 자가용은 매우 드물었다.

가는 곳마다 느낀 것은 대부분 국영이니까 장사하는데 열의가 없었다. 호텔에서 술을 파는 것도 손님이 원하면 술을 한 잔 팔지만 안주도 주지 않았다. 식당에서 물을 좀 달라고 몇 번 부탁해도 귀찮아하는 눈치가 역력했다. 열심히 할 필요가 없는 사회, 잘되거나 안되거나 월급은 국가에서 주므로 열심히 할 의욕이 없는 사회였다.

1991년 9월 18일 집을 떠나 9월 27일까지 9박 10일의 일정을 마치고 무사히 인천항에 도착하였다. 생각했던 것 보다 여비는 많이 들지 않았다. 인천항에서 위해항까지 왕복 배 요금 십팔만 오천 원(185,000원)

메질 많이 해야 황금으로 빛난다.

을 포함해서 모두 80만원 정도 들었다. 앞으로 천진항로가 개설되면
여비가 더 적게 들 것이다. 이렇게해서 내가 협회장으로 있는 사단법
인 기능보존협회의 1991년도 중국전통공예촌과 박물관 탐방사업의
일환으로 한 중국여행을 무사히 마칠 수 있었다.

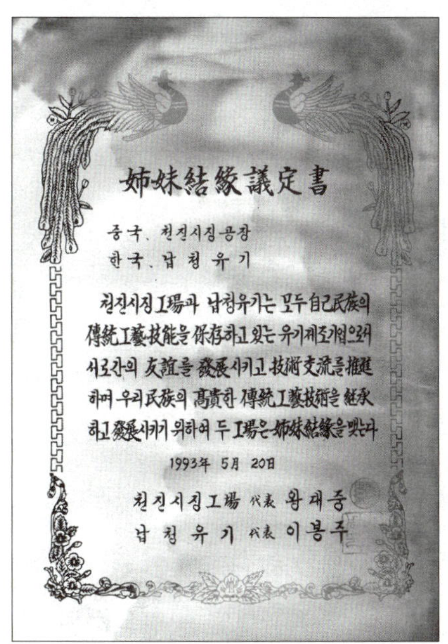
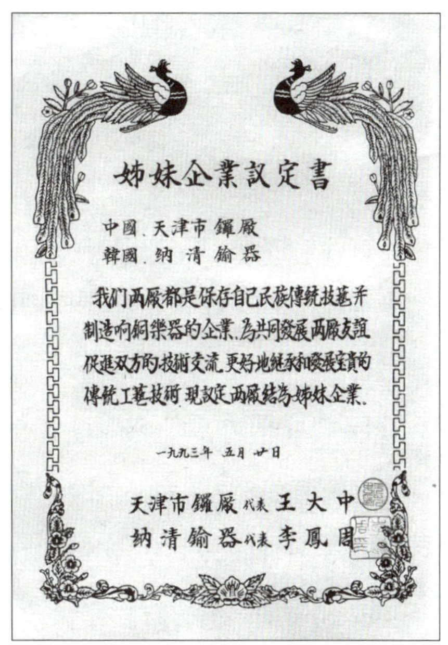

중국 천진 징공장과 1993년에 자매결연을 맺었다.

메질 많이 해야 황금으로 빛난다.

04
사이판 여행기

(이 글은 내가 (사)전통공예기능보존협회 협회보에
기고한 글을 옮긴 것입니다.)

사이판은, 일제강점기인 2차 대전 말기에 한국인이 강제 징병과 징용으로 끌려가 수많은 인명이 희생당한 곳으로 널리 알려졌습니다. 지금은 미국 영토로써 평화로운 가운데 각국에서 관광객이 모여들어 들끓는 태평양 가운데 위치하고 있는 작은 섬입니다. 이번에 여행한 목적은 약 50년 전, 제가 어렸을 때 헤어져서 세계 2차 대전 당시 사이판에서 전사한 것으로 고향인 평북 정주에 전사 통지서와 유해가 전달되어 이미 죽은 줄로만 알고 있었던 저의 외사촌 형님을 방문하는 것입니다.

약 15년 전에 생존하고 있음이 확인되었으나 이번에 처음으로 그분이 정착하여 살고 있는 곳인 티니언 섬을 4박5일간 방문하게 되었습니다. 이 여행에는 제 외사촌 형이 되는 전경선 씨와 전보연 선생이

메질 많이 해야 황금으로 빛난다.

동행했습니다. 전보연 선생은 제가 초등학교를 졸업 후 만주에 있는 신경공업학교에 입학시험을 준비할 때 내게 공부를 가르쳐준 분입니다. 당시 이 분은 만주 공업학교에 다니던 학생이었고 우리 고향 마을의 선배입니다.

서울은 겨울인데 비행기로 4시간 거리인 사이판에 도착하니 여름이었습니다. 1989년 2월 6일 김포공항에서 KR7252편으로 이륙하여 4시간 동안을 계속 비행하여 한국시간으로 2월6일 밤 12시(현지 사이판 시간 2월7일 오전 1시)에 도착했습니다. 통관은 아무런 불편이 없어으나 자모라족인 키가 좀 크고 약간 검은색인 세관원은 큰소리로(자모라 말) 무엇을 우리에게 물었습니다. 나와 함께 간 분은 영어도 알고 일어도 하는 분인데 자모라 말은 알아들을 수 없어 머뭇거리다가 '코리안'이라고 하니까 세관원은 크게 웃으며 오케이라며 무조건 통과시켜 주었습니다. 74세인 사촌형님과 형님의 장남(40세)이 마중 나와 있다가 반갑게 맞아주었습니다. 공항에서 자동차편으로 약 10분 거리에 장남이 있는 집에 도착했습니다.

주택과 생활문화는 미국식인데 장남은 영어와 일어를 섞어서 쓰니 소통이 되는데 장남의 처는 필리핀 여성으로 언어가 도무지 통하지 않았습니다. 저희들은 약 2시간 가량 대화를 하면서 열대지방 과일을 맛보면서 지내다가 새벽에 약 2시간 취침하였는데 방마다 냉방 장치는

메질 많이 해야 황금으로 빛난다.

잘 되어 있었습니다.

　사이판 한국교민회장 김용찬 씨를 만나서 장시간 대화하였습니다. 사이판은 인구 약 4만 명 중 4,500명이 한국인이며 한국인들이 봉제공장, 신발공장, 메리야스 공장 등을 경영하는데 종사자가 약 2,500명이 된다고 설명했습니다. 김용찬 씨는 '사이판에 큰 호텔 8개와 모텔도 많은데 큰 호텔 8개는 모두 일본인들 것이며 한국인들이 힘들게 모은 돈을 일본인들에게 줘버린다. 우리 한국인들도 호텔과 위락시설을 경영하여야 된다.'고 이야기했습니다. 그래도 이곳에서는 인종차별 같은 것은 느끼지 않는다고 했습니다.

　오후까지 관광을 하였는데 시내에는 한국인 상점들이 비교적 많은 편이었고 서울처럼 자동차와 다니는 사람들이 많지 않아 아직은 조용하고 평화로운 고장인 것을 느낄 수 있었습니다. 2차 대전 말기에 패전한 일본군인과 가족들이 자살한 곳이 여러 곳이 있었습니다. 높은 절벽 밑에 바닷물이 사납게 움직여서 떨어지면 죽을 수밖에 없는 곳과 여러 곳에 기념탑과 위령탑 등이 있었습니다. 위령탑 부근에는 전쟁에서 희생된 사람들이 수를 짐작할 수 없을 정도로 많았다고 합니다. 폭격에 죽은 것이 아니고 자살 벽에 투신한 자가 무척 많았다고 합니다. 대부분 문구는 이 세상에 다시는 전쟁이 있어서는 안되겠고 세계인류 평화를 기원하는 내용이었습니다. 이러한 문구를 여러 곳에서 보았습니다. 44년 전 전쟁 때 사용하였던 대포 등도 볼 수 있었습니다.

메질 많이 해야 황금으로 빛난다.

오후 4시에 비행장에 가서 형님이 살고 있는 티니언 섬에 가기 위하여 경비행기 6인승을 왕복 1인당 38불씩 지불하고 5분 거리를 날아갔습니다. 티니언 섬은 사이판보다 훨씬 작은 섬이었고 수목이 우거진 평탄한 섬이었습니다.

B29가 히로시마와 나가사키를 원폭 투하할 때 이곳에서 적재하고 발진해서 역사적으로 이름난 티니언 비행장을 상공에서 내려다보며 사진을 찍었습니다. 조그마한 비행장에 내려서 보니 벌써 형님이 막내사위와 자모라 원주민과 함께 차를 갖고 마중 나와 있었습니다.

자모라족은 필리핀족보다 더 검고 몸은 약간 작은 편이었고 인정이 더 있어 보였습니다. 비행장에서 약 10분 거리인 형님 집을 평생 처음으로 방문하였습니다. 형님 집 주변을 살펴보니 열대지방의 특수한 과일인 바나나, 야자, 코코넛, 파파야 등 여러 가지 과일나무가 울창하여 하늘이 안 보일 정도로 우거져 있었습니다. 자모라족인 막내사위는 높은 과일나무에 올라가 여러 가지 종류의 과일을 우리들이 마음껏 먹을 수 있도록 따 주었습니다. 평생 처음 먹어보는 열대지방 과일이었는데 알고 보니 우리들에게는 귀한 과일이지만 이 고장에서는 팔고 사는 것이 아니고 아무데서나 따 먹으면 되는 흔한 과일이라고 합니다.

형님 댁에서 1박하고 2월 9일 아침 티니언 관광에 나섰습니다. 우선 B29가 원자폭탄을 적재하고 발진한 비행장에 가 보았습니다. 2차 대전 말기에 4년간 일본이 한국과 오키나와 등 여러 곳에서 징용하여 폭

메질 많이 해야 황금으로 빛난다.

격을 당해가며 비행장 등을 설치했다고 합니다. 비행장과 바로 옆에 미군이 상륙하여 4개월 공사하여 설치한 비행장 활주로는 대조적이었습니다. 일본인이 4년간 공사한 것보다는 미군이 4개월 동안 공사한 비행장이 오히려 20배 정도 더 크고 완벽한 것이 놀라웠습니다. 그러나 현재는 사용은 안하고 경비하는 것도 아니었습니다. 일본인이 시설한 것은 금이 가고 풀도 났으나 B29 활주로는 한 곳도 금이 가거나 낡아진 곳이 없었습니다. 그 당시 형님은 비행장 공사장 감독하러 갔다가 폭격으로 죽을 뻔 하기도 했다고 하면서 기쁨의 미소를 지었습니다. 그러면서 '사람이 폭격에는 잘 죽지 않는다.'며 자기 경험담을 털어 놓았습니다.

조금 떨어진 곳에 1970년대에 한국인 김영식 목사 방문하였다가 한국인 희생자를 기념하는 탑을 세웠습니다. 이 기념탑은 다른 나라 다른 민족들이 세운 것들보다 돋보였습니다. 한국산 석재로 만들어서 그런 모양입니다. 당시 한국인 청년들이 티니언 섬에서만 5,000명이 희생되었다는 내용이 기념탑에 새겨 있었습니다. 티니언에도 자살 절벽이 몇 군데 있었습니다.

점심은 형님의 9남매 중 막내딸과 함께 먹었습니다. 형님의 막내딸은 27살인데 벌써 아기가 5명이었습니다. 저녁 식사는 한국인 2세 김이란 분이 초대하였는데 티니언에 있는 한국인 가정(4가정이 전부이다)모두를 초대해서 우리 일행을 환영해주었습니다. 이분은 우리에게 환영

메질 많이 해야 황금으로 빛난다.

파티를 열어준 것은 물론이고 자기네가 경영하는 모텔에서 무료로 재워주고 아침식사까지 대접하여 주었습니다.

　우리 일행 3명은 경비행기를 타고 5분 거리인 사이판 비행장에서 도착해서 진도여행사에서 관광 온 분과 같이 비행기를 타서 2월 10일 아침 무사히 김포공항에 도착하였습니다. 이리하여 금년도 구정을 뜻 깊게 보내게 되었습니다.

메질 많이 해야 황금으로 빛난다.

05

LA 전시회

(이 글은 내가 (사)전통공예기능보존협회 협회보에
기고한 글을 옮긴 것입니다.)

LA전시회에서 있었던 일들

사단법인 전통공예기능보존협회의 이름으로 그동안 많은 전시회를 시행하였으나 해외 전시회를 실시한 것은 금년이 처음입니다. 우리협회 회보 10월호에서 간단히 LA전시회를 마치고 무사히 돌아왔다는 보고는 하였고 이사회에서도 보고를 한 바 있습니다. 그러나 회원 중에서 좀 더 자상하게 보고하여 주었으면 하는 요청도 있고 저희들의 체험을 일부나마 소개하고자 자세하게 말씀드립니다. 우선 출발하기 전 여러 가지 어려운 여건이 생겼으나 여러분들의 염려와 후원에 힘입어 LA전시회를 무사히 마치고 돌아오게 되어 무한한 감사를 지면을 통하여 드립니다. 본 협회 회원들 중에는 견문을 넓히기 위하여 해외 전시회에 참여하기 원하는 회원들이 많아 참가 신청자가 많았습니다.

메질 많이 해야 황금으로 빛난다.

그러나 회원들 중에는 처음 실시하는 일이라 지나치게 위험부담에 신경을 많이 썼습니다. 그동안의 과정은 너무 복잡하고 여권 비자발급 등 애로가 있었으나 결과적으로 8월2일 이봉주, 정돈산, 이한규 방채옥 씨 등 1진 4명이 출발하고 박균석 선생 김용선 씨는 2진으로 출발하게 되었습니다. 특히 박균식 선생은 가정에 대사가 있었는데도 어려운 결단을 하여 동행하여 주어서 결정적으로 좋은 결과를 가져오는데 크게 힘이 되었습니다.

우리 제1진은 8월 2일 2시 50분발 유나이티드 54기 편으로 이륙하였습니다. 1시간 50분 만에 일본 나리타공항에 도착하여 약 2시간 기착하였다가 유나이티드기를 타고 약 12시간 계속 비행하여 LA공항에 현지 시간 오후에 도착하였습니다. 무사히 통관수속을 마치고 공항 대합실로 나갔습니다. 노인관 씨와 재미동포 올림픽 후원회 모금부위원장이신 김태영 씨 등이 저희 일행을 반갑게 맞아 주었습니다. 캐딜락 1대와 볼보 승용차에 분승하여 LA전통공예 전시장에 도착하였습니다. 우선 내부와 외부 주변을 살펴보았는데 우선 내부는 약 180평 정도 넓이에 노인관 씨가 정성을 기울여서 잘 진열한 것을 보니 마음이 놓였습니다. 외부에는 현수막에 '인간문화재공예대전'이라고 큰 글씨로 쓰여 있었고 '주최 중앙일보LA지사, 주관 사단법인 전통공예기능보존협회, 후원 문화재관리국, (주)나성 한국문화원, 재미동포 올림픽

메질 많이 해야 황금으로 빛난다.

후원회, 예지원, 코리아쏘싸이어티'라고 쓰여 있었습니다. 현수막은 큰 도로 전면과 측면에서 잘 보이도록 여러 장 한글로 돋보이게 붙여져 있었습니다. 이 현수막들만으로도 이방 지대에 우리 대한민국의 문화를 소개하는데 큰 몫을 할 것 같았습니다. 주변은 LACA90019 올림픽가라고 하는데 넓은 차도와 상가들이 바둑판처럼 계획된 곳이었습니다. 대부분 한국인들이 정착하여 한글로 쓰인 간판을 붙이고 장사하는 상가였고 주차장도 편리하게 된 것을 보고 생각하였던 것보다는 적절한 장소라고 여겨졌습니다. 직원은 노인관 씨, 김태영 씨, 여직원 1명, 교포청년 3명이었고 교포청년 중 2명은 권총을 소지하고 있었는데 강도를 대비하여 야간에 경비가 주 업무이고 주간에도 일을 도와줄 것이라고 했습니다.

우리 일행은 피로도 잊은 채 미리 예약되어 있는 동서호텔 305호, 301호, 302호에 앞으로 39일간 유숙하게 될 것은 미처 생각 못 하고 숙소를 정하였습니다. 첫날 LA에서 처음 저녁식사를 하게 되었는데 물론 한인식당이었고 메뉴도 한국음식과 별로 차이가 없었으나 풍요로움을 식탁에서부터 느낄 수 있었습니다. 우리는 모두 갈비백반을 들었는데 분량이 많아서 양이 큰 사람도 무엇이든지 1인분 이상은 필요가 없을 정도이고 밥은 여러 번 추가해도 값을 더 받지 않았습니다. 또 한국과 다른 점은 갈비 1인분이나 우거짓국 1인분이나 가격 차이가

메질 많이 해야 황금으로 빛난다.

있기는 하나 별로 차이가 많지 않았습니다. 노인관 씨는 이렇게 설명합니다. '이 곳은 인건비의 비중이 크기 때문에 물질 자체로는 차이가 별로 안 납니다.' 저녁에 숙소에서 근처에 있는 마켓에 가서 바나나 등 과일을 사서 저녁시간에 숙소에서 먹었는데 바나나 2불 어치를 4명이 먹고 남아서 그 이튿날까지 먹을 정도로 여러 가지 싱싱한 과일들이 싸고 많았습니다.

8월 3일 미국에 도착하여 1박을 하였는데, 물론 여행경험이 있는 분들은 흔히 느끼는 일로 시차문제로 수면관계가 불편하였습니다. 하지만 그날부터 저희 전시회를 후원하여 주신 기관들을 방문하여 인사를 하였습니다. 이렇게 며칠 동안 시차로 피곤하여도 방문인사를 하였습니다. 이날은 중앙일보 미주지사장을 방문하기로 시간을 정하였는데 다행히 중앙일보 LA지사는 가는 곳마다 좋은 인상을 받았습니다. 지금도 그들의 노고를 고맙게 생각합니다.

첫날 중앙일보 방문을 약 3시간 동안 마치고 전시장에 돌아와 보니 오후 1시 30분인데 장내가 초만원을 이루고 있었습니다. 그 중에서도 본인이 1981년 5월과 1982년 5월에 크레이몬트 신학대학의 세미나에 참석하여 알게 된 아세아 담당교수인 김찬희 박사님과 또 제가 본래 존경하는 재미동포 이홍준 목사님 내외분과 이진수 선생 가족 등이 벌

메질 많이 해야 황금으로 빛난다.

써 한국의 중요무형문화재 작품 전시회가 있다는 것을 알고 이곳을 관람할 겸 저도 만날 겸 해서 와서 두 시간 이상 기다렸다고 합니다. 그날은 김찬희 박사님에게 점심 대접을 받고 저희들이 전시한 작품에 대하여 높이 평가하는 말씀을 들었습니다. 이홍준 목사님은 그동안 저희들이 체류하는 동안 매일같이 찾아와 우리 일행을 여러 곳에 관광시켜 주었습니다. 그 외에도 여러 교포들이 저희 일행을 자기 집으로 초대하거나 관광지로 안내하거나 극진한 사랑을 많이 베풀어 주었습니다. 이러한 일들은 우리 모두가 미처 예상치 못했던 고마운 일들이었습니다.

　우리 일행은 4일 롱비치에 가서 평생 처음 보는 큰 기선의 내부와 큰 수송기 내부를 관광했습니다. 특히 방채옥 회원이 한복차림으로 롱비치에 갔을 때 많은 외국인들이 환호하며 사진도 찍고 정복을 입은 사람은 약 50M 전방에서부터 거수경례를 하며 다가오는 진풍경을 보았습니다. 많은 사람들이 다양한 옷차림을 하고 가벼운 옷차림으로 다니는데 우리 한국인 여성의 옷차림 덕분에 저희들도 돋보이는 것을 느꼈습니다. 우리는 대략 오전에 전시장에 잠시 들렀다가 교포들의 안내로 관광을 많이 하였는데 8월 8일에는 (주)라성문화원장 황선표 씨를 방문 인사하였고 서영사 집무실, 후원자인 콜만 박사 등 3곳을 방문하여 그동안 협력하여 주어 고맙다는 인사를 표했습니다. 8월 9일은 김

메질 많이 해야 황금으로 빛난다.

기수 총영사관을 방문하였고 특히 서영사님과 예지원 원장님은 전시장을 여러 번 찾아 주었습니다. 며칠 동안 공식적인 방문 일정을 마치고 8월 9일 저녁에 본인에게 개인적 사건이 벌어졌습니다. 제가 본래 1948년 12월에 월남하여 소식이 끊어졌던 6촌 내외가 샌프란시스코 근처에 산호세라는 곳에서 벤스를 타고 고속도로를 8시간 달려서 저를 찾아 왔습니다. 40여 년간 생사를 모르다가 이산가족을 만난 셈이지요. 우선 우리 일행의 호텔방에서 하룻밤을 자고 자기 집에 가면 작년에 고향(평북 정주군 덕언면)에 가서 찍은 사진과 비디오를 볼 수 있다고 하니 무슨 말로 이 감격을 표현할지…….

우리 일행이 김포공항 출발 전에 약속을 하였는데 만일의 사고를 대비하여 여행 중 개인행동을 하지 않기로 약속을 했습니다. 그런데 제가 먼저 약속을 지키지 못하게 되었습니다.

일행들에게 양해를 구하고 8월 10일 아침 일찍 동생 승용차에 편승하여 고속도로로 약 8시간 동안을 달려가 혈육인 동생 집에 갔습니다. 40년 동안 보지도 소식도 듣지 못하였던 고향 정주의 사진들과 그곳을 찍은 비디오를 보면서 그쪽 소식을 들으며 지난 세월을 생각하니 가슴 속에서 북받치는 눈물을 삼키면서 밤을 지냈습니다. 10년이면 강산도 변한다는데 꼭 40년 만에 보는 고향땅을 화면으로나마 볼 수

메질 많이 해야 황금으로 빛난다.

있었습니다. 전시관 일도 있고 하여 LA로 급히 돌아왔습니다.

산호세에 있을 때 저희 전시장을 갑자기 MBC에서 촬영한다는 전화 연락을 받았는데 다행히 2진이 도착하여 박균석 선생과 정돈산, 이한규, 김용선 씨 등이 있어서 그런대로 잘 진행되었습니다.

이러한 일이 또 있었습니다. 포크리 공예 전문대학 교수 한분이 저희 공방에 방짜기법을 몇 차례 연구차 다녀갔습니다. 4월에 저희 공방에 왔을 때 5월중 자기 학교에서 전시회가 있는데 저희 공예품의 출품 요청을 했고 저희가 본래 LA전시회가 5월이었기에 약속한 바 있었습니다. 비자발급 사정으로 약속을 제가 지키지 못하여 결례가 되었는데 전시기간이 지나서 전시회는 못해도 자기 학교를 방문해 달라는 연락을 몇 차례 해왔습니다. 그 학교도 매우 먼 곳이지만 찾아가서 미국공예전문대학의 시설 등을 보았습니다. 마침 약 3시간 정도 지내는 동안 마침 그 기간이 그 학교에서 입학시험 논문을 대신하는 신입생들의 공예품들을 전시하는 기간이었습니다. 저의 좁은 식견인지는 몰라도 대학입학시험에 응한 학생들의 작품수준이 우리나라 초등학교 학생들의 작품수준 정도였습니다. 우리 일행은 우리민족이 이런 면에서 우월하구나 하는 느낌을 가졌습니다. 이 외국인 교수님은 우리 일행을 한인 식당으로 안내하여 김치 등 우리를 접대하여 주었습니다.

메질 많이 해야 황금으로 빛난다.

우리는 전시장에 매일 들리고 일요일은 오후에만 개관하였습니다. 8월 17일 LA관음사 주지인 김동화 주지스님께서 저희를 초대하였습니다. 관음사를 방문하여 관람하였는데 생각보다는 시설이 웅장하고 잘되어 있었습니다. 그날은 관음사에서 차를 한 대 내 주어서 김동익 씨―평소 박균석 선생을 존경하는 분으로서 관음사 건물 주위에서 사업을 하는 분인데 LA평화의 종 제작에 참여하였던 훌륭한 분이었습니다― 가 저희들을 밴에 태우고 평화의 종이 있는 공원과 레이몬드피치, 태평양 연안 관광지 말보, 아일랜드 등을 종일토록 관광을 시켜 주었습니다.

지난 12일에는 박균석 씨 친구 되는 분이 디즈니랜드 등을 적지 않은 비용을 써가며 안내하여 주었습니다.

아세아소사이어티란 기관이 무슨 기관인지는 서영사님을 통해 설명을 들은바 있는데 19일은 우리가 불고기 뷔페 집에서 점심을 하느라 오후 2시 경에 전시장에 도착 하였더니 서영사님과 아세아소사이어티 사무국장님이 우리를 약 2시간 정도 기다렸다고 했습니다. 아세아소사이어티 소재지는 LA다운타운 빌딩가에 위치해 있고 업무는 아세아의 문화를 연구하고 소개하는 기관이라고 소개했습니다. 그런데 그 사무국장이 우리 일행을 놀라게 하는 발언을 했습니다. 많은 사람들이 한국의 문화가 없다고 생각한다, 한국은 2차 대전을 통하여 일본이나

메질 많이 해야 황금으로 빛난다.

중국에서 신생으로 떨어져 나온 신생국이라고 인정하는 사람이 대다수라고 설명하면서 그동안 자기는 한국의 문화를 소개할 기회를 찾지 못하다가 이번에 뜻하지 않게 좋은 기회가 되었다고 하면서 저희에게 협조를 요청했습니다. 저희 일행은 참 좋은 기회라고 공감하면서 14일 10시에 전시할 작품들을 전달하기로 약속하였습니다. 약속한 날 서영사님과 함께 아세아소사이어티 집무실에 가보니 아세아 문화 즉 전통 공예품 전시장에 일본과 중국의 작품만 전시되어 있었습니다. 전시 장소에서 일본 것을 내려놓고 우리 작품을 전시한다는 것입니다. 우리들이 주목한 것은, 예를 들면 진경섭 씨 작품 중 전시할 작품으로 오리를 기록하는데 암놈의 위치, 수놈의 위치, 방향, 전통적인 사실 등을 구체적으로 기록을 하는 것이었습니다. 사무국장은 서양인 여자분이었는데 무척 차분하면서도 구체적이었습니다. 저희들 나름대로 이봉주의 징 1개, 꽹과리 2개, 박균석 씨의 북, 이한규 씨의 부채, 김용선 씨의 소반, 진경섭 씨의 호랑이와 오리 각 1쌍씩, 방채옥 씨의 노리개 1쌍, 상기호의 씨 지공예품 3개, 현지에 갔던 분들은 즉석에서 헌납하는 형식을 취하였는데 다른 분들은 후에 만나서 사정을 설명한 바 우리 문화를 소개하는 차원에서 기쁜 마음으로 헌납하여 주었습니다. 저희들의 작품 한 점 한 점이 모여져서 한국의 문화를 국제사회에 소개하는데 도움이 얼마나 될지는 몰라도 우리들은 한결같이 또다시 예상치 않았던 사건을 감당하였다는 만족감을 가져 보았습니다.

메질 많이 해야 황금으로 빛난다.

8월 22일은 특별한 일정이 없었는데 전시장에서 무기를 가지고 야간경비를 담당하고 있는 폴이란 청년이 차를 운전하고 차이나타운과 저팬타운을 관광하였습니다. 우리 일행은 좋은 기회를 가졌습니다. 차이나타운의 일반 공예품들은 1층에 여러 군데 있었는데 한국의 공예품보다는 대체로 수준이 낮았습니다. 2층에 올라가니 진짜 중국 전통공예전시관이 있었습니다. 넓은 장내에 순전히 전통공예품만이 꽉 차있었습니다. 특히 칠기, 도자기, 목공예 등이 눈을 끌었는데 직원은 단 한명이 자리만 지키고 있었고 고객이 관람을 하여도 아무런 반응도 없고 표정도 변하지 않았습니다. 한국타운에도 이런 정도의 한국의 문화를 소개하는 전시관이 마련되어있으면 얼마나 좋을까하고 부러워했습니다. 우리들은 중국전통공예관 관람을 끝내고 적당한 곳에서 음료수를 사서 마시며 우리들이 이런 시설을 안 보았으면 잡념이나 생기지 않았을 것을 하면서 저팬타운으로 향하였습니다. 꽤 넓은 상가단지였는데 우선 깨끗했습니다. 이곳은 오히려 전통적이라기보다는 현대감각에 맞는 상가였습니다. 우리 일행이 자수계통의 한 상점에 들러서 그 주인과 대화를 하였습니다. 일본인이기에 가능하였습니다. 여러 가지 대화하는 중 이곳 저팬타운이 꽤 넓은데 이 대지 소유주가 한국인이라고 소개하여 우리들은 한국 교포들의 저력에 다시 한 번 더 놀랐습니다.

메질 많이 해야 황금으로 빛난다.

우리 전시 기간이 7월 25일부터 8월 15일까지 20일간이었는데 주최 측에서 몇 차례 연장 요청이 있어서 결국 8월 30일까지 계속하게 되었습니다. 그동안 빅페어 또는 세계에서 가장 높은 케이블카가 있는 판스프링 등 주로 이흥준 목사님이 안내해서 왕복 6시간 거리의 몇 군데 관광지를 돌아보았습니다. 보통 20도 정도로 더운데 케이블카로 정상에 오르니 추위를 느끼는 기온차가 났습니다. 평일에는 2박3일 코스인 그랜드케니온, 라스베가스와 폐광촌 등을 관광했습니다. 평생에 잊히지 않는 웅장한 그랜드 케니온, 황홀한 라스베이거스에서는 거의가 호텔에서 잠자는 것 보다는 야경을 즐겼습니다. 유명한 빠징꼬, 표현하기 어려운 광경들이었습니다. 캘거리는 관광 도중 햇볕이 얼마나 따가운지 땀으로 목욕할 정도로 뜨거웠는데 코리아헤럴드 기자가 쫓아와서 촬영도 하고 취재도 하였습니다.

8월 31일 전시회는 끝났습니다. 그동안 전시기간 중 원매자가 있어도 거의 팔지 않았습니다. 그런데 정돈산 씨의 삼층장이 원매자가 7명 정도 경합이 붙었다고 하는데 30~31일까지 판매하도록 했습니다. 한국과 다른 점은 주로 대작이었는데 가구장, 벽걸이, 액자종류, 병풍 등이고 소품은 대부분 원매자가 없었습니다. 우리는 LA전시회에 어떤 것이 인기품목인지 이제 알 것 같았습니다. 출품해주신 분들에게는 죄송한 생각이 들면서도 가격은 변동 안 시킨다. 위탁하거나 구걸하는

메질 많이 해야 황금으로 빛난다.

식은 절대 안 하는 등 우리들의 체통이 손상될 일은 절대 하지 않기로 우리 일행은 거듭 다짐했습니다. 대략 50% 정도는 처리되고 나머지는 포장하여 선적하는 것으로 하였습니다.

LA에는 노인단체가 9개 정도 있는데 모두 임의 단체이고 이들 모임의 연합체가 있습니다. 사단법인 LA노인연합회 회장과 부회장이 저희 숙소에 몇 차례 방문하여 이런 약속을 하였습니다. LA노인연합회와 우리 보존협회가 자매결연을 맺는다. 첫 사업은 89년 준공 예정인 한국 노인 회관 3층 건물 내에 전통공예를 전시할 수 있는 공간을 마련하고 우리 협회에서는 작품을 상설로 전시한다. 원매자가 있으면 판매하여 노인연합회에서 사업자금으로 충당한다. 두 번째는 관광단 연 1회 교환한다. 우리는 민속촌, 독립기념관 등 회원 공방 견학 등을 안내하고 우리 회원이 LA에 가면 관광을 알선한다. 더 자세한 사업은 양측 이사회에서 사무적인 절차에 의하여 확정하기로 했다. 그들과 같이 전시장에서 기념촬영을 하고 노인회관 준공 시 특대 좌종을 기념으로 제작하여 기증하기로 약속하였습니다. 전시회는 끝났고 마무리를 지으면서 31일 지난번 라스베이거스 등 2박 3일의 관광도 주최측에서 우리 6명 모두의 경비를 부담하였는데 귀로에 하와이 관광 2박3일 비용도 이미 주최측에서 부담하였다는 것을 그때야 우리가 알고 주최측에 다시 감사의 인사를 드렸습니다.

메질 많이 해야 황금으로 빛난다.

우리는 나머지 작품을 포장하여 선적하지 않으면 관광을 갈 수가 없어서 박균석, 이한규, 김용선 3분만 하와이로 보내고 우리 3인은 비행장에서 작별인사를 하고 이봉주, 정돈산, 방채옥 3인은 하와이 2박 3일의 티켓은 고마운 기회지만 부득이 포기하고 밤을 새워가며 작품 숫자를 확인하고 포장하여 선적하였습니다. 9월 9일 11시 30분, LA에서 40일간의 모든 희비애락을 같이 한 3인은 유나이티드 항공기 편에 몸을 싣고 10여 시간 비행하여 동경 나리타공항에 기착하여 잠시 기다렸다 탑승기에 올라탔습니다. 앞서 하와이로 떠난 3인은 하와이 관광을 마치고 동경관광을 마친 후 귀가하였다고 합니다. 그런데 박균석 씨를 이 비행기에서 만나게 되었습니다. 박균석씨는 장남이 일본에서 학업 중에 있어서 늦게 귀가하게 되어 이 비행기를 탄 것입니다. 우연치 않게 바로 옆자리에서 만나니 더욱 반가웠습니다.

한국시간 9월 10일 저녁 8시 꼭 40일 만에 전원이 무사히 귀국하게 되었습니다. 그동안 여러 뜻있는 분들에게 특히 문화재관리국, 우리 보존협회를 아껴주신 여러분, 우리 이번 전시회에 관심을 기울여 주셨던 모든 분들에게 감사의 말씀을 지면을 통하여 다시 한 번 드립니다. 사정상 전시회는 참석 못하면서 이번 행사의 비용에 보태 쓰라고 귀중한 작품을 제공하여 주신 정수화 이사님, 김창식, 정명채 감사님에게 우리 일행은 뜨거운 감사를 드립니다.

메질 많이 해야 황금으로 빛난다.

메질 많이 해야 황금으로 빛난다.

유기 작품과 공구 기증처와 기증품 목록

때	기증처	작품이름	수	상세설명
1982년 10월	국립민속박물관	좌종	1점	1982년 10월 30일 제7회 전승공예대전에서 문공부장관상 수상 작품
1983년 11월 15일	연세대학교 박물관	작품 및 공구	27점	
1988년 10월	88서울올림픽 조직위원회	바라 (지름42cm)	400쌍	1988년 서울올림픽폐회식 공연에 바라 400쌍을 제작하여 기증함
1988년 11월 24일	육군5181부대	바라 (지름42cm)	200쌍	
1990년 6월 16일	국립중앙박물관	제기 외	113점	
1991년 9월 20일	중국연변조선족 민속박물관		16Kg	
1991년 9월 23일	중국용정조선족 민속박물관		16Kg	
1994년 12월 23일	궁중유물전시관	운라	1점	
1995년 4월	평안북도 도민회	제기	1세트	
1999년 3월	일본오사카 한국문화원	제기 외	제기1세트 외 8점	
1999년 6월 10일	원불교	좌종	1점	높이39cm, 지름50cm 좌종
2000년 5월 12일	오산중·고등학교	대징	1점	지름 87cm 대징
2001년 10월 3일	대종교 총전교 천제의식요	제기 외	13점	
2003년	대구방짜유기 박물관		1480점	
2017년 10월 26일	중국 연변대학 박물관	반상기, 공구 외	131건 280점	
2020년	영국 빅토리아 박물관	좌종	1점	런던 전시회에서 구매요청을 받았으나 기증함
2021년	영국 대영박물관	좌종	1점	

메질 많이 해야 황금으로 빛난다.

TV방영 및 영상 기록물

1	비밀의 커텐	KBS1TV	1983.9.8
2	비밀의 커텐	KBS1TV	1983.9.8
	인간가족	KBS1TV	1984.5
3	전통유기	KBS TV	1985.9
4	오늘	KBS2TV	1985.1.11
	명랑열차	KBS2TV	1986.1.3
5	출발 새아침, 장인의 땀		1986.1.3
6	계성원 IIS 행사 하이라이트		1987.7.7
7	그랜드캐넌, 라스베가스 미국전시회		1988.8.27~8.29
8	인간문화재 전통공예대전		1988.8.12
9	샌프란시스코 금문교공예대학		1988.8.12
10	제 19회전통공예품경진대회		1989.6.14
11	제 10회전통공예초대 특별전(마산)		1990.8.1
12	문화부장관 이어령 면접기념		1990.8.25
13	한국의 미 (유기)	KBS1TV	1991.9.2
14	한국의 유기(19분)		1991.9.
15	집중기획 '징'	KBS1TV	1992.10.15
16	오화선권사 장례식		1992.11.21
17	공장 기공식		1994.2.26
18	중국 천진 징공장 직경 160cm 징 제작현장		1994.4.29~5.10
19	천진 징 제작		1994.5.1
20	한국의 재발견	KBS1TV	1994.6.17

메질 많이 해야 황금으로 빛난다.

21	체험 삶의 현장		1994.9.12
22	중국 천진 징공장 특대징 제작현황		1994.11.10~11.17
23	전통악기의 고향을 찾아서	mbc 뉴스투데이	1995.10.24
24	온누리에 평화를(두고 온 고향)	PBC TV	1995.10.26
25	직업의 세계(전통기능인편)	SBS TV	1995.11.11
26	체험 삶의 현장 '김한길, 최명길'	KBS TV	1996.1.1
27	정보 파노라마	공보처	1996.1.4
28	이봉주 선생님 고희연		1996.3.24
29	온누리에 평화를	PBC TV	1997.3.4
30	TV 노인대학	PBC TV	1997.9.5
31	모닝데이트(방짜유기)		1998.3.9
32	통일의 춤 천사의 노래(리틀 앤젤스 평양공연)		1998.
33	우리가락 우리춤 (제 65회)		1998.4.23
34	지화자		1998.7.25
35	우리것을 찾아서 제 11회 수천년을 이어온 우리의 합금 유기		1999.4.11
36	유기종합		1999.6.
37	TV 명인전 유기장 이봉주 '집념의 쇳물 인생'		1999.9.20
38	언제나 청춘		2000.1.2
39	전통체험 뿌리깊은 나무 '방짜유기'		2000.1.26
40	우리의 전통 문화 '방짜유기'	EBSTV	2000.3.31
41	납청유기마을	임원순촬영	2000.7.3
42	납청유기마을	최종구촬영	2000.7.4
43	전통문화상품 홍보영상물	조달청	2001.5.30
44	한국의 장인	KBS2	2001.6.16

메질 많이 해야 황금으로 빛난다.

45	이봉주 선생님 촬영본 OK,CUT 모음		2001.7
46	전통문화상품 홍보영상		2001.7
47	뿌리깊은 나무'불꽃에서 오다'유기	KBS2	2001.12.23
48	중요무형문화재 제 77호 유기장		2002년도 제작
49	부시대통령 청와대	KBS	2002.2.20 9시뉴스
50	가은공방 상량식		2002.7.15
51	납청방짜유기촌 드라마세트장 상량식		2002.7.15
52	생방송 세상을 연다 '대부도 기행'	경인방송	2003.1.27
53	과학의 나라 오천년의 비밀 1편 쇠, 생명의 연금술		2003.4.21
54	과학의 나라 오천년의 비밀 3편 나무, 음을 설계하다		
55	제 2회 청사문화재	강원도 홍천종친회	2003.6.1
56	무엇이든 물어보세요 "놋 그릇"	KBS	2004.1.5
57	KBS 문화강좌 놋쇠의 금속학적 특징	KBS	
58	전통의 여운 징	중앙영화사	
59	이런 사람들	KBS	
60	스튜디오 200 제 2회 인간문화재 공예대전을 앞두고		
61	안양상공회의소	동남아시아 시찰	
62	제 4회전통공예 대전		1984.11.27~12.16
63	KBS TV 명인전 이봉주편 인터뷰 1편 KBS TV 명인전 이봉주편 인터뷰 2편		
64	KBS TV 명인전 이봉주편 인터뷰 1편		

메질 많이 해야 황금으로 빛난다.

신문과 잡지 등에 보도된 이봉주

보도매체	보도일자	헤드라인	서브라인
전통문화	1983.3	한국 방짜유기 제작의 현황	납청양대유기를 중심으로
조선일보	1983.4.12	7명 인간문화재 추가	유기장 쇳물 다듬어 그릇모양으로
주부생활	1983.5		
일간스포츠	1983.5.14	생활문화유산 마지막 지킨다	쇳물 인생 36년… 이젠 무형문화재
평북민보	1983.6.30	집념의 쇳물인생 36년 방짜유기장 이봉주씨	
동화신문(일본)	1981	미국 유기 기술지도	
멋	1983.11	금빛의 숙련사 이봉주	
주간종교	1984.3.21	유기장 이봉주씨 무형문화재 77호 집념에 산다	
객석	1984.10	꽃불에 익혀진 사람의 소리 '징소리'	
현대주택	1984.12	쇳물 끓여 한평생 놋그릇을 빚는다	
전통문화(표지)	1985.2	한국의 공방 방짜유기	
학생중앙	1985.4	한없이 두드리는 뜻은	
월간 식생활	1985.8	중요 무형문화재 77호 방짜유기장 이봉주	예지
신라	1985.10	옛여인네 사랑을 독차지했던 안전 식기	
간호	1985.12	장인솜씨 방짜유기장	
전통문화	1986.3	번쩍이는 황금 연상케 해	이봉주 방짜 유기전
엔터프라이즈	1986.4	놋쇠와 가슴이 함께 운다	
향장	1986.4	방짜유기 가업 전통의 맥을 잇는다	

메질 많이 해야 황금으로 빛난다.

스포츠레저	1986.6	고유의 질박한 아름다움 지닌 방짜유기	무형문화재 77호 이봉주옹이 외길 걸어
스포츠레저	1986.12	납청놋전 사라져 가는 전통의 멋 재현	
종합 디자인	1987.6	한국의 전통 금속공예 방짜유기	
숙대신문	1987.6.4	전통의 맥을 잇는다- 유기	빛나는 선비정신
청소년 신보	1987.8.15	외곬 인생 41년 이봉주 중형문화재 77호	
월간 광주상의	1987.8	방짜유기 중요무형문화재 77호 이봉주	
한국일보	1988.9.20	전통도예 민속공예 재연	올림픽 특별전 꽹과리 완성되자 탄성
일간스포츠	1988.6.8	외국손님 식사접대 전통반상기로	
동부(사보)	1988.7	사십 여 년 동안 놋쇠를 두들기며	
한겨레신문	1988.12.8	방짜쇠 두드려 '납청'유기 재현	'방짜' 제조 기능보유자 이봉주씨
월간문화재	1989.6.1	5천년 이어 온 전통공예	'89 중요무형문화재 보유자 작품전
대한경제일보	1989.6.3	식탁용품세트 대상 차지	
대한 경제일보	1989.6.4	섬세한 민속의 정취 담겨	공예품 경진 대회에 대상에 다기 및 식탁용품 세트 대상의 이형근씨
세계일보	1989.6.8	납청 놋그릇 제작 대를 잇는다	공예품 경진대상 이형근씨
경기일보	1989.6.8	대상에 이형근씨 다기 및 식탁 용품세트	
정식품	1989.7.5	유기대장의 끈기와 긍지	
지방시대	1989.7	놋그릇 만드는 젊은이 안양납청산업 부장 이형근	
안양상의보	1989.6.15	이형근씨 대상 차지	

메질 많이 해야 황금으로 빛난다.

경기일보	1989.6.26	가업 3대 놋그릇 맥 이어	공예품경진대회 대상 이형근씨
안양상의보	1989.7.15	기업탐방 납청산업 방짜유기 제작에 유일한 맥이어	
국민일보	1989.8.25	영혼의 음을 만드는 방짜기술 달인	오직 한길 유기장인 이봉주씨
대일		은은한 빛과 산뜻한 소리를 영혼에 휘감으며	
동아그룹(사보)	1990.1	이 사람의 장인정신 방짜유기제작 이봉주씨	
주간 북소리	1990.1.16	소리로 빛을 내는 사람들	41년간 우리의 놋그릇을 만들어온 중요 무형 문화재 77호 유기장 이봉주씨 부자
새안신문	1990.6.8	유기관 설립 조상의 얼 심을터 주물 작업 중 실명할뻔 하기도	
월간동아	1990.6	중요 무형문화재 제 77호 이봉주	
TARI	1990.9.1		
월간공예(표지)	1990.10	메질하여 나타난 방짜의 텍스처 무형문화재 유기장 이봉주	
다담	1990.11	은은한 메자국 남긴 놋갓장이의 집념	중요무형문화재 제 77호 방짜유기장 이봉주씨
한국일보	1990.11.29	인간문화재 공방촌 세운다	
생활의 성서	1990.12	전통의 맥을 찾아서 유기	
코리아헤럴드	1990.12.1	Lee bong ju –master brass smith	
매일경제신문	1991.1	전통 속의 인류혼 장인정신	방짜유기부문 세계 최고 권위자
경향신문	1991.1.12	맥을 잇는다 방짜유기장 이봉주씨	
효성(사보)	1991.10	한국의 명인 방짜유기 대장 이봉주옹	

메질 많이 해야 황금으로 빛난다.

경기남부신문	1991.3.17	세계 최고 선조 기술 이으려 한평생	
조선일보	1991.3.19	합성수지 식기에 중금속	
마케팅시대	1991.4	명인순례	기음 경지 들어선 반세기 방짜인생 인간문화재 77호 유기장 이봉주
안양신문	1991.4.11	50년간 풍파 헤쳐온 외길인생	
조선일보	1991.10.9	주최측 전횡에 멍든 공예 잔치	
월간문화재	1992.6.1	방짜유기 전수에 평생을 바쳐	유기박물관 설립이 유일한 소망
월간문화재	1992.6.2	인터뷰- 방짜유기 전수의 평생을 바쳐 유기박물관 설립이 유일한 소망	
휴먼스토리	1992.1	너무 어렵게 배운 기술이라 버릴 수가 없었디요.	방짜유기장 이봉주 옹
씨티타임즈	1992.10.7	중요 무형문화재 제 77호 유기장 이봉주 옹	
월간지 수석문화	1992.11	전통문화의 맥을 찾아서 유기장인 이봉주옹 불과 쇠가 만나 일구어 낸 예술 혼	
서울신문	1992.11.14	방짜유기장 이봉주씨	
서울신문	1992.11.14	김승희(동국대 교수 공예작가) 삼국시대 이전부터 단조기법	
사람사는이야기	1994.8		
서울신문	1994.5.24	세계 최대의 방짜 징 만들기	
중앙일보	1994.5.29	지름 160cm 세계 최대 『방짜징』 제작 성공	
월간문화재	1994.6.1	세계 최대 방짜 징 제작	
해동불교	1994.9.14	유기장 기능보유자 이봉주씨	
중부일보	1995.3.21	성쇠의 세월 속 오직 한길	안산 방짜유기 이봉주
서안신문	1995.3.22	세계에서 제일 큰 징 구경 오세요	방짜유기장 이봉주

메질 많이 해야 황금으로 빛난다.

문화일보	1995.7.25	전통공예대전 지키기 서명운동 이봉주 공예보존 협회 이사장	
동아일보	1995.7.26	20돌 맞은 전승공예대전 변질 논란	명칭 상품전으로 변경 공예인들 전통 말살 반발
공무원 연금	1995.12	한밤 중 쇠망치질로 시작되는 방짜유기	
광덕신문	1996.1.16	조상들의 훌륭한	
신라	1996.6	테마기획 유기장 이봉주씨와의 만남	세계적 명품과 겨루는 정통 방짜의 장인
		영혼의 소리 만드는 집념의 방짜대장	유기 공예부문 방짜기능 보유자 이봉주씨 (63세 인간문화재 77호)
국민일보	1997.9.6	공예대전 대상 당선 취소	
조선일보	1997.9.11	전승공예 대통령상 취소 확정	
행복이 가득한 집	1999.2	방짜유기	
매일경제	2000.6.21	팔공산에 박물관 타운 조성	대구시, 유기,고서,음식 등 10종 전문관 건립
매일신문	2000.6.28	세계 최대 징, 국악기 등 기증 받아도 전시 공간 없어 수용 불투명 관광자원화 활용차원 검토 절실	
부산일보	2001.8.21	구리로 만든 주방기구 식중독균 퇴치효과	
매일신문	2002.3.8	방짜유기 박물관 대구 도학동에 선다	
조선일보	2002.7.19	무형문화재 기능자에 내년 2월부터 학사학위	
디지털조선일보	2002.8.22	〔대구경북〕박물관 한곳에 짓는다	
조선일보	2003.12.19	민족과학 대발견 올해의 프로그램 대상 Q채널 과학의 나라 오천년의 비밀 방짜유기장	

메질 많이 해야 황금으로 빛난다.

영남일보	2006.2.7	방짜유기 박물관 건립 순조	11월 준공 공정률 70%
대구일보	2006.2.7	방짜유기 박물관 11월 개관	이봉주 선생 작품등 1천 5백 여점 전시, 시민에 무료개방
대구신문	2006.2.7	방짜유기박물관 11월 문 연다	
매일신문	2006.2.7	대구 방짜 유기 박물관 공사 순조	공정률 70%
조선일보	2006.2.8	세상의 방짜유기 다 있어요	국내 최초 방짜유기 박물관 대구 팔공산 입구에 건립
경향신문	2006.2.8	대구에 방짜유기 박물관 생긴다	
한국일보	2006.2.8	국내 첫 방짜유기 박물관 대구 도학동에 11월 개관	
대구신문	2006.2.8	놋그릇 등 1천여점 전시	11월에… 방짜유ᐟ ᐠ박물관
조선일보	2007.4.4	방짜유기 박물관 대구에 처음 생긴다	놋쇠를 두들기고 펴서 만든 그릇, 악기
매일신문	2007.5.23	이봉주 선생 기증 방짜유기 창고서 낮잠	
조선일보 대구경북판	2007. 5.28	방짜유기의 모든 것 모였다	
동아일보 (굿모닝 영남)	2007.5.25	대구 방짜유기 박물관 개관	20년된 '세계최대의 징' 제작과정 직접 체험할 수도
세계일보	2009.11.20	예술혼 넘치는 인간 방짜 유기장 이봉주	
엽연초 협동조합보	2010. 9	만남: 한 2년은 더살아야 다 물려줄 수 있을텐데	
한국 공예 디자인 문화진흥원	7, 8월호		
모닝캄(Morning Calm)	2010년 11월호	커버스토리 A Tourch of Brass	옹골찬 집념으로 걸어온 한길 유기장 이봉주

메질 많이 해야 황금으로 빛난다.

이봉주 연보

1926년 2월 8일	평안북도 정주군 덕언면 침향동 발산부락에서 아버지 이정현과 어머니 전학실의 둘째 아들로 태어나다
1948년 12월 8일	38선을 넘어 이남에 오다
1948년 12월	서울 양대공장에 입사, 평생의 업(業)이 된 방짜 유기업에 종사하기 시작하다
1952년 3월 4일~ 1955년 8월 30일	군 복무
1954년 8월 30일	서울 양대공장에 재입사하다
1957년 1월 15일	서울 구로동에 납청양대공장을 세우다
1978년 10월 10일	납청양대공장을 경기도 안양시 박달동으로 이전하다
1979년 9월 27일	경기도 민예품 경진대회에서 입선하다
1979년 11월 5~9일	일본에 가서 30여년 전에 헤어진 사촌형 이봉오와 그의 가족을 만나다
1981년	미국 보스톤 질디안사를 방문하여 교류를 트다
1981년 11월 30일	제6회 전승공예대전에서 입상(입선)하다
1982년 10월 30일	제7회 전승공예대전 입상(문공부장관상)하다
1983년 2월 15일	청와대 영빈관에서 전두환대통령내외를 접견하다
1983년 2월 21일	감리교 강서지방 평신도회 총무가 되다
1983년 3월 29일	아내(오화선)가 병원에 입원해서 수술을 받다
1983년 3월 29~31일	TV 뉴스 파노라마를 촬영하다
1983년 4월 30일	유기 제작 중 눈에 불똥이 튀어 오른쪽 눈을 잃다
1983년 6월 1일	중요무형문화재(제77호) 보유자 인정서를 받다

메질 많이 해야 황금으로 빛난다.

1988년 1월 16일	사단법인 전통공예기능보존협회 이사장에 취임하다 (1988년 1월 16일~1993년2월28일 이사장 재직)
1989년 2월 6일~	싸이판에 가서 40여년 전에 헤어졌던 외사촌형 전경운과 그의 가족을 만나다
1991년 1월 30일	책『납청양대』저술하고 발행하다
1991년 9월 18일	(사)전통공예기능보존협회 회원들과 중국에 가서 중국 공예인들과 교류하다
1991년 3월~ 1993년 2월	고향 평북 정주군 덕언면 면민회 회장으로 봉사하다
1993년	납청양대공장을 시화공단으로 이전하다
1994년 6월	호주를 여행하다
1995년 5월 22일	서울용산중앙병원에 입원해서 수술을 받다
1995년 11월 11일	사단법인 한국음향학회로부터 예일대상을 받다
1996년 3월 24일	자녀들이 고희연을 베풀어주다(서울 63빌딩)
1996년 5월	형(이봉용)과 함께 일본 동경을 여행하고 사촌형 이봉오 가정을 방문하다
1996년 6월	두 딸과 함께 미국을 여행하다(10박11일)
1996년 12월	사준자 여사와 결혼하다
1997년 12월 10일	김대중대통령을 접견하다
2007년 5월 25일	유기작품과 유기공구 1480여점을 기증한 대구방짜유기박물관이 개관하다
2004년 6월~현재	납청양대공장을 경북 문경시 가은읍으로 이전하고 유기전수관과 전통공방을 개설하고 방짜유기 제조 기술을 전수 중이다

메질 많이 해야 황금으로 빛난다.

4부

사진으로 회고한
나의 인생

1960년부터 1979년까지 염창동에서
공장을 운영하며 살았다.
집 근처 토마토 밭에서 온 가족이
찍은 사진이다.
왼쪽부터 아내, 큰아들, 큰딸,
작은딸, 막내 그리고 나이다.

아내와 막내와 함께 덕수궁에 가서 찍은 사진이다.
북녘 고향에 계시는 어머니를 그리며 어머니헌장 앞에서 찍었다.

362

메질 많이 해야 황금으로 빛난다.

1953년, 아주 어려운 때 결혼
했다. 결혼 사진 한 장 찍지
못하고 살았는데 1970년대 후
반 용인 민속촌에 놀러 갔다가
결혼식 사진을 대신하는 의미
로 찍었다.

1980년 5월 1일 아내와 한라산 정상 백록담에 올랐다.
이때 이미 아내는 발병을 한 후이므로 몸이 불편했다.
시간이 지나면 몸이 더 불편해져서 한라산 정상에는 올라가 볼 수 없을거라면서
아내는 용기를 내어 정상에 올랐다.

메질 많이 해야 황금으로 빛난다.

1973년 3월 장로 취임 예배 후 고향분들과 함께 찍은 사진이다.
최지웅목사, 김창신장로, 문용흥장로, 강병규, 이태전, 김윤신, 정경선 등
많은 이들이 찾아와 축하하고 격려해주었다. 뒷줄 왼쪽에서 두번째가
나이고 그 앞에 있는 사람이 아내 오화선이다.

메질 많이 해야 황금으로 빛난다.

일본 사촌형과

1989년 육촌형님(이봉전) 댁에서 찍은 사진이다.
내가 1948년 월남한 이후 못 만나보다가
이때 처음 재회를 했다. 왼쪽부터 육촌동생 이봉철,
육촌형 이봉전, 나의형 이봉용과 나 이봉주이다.

1979년 일본에 가서 아주 오래전에 헤어진
사촌형(이봉오)과 만났다. 일본에 살던
사촌형님과 형님의 딸(순자)이다.

1996년 5월 29일부터 2박3일간 봉용형님을 모시고
일본의 사촌형님 댁에 갔다. 사촌형님은 1998년 세상을 떠났다.

왼쪽부터 나, 사촌 봉오형님과 봉용형님

봉용형님과 함께, 일본에 방문할
때마다 사촌형의 딸(순자)이 친절
하게 안내를 해 줬다. 나, 조카
(순자)와 봉용형님

메질 많이 해야 황금으로 빛난다.

예루살렘 통곡의 벽에서

로마에서

그리스 신전을 배경으로

파리 개선문 앞에서

메질 많이 해야 황금으로 빛난다.

런던 빅벤을 배경으로 해서 기념촬영을 하다

예루살렘 골고다 언덕에서

런던 빅벤을 배경으로

처음 미국을 가 보았다. 메이플라워호에서

메질 많이 해야 황금으로 빛난다.

1981년 5월 25일 부터 7월 27일까지 62일 세계일주 여행을 했다.
미국 샌프란시스코의 금문교에 갔을 때 찍은 사진이다.
금문교의 엄청난 규모와 무게를 지탱하고 있는 현수교의 캐이블이
궁금해서 캐이블 한 개의 지름을 내 팔로 재어보았다.
나는 늘 다른 사람이 만든 우수한 물건과 작품에 관심이 많다.

금문교 와이어줄 단면 앞에서 찍은 사진이다.

메질 많이 해야 황금으로 빛난다.

1996년 6월 두딸과 함께 미국을 여행하던 중 보스톤에 소재한
질디안사를 방문했다.

1996년 두딸과 미국을 여행하던 중 찍은 사진이다.

메질 많이 해야 황금으로 빛난다.

사이판은 2차 대전 말기에 수 많은 한국인들이 강제 징병과 징용으로 끌려가
희생당한 곳이다. 나는 1989년 사이판을 여행했다. 일제 때 징용에 끌려가
죽은 줄로만 알던 외사촌형이 살아있다는 소식들 듣고 찾아갔다.
B29가 히로시마와 나가사끼를 원폭투하할 때 적재하고 발진한 곳에서 티니안
비행장을 상공에서 내려다보며 사진을 찍었다.

사이판 인근 티니언 섬을 관광하던 중
찍은 사진이다.
이탑은 김영식 목사가 1970년대 이곳을
방문하였다가 한국인 희생자를 추모하고
기념하기 위해 세운 탑이라고 한다.
한국인들이 일제에 징용을 당해 티니언 섬에서만
5,000명이 희생되었다는 내용이 기념탑에
새겨 있었다.
2차대전이 조금만 더 연장되었더라면
우리 형님과 나도 전장터에 끌려가 희생을
당했을 것을 생각하면 하나님께 감사할 뿐이다.

메질 많이 해야 황금으로 빛난다.

1993년, 경기도 안산시 시화공단에 대지 1천평을 사서
공장을 확장 개설했다.

우리 공장에 방문한 외사촌형들과 전보연선생과 찍은 사진이다.
왼쪽부터 나, 전경운, 전경선, 전보연선생이다. 전경운과 전경선은
내 외사촌형들이고 전보연선생은 내가 신경중학교 입학시험 공부를 할 때
공부를 가르쳐준 분이다.

메질 많이 해야 황금으로 빛난다.

대구와 대구방짜유기박물관에도
납청놋전이 있다.

메질 많이 해야 황금으로 빛난다.

1986년 충남 성환읍 율금리에 땅 6천평을 사서 공장 4동을 건립했으나 기술자들이 교통이 불편하다고 근무를 거부해서 되팔았다.

1988년 서울 인사동에 납청놋전을 열었다.

내 작품을 전시하고 판매하는 곳이 대구에도 있다.

메질 많이 해야 황금으로 빛난다.

서울 관훈미술관에서 개인전을 개최했을 때 전시한 작품들이다.

중국 청도 공장의 직원들과 찍은 사진이다. 북을 생산하기 위해서
중국에서 장구통을 반제품화 해서 들여오기로 하고 중국 청도에 공장을 세웠다.
전부터 알고 지내던 연변박물관의 김육현 씨를 현장책임자로 해서 진행했다.
이후 중국 청도 공장은 장남에게 일임했는데 장남이 지금까지 훌륭히
운영하고 있다.

메질 많이 해야 황금으로 빛난다.

1989년 4월 7일부터 5월 30일까지 미국 LA 문화원에서 가진
(사)전통공예기능보존협회 합동 전시회에 총영사관을 비롯해서
여러분이 찾아와 관심을 보였다.

나는 (사)전통공예기능보존협회 이사장으로 봉사할 때 문화부장관을 찾아가
협회의 발전과 전통공예문화발전을 위해 여러가지 요구와 제안을 한 적이
있다. 이어령 문화부 장관이 협회 전시회를 찾아와 협회 발전을 격려해주었다.

메질 많이 해야 황금으로 빛난다.

내게 제2의 부모이고 제1의 스승이었던 탁창여 선생 내외분이다.
이분들이 있었기에 내가 있을 수 있었다. 탁창여선생님(오른쪽)과
이옥제여사님(왼쪽)이 북아현동 집 현관 앞에서 찍은 사진이다.

메질 많이 해야 황금으로 빛난다.

락창여 선생님 묘소(경기도 파주 소재)에 가끔 간다.
락선생님의 생신날이거나 선생님이 생각이 날 때면 묘소에 들린다.
이날은 1994년 초가을 무렵이다. 둘째 아들(형만)의 큰아들(지용)과
함께 가서 찍은 사진이다.

메질 많이 해야 황금으로 빛난다.

군대 복무 중에도 유기공장에서 일을 했는데, 이때 공장은 현재
서울 서대문구 북아현동 북성초등학교 정문 앞에 있었다. 이 동네에서
결혼했고 큰 딸이 태어났다. 그 시절이 그리워서 가끔 이곳에 가곤 했다.
이 사진은 2010년 9월 24일 갔다가 촬영한 사진이다.

메질 많이 해야 황금으로 빛난다.

1988년 서울 올림픽 폐막식 행사 중 바라춤 공연의
한 장면을 찍은 사진이다.
나는 1988년 서울 올림픽 폐막식 공연에 사용하라고
내가 만든 바라 400쌍을 기증했다.

서울올림픽 때 기증했던 바라200쌍을
기증한 것을 기념해서
올림픽 위원회가 기념품을 만들어
준 것을 대구 방짜유기박물관에
기증했다. 사진은 대구 방짜유기
박물관내에 전시된 기념 액자이다.

메질 많이 해야 황금으로 빛난다.

경기도 안양시 만인구 박달동 617-20의 안양공장인데 1970년대 화재로 타 버렸다.

화재로 인해 불 타 버린 공장을 헐고
새로 지었다. 안양공장의 화재 전 모습이다.

메질 많이 해야 황금으로 빛난다.

늘 내가 만든 작품을 살펴보고 스스로에게 묻는다. "이만하면 되겠어?"

징을 만들고 난 후에 쳐 보고 소리를 확인해야 한다. 제대로 된 소리가
나지 않으면 애써 만든 것이라도 다시 녹일 수 밖에 없다.

메질 많이 해야 황금으로 빛난다.

이태전 선생님은 아버님의 친구분이다.
아버님이 그리울 때마나 아버님인양 이선생님을 찾아 뵙곤 했다.
이날은 김윤신과 전경선 형님과 이선생님 댁을 방문했다.
이태전 선생님은 나를 문례광산에 취직시켜 준 이태섭씨의 동생이고
전경선형님은 내 외사촌형이다.
왼쪽부터 나, 이태전선생, 김윤신과 전경선형.
1987년 경이다.

1980년대 김익찬의 오빠 가족이 브라질로 이민을 떠날 때 김포공항에서
찍은 사진이다. 왼쪽부터 육촌처남내외, 처남부부와 봉용형님이다.

메질 많이 해야 황금으로 빛난다.

집사가 되고 권사가 되고 장로가 되는 것은 어떠한 벼슬이나 명예가 아니다.
이런 직분은 더 무거운 짐을 더 성실하게 지라고 교회가 맡기는 것이다.
1973년 3월 감리교 장로가 되고 1996년 2월 퇴임했다.

383

친구 김일

말년에 프로 레슬링 세계 참피온 김일씨와
친구가 되어 김일이 세상 떠날 때까지
교우했다.

친구가 된 김일은 내가 만든 징을 치면서 자신은
레슬링 세계 참피온이고 나는 "징 세계 참피온"이라고
했다.

김일 부부와 우리 부부는 김일이 세상을 떠날 때까지
서로 교우하면서 친하게 지냈다. 지금도 김일의
부인과 연락을 주고 받으면서 지내고 있다.

메질 많이 해야 황금으로 빛난다.

1991년 4월 20일부터 5월 6일까지 일본에서 열렸던
고마끼시 URBAN FAIR'91에 참여한 작품이다.

나와 같은 길을 걷고 있는 큰 아들이 1989년 전승공예대전에 출품해서
대상을 수상한 작품이다.

메질 많이 해야 황금으로 빛난다.

질디안관련

세계 최고의 방짜 심벌 제조사인
질디안 사장 일행이 우리 남청양대공장
(안양소재)에 와서 우리의 방짜 기술의
수준을 보고 놀라워했다.

질디안 사장 일행과 우리 남청양대공장
(안양소재) 직원들과 기념촬영을 했다.
우리의 방짜 기술 수준을 보고 놀란
질디안 사장은 우리기술자 전원을
취업이민으로 초청했다.

1984년 질디안사에 가서 일한 적이 있다.
질디안은 세계 최고 최대 심벌
제조사인데 세계 각국의 징들을
수집해서 전시놓고 있었다.

메질 많이 해야 황금으로 빛난다.

내가 미국 질디안사의 초청을 받아
가서 그곳에서 근무를 하는데 질디안
측에서는 내가 일하는 것을 영상으로
기록을 했다.

1982년도 미국 보스톤 질디안 사에서
근무할 때

1982년 미국 질디안사에서 근무할 때
이다. 질디안 공장 마당에 직원
주차장이 있었는데 이 주차장에는
승용차가 약 70대 가량 서 있었다.
우리나라는 언제나 이렇게 될 수
있을까 하고 부러워했던 때가 있었다.

미국 질디안 회사에 근무할 때 휴일이
면 하버드대학교를 찾아갔다. 대학교
내 어떤 건물은 무슨 용도인지도 모르
면서 건물마다 일곱바퀴를 걸어 돌면
서 우리 2남 2녀들이 이 대학교에서
공부하게 되기를 기도했다.

메질 많이 해야 황금으로 빛난다.

1983년 6월 1일 중요무형문화재 인정서를 수령하던 날
문화재관리국 사무실에서 찍은 사진이다. 문화재인정서를 받기 전에 나는
일을 하다가 쇳농이 튀겨 오른쪽 눈에 부상을 입어서 이때 치료중이었다.

1994년 당시 우리 공장이 근처 시화호에서 바다를 향해 고향을 바라보고
징을 쳤다. 이 징은 천진 징창의 시설을 이용해서 내가 만든 건데 당시에는
세계 최대의 징이었다. 이 징은 2004년 대구 유기방짜박물관에 기증해서
지금 전시되고 있다.

메질 많이 해야 황금으로 빛난다.

1994년 천진 징 창 쪽에서는 시설을 대고
나는 기술을 대서 세계 최대 징 두 개를 만들었
다. 1994년 초 공구를 가지고 천진 징 창에 가서
김문호, 최종구, 손기주, 김육현 등과 천진 호텔
에 투숙하면서 작업했다. 이 작업에는 중국인들
도 여러 명 참여했다.
이일은 내게 원대장으로서 평생 한 일 중에
가장 책임이 무겁고 힘든 일이었다.

당시 기록으로는 세계 최대의 징 두개를
완성한 후 작업에 참여한 모두가 모여
기념촬영을 했다.

메질 많이 해야 황금으로 빛난다.

고희연에 송자 전 연세대학교 총장이 와서
축하를 해 주었다. 송자 총장은
고 탁창여선생님의 사위이다.

메질 많이 해야 황금으로 빛난다.

(사)기능보존협회 이사장을 맡아 활동할 때 협회의 회원들과 함께
전국의 공방을 순회했다. 오른쪽 끝의 분이 예용해 문화재위원이다.

메질 많이 해야 황금으로 빛난다.

2002년 공개행사를 마치고 아내와 함께 징 앞에서 사진을 찍었다.
이 징은 지금 대구방짜유기박물관에 전시되고 있다.

대구방짜유기박물관에 들어가면
어머어마한 규모와 아름다운 소리로
관람객을 맞는 "큰 징"이 있다.

메질 많이 해야 황금으로 빛난다.

박물관개관

나는 한평생 유기 일을 하면서
유기 작품을 한 점 한 점 모아왔다.
이렇게 모아온 작품들과 공구들을
대구시에 기증했다.
대구시는 이 작품들과 공구들을
기본으로 대구방짜유기박물관을
세웠다. 대구방짜유기박물관 개관식
에서 내게 감사패를 주었다.

대구방짜유기박물관 개관식 테이프
커팅을 하면서

대구방짜유기박물관 개관식때
가족들과 함께 왼쪽부터 큰아들의
아들, 큰며느리, 큰아들, 나, 큰딸,
작은딸과 큰아들의 딸(지혜),
막내아들

메질 많이 해야 황금으로 빛난다.

대구 방짜유기박물관 전경이다.

메질 많이 해야 황금으로 빛난다.

대구방짜유기박물관은 2007년 5월 25일 개관했다.
보통 박물관은 도자기 등 각종 옛날 것이 주로 전시되지만
이곳 방짜유기박물관은 주로 나의 작품을 전시한 곳이다.
후세가 내 작품들을 보고 유기 발전에 참고가 되길 바란다.

메질 많이 해야 황금으로 빛난다.

아내와 결혼한 지가 올해 (2011년)로 16년이 되었다.

1996년 12월 결혼 기념으로
중국 용정으로 여행을 갔다.

지금의 아내와 결혼식을 치루고 난 후 가족들과 함께
기념촬영을 했다.

메질 많이 해야 황금으로 빛난다.

나 혼자 판단하는 것 보다는 **부부**가 함께 하니 효과적이었다.
아내는 앞날을 예견하는 능력이 뛰어났고 계획한 일을 잘 진행했다.
어느덧 결혼한지 **16년**이 되었다.

메질 많이 해야 황금으로 빛난다.

2002년도에 문화재청에서는 유기제작기법을 새로 기록하였다.
촬영감독이 내게 공장을 옛날식 공방 건물로 지으라고 해서 감독의 요구대로
"옛날공방"을 새로 건축하였다. 옛날 방짜기법으로 유기를 제작하는 과정을
반영구적으로 보존하기 위하여 당시 1억 원 이상을 들여 옛날식 공방을 건축하였고
옛날기법으로 제작 시연을 하여 영상과 도서로 기록할 수 있게 했다.

전통공방을 지을 때 상량식 때의 사진이다.

메질 많이 해야 황금으로 빛난다.

가은 공방을 준공하고 나서 많은 분들이 와서 축하를 해주었다.

메질 많이 해야 황금으로 빛난다.

전통공방의 내부모습이다.

메질 많이 해야 황금으로 빛난다.

전통기법(원형)을 이용한 방짜유기 제작과정

원자재

용해

네핌

협도

우김질

닥침질

제질

가질(발틀)

메질 많이 해야 황금으로 빛난다.

새로운 공구를 응용한 방짜유기 제작과정

원자재

용해

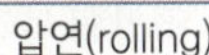

압연(rolling)

프레스

우김질

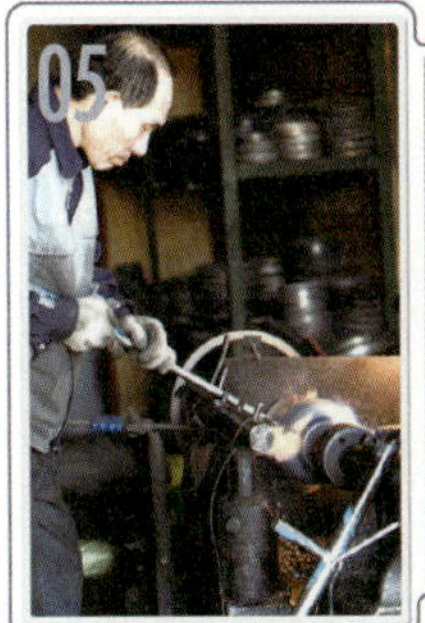

스피닝

제질

가질(전기모터)

메질 많이 해야 황금으로 빛난다.

공적비

탁창여 선생님 내외분의 은혜에 조금이라도 보답하고자 방법을 모색하다가 공적비를 세워
고 탁창여 선생 내외분을 후대들에게 알리는 것이 타당하다는 마음을 갖게 되었다. 비각을 2008년도
에 완성하고 가까운 친척과 고 탁창여 선생 후손들이 모여서 공적비 건립 기념 예배를 드렸다.

고 탁창여선생님의 사위인
송자 전 연세대학교 총장이
인사말을 했다.

공적비 건립 기념 예배를 드리고
고 탁창여 선생님 유족들과
기념촬영을 했다.

메질 많이 해야 황금으로 빛난다.

우리 내외는 근검절약 하여 자금을 마련하여 공적비를 세워
후대들에게 탁방주 내외분을 알리기로 했다.

메질 많이 해야 황금으로 빛난다.

2009년 공개행사를 마치고 제자들과
함께 찍은 사진이다.
왼쪽부터 조흥연(전수장학생),
문동원(전수장학생) 배병식(이수자),
임성재(이수자),김문호(이수자), 나,
이형근(조교), 이지호(일반전수생),
김을호(이수자)이다.

가은 공방을 방문한 중요무형
문화재들과 함께 고 탁창여선생 비각
앞에서 촬영한 사진이다.
왼쪽부터 이영수, 김철주, 우리내외,
홍정실과 나의 처제이다.

2010년 공개 행사에 문경시장(신현국
시장)이 방문해주었다.

메질 많이 해야 황금으로 빛난다.

그간 나는 여러 공장에서 일을 했고 공장도 여러 곳에 차렸다. 서울 후암동과 북아현동 공장에서는 탁방주님 아래에서 일을 했고, 그 뒤 염창동, 구로동, 안양과 시화공단을 거쳐 여기 경북 문경 가은에 자리 잡았다. 이곳이 내 인생의 마지막 종착지가 될 것이다. 이곳은 전국 웬만한 곳에서도 서 너 시간이면 모두 오거나 갈 수 있다. 공방 대지 대부분이 황토라서 건강에도 좋다. 특히 공방 주변에는 소나무가 가득 차 있어 싱그럽고 아름답다. 지금 생각하면 이 모든 것이 내가 선택한 결과가 아니고 하나님의 섭리 속에 이루어진 은혜라는 것을 안다.

메질 많이 해야 황금으로 빛난다.

'2017년, 문경에서 찍은 가족사진이다.'

메질 많이 해야 황금으로 빛난다.

2023년 따뜻한 봄날, 코로나로 인한 사회적 거리두기가 종료된 무렵에 납청유기 공방에서 뜻깊은 '전주 이씨(全州 李氏) 가문모임'을 가졌다. (2023. 5. 14)

메질 많이 해야 황금으로 빛난다.

전승공예인들이 나의 백수를 축하하기 위해
가은공방을 방문, 고 탁창여 선생 공적비
앞에서 기념 촬영을 했다. (2024. 6. 19)

평안북도 도민회 여러분이 납청유기 공방을
방문, '평북의 뿌리를 찾아서' 특별기획으로
나의 백수를 축하하는 행사를 진행했고 함께
기념촬영을 했다. (2024. 8. 27)

동경에 살고 있는 사촌 형님(고 이 봉오)의 가정을 방문, 조카들과 그의 자녀들을 만나 모처럼 나의 고향과
어린 시절을 떠 올리며 서로 지내온 이야기를 나누었다. (2024. 10. 2-4)

일본 동경에서 나의 손자 이지호 작가(방짜유기 전수자)의 유기공예
전시판매장에 참가하여 그를 격려하고 축하해 주었다. (2024. 10. 3)

2024년 추석을 맞아 나의 자녀들 및 후손들이 모여 가족모임을 가졌고
수년 간 조성한 가족묘지 앞에서 기념촬영을 하였다.

2022년 새봄에 사택 앞에서

남청유기촌 배치도 (2024년 현재)

메질 많이 해야 황금으로 빛난다.